U0876547

新世纪少年百科知识博览

XINSHIJI SHAONIAN BAIKE ZHISHI BOLAN

万状生物

中国少年儿童新闻出版总社
中国少年兒童出版社
新疆人民出版社

图书在版编目(CIP)数据

万状生物/胡豫生等编著.—北京：中国少年儿童出版社，2009.4

（新世纪少年百科知识博览）

ISBN 978-7-5007-9178-2

Ⅰ.万...　Ⅱ.胡...　Ⅲ.生物学—少年读物
Ⅳ.Q—49

中国版本图书馆 CIP 数据核字(2009)第 032307 号

WANZHUANG SHENGWU

（新世纪少年百科知识博览）

出版发行：中国少年儿童新闻出版总社
中国少年儿童出版社
新疆人民出版社

出　版　人：李学谦
执行出版人：赵恒峰　唐　辉

主　　编：雪　岗　王洪涛　　**著　　者：**胡豫生等
执行主编：刘在平　　**美术编辑：**付洪涛
本册主编：胡豫生　　**插　　图：**倚天图文
责任编辑：洪　涛　　**责任印务：**杨顺利

社　　址：北京市东四十二条 21 号　　**邮政编码：**100708
总 编 室：010-64035735　　**传　　真：**010-64012262
发 行 部：010-84037667　010-64032266-8269
http：//www.ccppg.com.cn
E-mail：zbs@ccppg.com.cn

印刷：北京燕旭开拓印务有限公司　　**经销：**新华书店

开本：700×1000　1/16　**插页：**4　**印张：**15
2009 年 5 月第 1 版　　2009 年 5 月第 1 次印刷
字数：300 千字　　**印数：**6000 册

ISBN 978-7-5007-9178-2　　**定价：**29.80 元

图书若有印装问题，请随时向印务部退换。

一书在手　一生享用

海　飞

《新世纪少年百科知识博览》,是中国少年儿童出版社组织社内外的编辑作者，用几年时间编辑出版的一部大型百科知识类丛书。书中讲解自然、社会、思维三大科学体系的基础知识和研究成果,是专门为广大少年朋友学习掌握科学知识编写的基本用书。在内容安排上，它具有以下几个主要特点：

一是贯穿“以人为本”的观念。世界上的一切科学文化知识和成果，都是人研究发现或创造发明的。离开人的智慧和劳动，科学文化就无从谈起。本书讲到的各类知识无不与人类的活动有密切关系。特别是在有关人类本身的知识方面，充分展示了人的全貌，不但讲了人的物质存在，如人的起源、人的身体、人的健康、人的生活等，也讲到了人的精神风貌和创造能力，如人的心理、人的修养、人间风情等，还讲到了人的未来展望和生活。这些在其他同类书中是很少有的，对于认识人自己的内情和潜能有重要意义。

二是注重“科学技术是生产力”的体现。对于这个公认的真理，书中用大量篇幅加以证明，其中有各个门类、各个领域的研究成果和技术发明。尤其在两个方面，本书有独到之处：一个方面是把科学和技术这两个有密切关系又有明显区别的事物分开，强化了它们各自的作用，使得这两个领域的知识都有较多的展示。另一个方面是突出讲到了社会科学和新兴科学对于解放思想和组织管理生产的作用，说明社会科学同样是生产力发展的动力，而新兴科学对于社会生产的高效能更具有决定性作用。

三是加强“中国知识”的分量。在引进版的百科知识类书中，关于中国的知识是很少有的，有的讲到一些也不准确。在这套书中，收入了许多有关中国各个方面的知识和中国人的科学文化成果。从中可以了解到，近代以来，在自然科学和技术方面，中国虽然落后于西方，但近些年已有重大突破，而在古代，中国则走在世界前列。至于文化艺术，中国有着自己独特的创造和风韵。

四是既突出新时代特征又有超越时代的功能。本书讲的知识，以20世纪以后、二战结束以后和90年代以后的为重点，包括新的发现、新的发明、新的观点、新的材料、新的角度等。同时，本书更重视知识的稳定长效，反映科学文化的最基本面貌。一些“时髦”语汇，但未被证明是科学知识的东西，一律不收。这样，本书就具有长期阅读使用的效用。读者完全可以经常查阅，不断加深对知识的理解。它不只适用于少年朋友，也适用于具有中等文化水平的读者。所以我们说，它是能够享用一生的书。

在写法和形式上，本书采用条目式，运用“浓缩”与“稀释”相结合的方法，既讲有关的基本知识，又有具体事例和分析。这样不但使所讲的知识明确集中，还便于阅读和理解。当然，由于不同门类的知识体系有不同的特点和发展历程，在写法上也会有不同。书籍的发展史告诉我们，真正的知识和深刻的思想是靠语言文字来表达的。只有认真阅读，才能获取丰富的知识，提高理解能力，才能使自己成熟起来。本书以文字表述作为主体，以图为辅，就是提倡踏实求是、细读文本的学习态度和方法。

以上这些，使得本书具有鲜明的自身特色，兼有阅读和查阅的功能。“一书在手，一生享用”。我们希望它为促进少年朋友的健康成长发挥应有的作用。从编辑出版角度讲，这种方法是一种尝试，必然存在不足和疏漏。我们也希望由此而积累经验，把书编得更好，满足广大读者的需求。

（本文作者曾任中国少年儿童新闻出版总社社长，现任中国出版工作者协会副主席）

《新世纪少年百科知识博览》

作者和编辑工作人员名单

总 策 划：海 飞

总 监 制：刘璞玉 李润勉

总 主 编：雪 岗 王洪涛

执行主编：刘在平

本册主编：胡豫生 副主编：刘璞玉 李润勉

撰 稿 人：胡豫生 刘璞玉 李润勉 刘大徵 胡一人
何勇前 王金珧 张宗正 赵鸿高 胡天佑
胡少芳 侯金平 周德昭 韩 勇 张建虹
刘福才 杨晓南 范贵光 王拥军 傅永红
丁 芬 史建东 张 宏 危建安 吴 彦
王庭伟 高 化 郑 洁

责任编辑：洪 涛

编者说明

一、《新世纪少年百科知识博览》共16个分册，讲解包括人类、自然、社会、技术、文化、科学等领域的基础知识，涉及到70多个方面和学科的内容。为使读者在短时间内获得较多知识，采用条目方式编写。书中共收入条目6000余条，条目以词或词组或联合词等人们习惯的形式列出，按照经过设计的知识系统顺序排列，正文后有按拼音字母排列的索引。这样，本书所讲内容既保持了知识的完整和系统，便于读者阅读浏览；又具有检索功能，便于尽快查找。

二、各分册除了分册书名以外，列有三级标题。一级标题表示某一学科或某一大的方面的知识。二级标题表示某一特定类型的内容，都是根据读者需要和接受程度确定的，标题名一般是带修饰性的句子。一级和二级标题都不带释文。三级标题即条目本身，带释文。各分册的内容既有联系（指整体知识结构）又相对独立，各成系统。有些知识点具有领域的多重性（如孔子、郭沫若等人物），采取各分册各领域自设条目分写释文的方法；在同一分册中，如是相近门类的多重知识点（如文学中的作家和作品），则采取以一处为主、另一处只设条目而注明释文所在之处的办法。

三、释文是这套书的主体。考虑到书中所讲的内容类型多样，面对的读者又多是青少年和中等文化水平的人，所以写法上尽量平易通俗，使之具有较强的可读性。这就必然与一般工具书的写法有所不同。如在讲解概念的时候，使用生活中的实例说明，或用诗词、格言、谚语、俗语等作为旁征。由于各种知识的性质差别很大（如理科与文科之间，形象与抽象之间），撰写者的写作习惯又不可能一样，所以书中释文也会呈多种风格。

四、关于这套书内容安排的主要特点，除序言《一书在手 一生享用》中已经讲的以外，还需要补充说明的是，16个分册在全套书中作用和深度是有区别的。有关人类的两种，有关自然的、社会的、技术的、文化的各三种，都是讲与之相关的知识。而《基础科学》和《学理学说》两种，是从科学的层面上进行提升与深化，理论和理性色彩较浓，而其知识价值显而易见。这是编者从人接受知识步步入深的规律来安排的。只要静心去读，就会从中得到大收获。

五、"百科知识博览"是尽言知识丰富而极多的意思，只是虚指而已。实际上，世界上的知识是无穷尽的，学无止境。没有哪一种书能囊括天下所有的知识，本书收入的知识也有其侧重，有其取舍，而且必然会受到编者和撰写者的知识面的局限。我们试图进行一些新的讲解方式，但存在缺陷不足也在所难免。如果本书能为读者提供扩展知识面和学习新思路的场所，我们就感到很荣幸。

目 录

生命乐章

千奇百怪的动物

肉眼看不见的微生物

生命乐章

万状生物

揭开生命的奥秘

生命

一个新生命的诞生

有一个古老神秘而饶有趣味的问题曾使不少人感到困惑：到底是先有鸡，还是先有蛋？第一只鸡或第一个蛋又是从何而来的？这是一个看似简单，却非常复杂的问题。对之刨根问底和深入思考，往往使我们试图去解释或者说靠近混沌初开、生命起源这个永恒的谜团——生命是什么？最初的生命是怎样出现的？

科学家根据目前所能找到的最早的地球岩石以及其他方法，基本上确定地球诞生于 46 亿年前，还告诉我们，生命出现在地球形成大约 6 亿~8 亿年之后。苏联学者奥巴林和英国学者霍尔丹提出“化学进化论”，将生命的产生过程分为 3 个阶段：①原始地球的大气在高温、紫外线、雷电等自然条件的长期作用下，从简单的无机化合物形成原始的有机物质，组成生物体的有机小分子。②被雨水冲淋到河流、湖泊中的有机小分子汇集于海洋中，经过彼此相互作用，逐渐发展为复杂的有机化合物多糖、核酸和蛋白质等生物大分子。③随着原始地球自然条件的演变，海洋中存在着的各种成分的多分子体系，经过自然选择和复杂的相互作用，经过极其漫长的岁月，逐渐进化成原始的有生命物质。所以说，原始的海洋是生命的摇篮。

生命是生物体所表现的生长、发育、新陈代谢、繁殖、遗传、变异以及对外界刺激的反应等的复合现象和物质反馈循环系统，是地球发展到一定阶段的产物。生命是由核酸和蛋白质为主要物质组成的生物体所呈现的过程，是物质的最高级、最复杂的运动形式。生命的最重要的特征和最基本的现象是新陈代谢和自我复制，或者说是生存和繁殖。虽然地球是太阳系中目前所知道的唯一有生命的行星，但在浩瀚无垠的宇宙中可能有生命的行星很多。因此地球上的生命现象可能并不是宇宙中绝无仅有的。寻找另一个有生命的“蓝色星球”，一直是人类锲而不舍的追求和梦想。

生物

大千世界，芸芸众生，山川秀丽，万物峥嵘。而组成自然界的万物不外乎两大类——有生命和无生命的。从一片绿叶到一棵大树，从一条蠕虫到一头巨鲸，从肉眼观察不到的细菌、病毒到最高级的动物——人类，地球上凡是具有生命的物体都是生物。生物的种类多得惊人，大约有3000万~5000万种，而已经灭绝的可能有5亿种。我们目前已经知道的却不足200万种。不论是茫茫的陆地还是深深的海洋，不论是高高的天空还是厚厚的地层，到处都可以找到生物的踪迹。生物通常包括动物、植物、微生物三大类。或者按照五界系统分类法，分为原核生物、原生生物、真菌、植物、动物五大类。

生物的形态结构多种多样，生活方式千差万别。其中，有的由原核细胞构成，如几乎无处不在的细菌和蓝藻，而大多数生物由真核细胞构成；有的是单个或群体单细胞生物，如原生生物，而大多数生物都是多细胞的生物。植物能够利用光能制造有机物，因而是生产者，叫做光合自养生物；动物自已不能将无机物合成有机物，只能吃现成的，因而是消费者，叫做异养生物；细菌、真菌等能把动植物的遗体分解成为无机物，因而是分解者，叫做吸收异养生物或腐食性异养生物。

成千上万的生物有巨大的差异，同时也具有许多共同的特征和属性。除病毒外，生物都是由相同的基本单位——细胞构成的；生物最初都是通过化学作用由非生命物质发展而来，并遵循自然选择等规律而不断进化；生物体的主要物质基础和主要成分是蛋白质和核酸；生物个体进行新陈代谢，利用从环境中吸收的物质合成有机化合物，使自己生长和发育；生物都具有自我调节和自我复制能力，能按照一定的遗传和变异规律进行繁殖，使物种得以繁衍和进化；生物都有应激性，即对外界刺激能产生反应，因而能适应环境并影响环境；在没有强烈外界因素干扰下，生物能够互相制约以维持生态的平衡。以上这些特性都是非生物所不具备的，因而也是生物与非生物的区别。林林总总、五花八门的生物，经过漫长的进化过程，组成了今天千姿百态、丰富多彩的大自然。

生物分类

对于家里饲养的小狗、平日常吃的苹果，你会为它们分类吗？可能你会把小狗分在动物一类，而把苹果归于植物一类。如果让你再一级一级地细分下去，你是否具备这方面的知识呢？从生物学的观点看，狗属于动物界、脊索动物门、脊椎动物亚门、哺乳纲、真兽亚纲、食肉目、犬科、犬属、家犬种。苹果属于植物界、被子植物门、双子叶植物纲、原始花被亚纲、蔷薇目、蔷薇科、苹果属、苹果种。遵循分类学原理和方法，对动植物各类群进行命名和等级划分就是生物分类。这种包括界、门、纲、目、科、属、种 7 个主要级别的分类方法，是由瑞典植物学家林奈于 18 世纪创立的。

动物界的主要分门

生物分类工作的基本内容是区分物种和归合物种。近缘的种归合为属，近缘的属归合为科，依此类推，科隶于目，目隶于纲，纲隶于门，门隶于界。对于成千上万种生物怎样划分大的类别？通常是将其分为动物、植物、微生物三大类。美国的惠特克于 1969 年提出五界系统的界级分类法，即将生物划分为原核生物界（细菌等原核生物）、原生生物界（单细胞真核生物）、真菌界（营吸收异养的多细胞的真核生物）、植物界（营光合自养的多细胞的真核生物）和动物界（营吞食异养的多细胞的真核生物）。

植物

密密森林遮天蔽日，茫茫草原一望无际，百花园中嫣红姹紫，麦浪稻海沃野

植物中大多含有叶绿素

千里。从微小的肉眼看不见的单细胞藻类，到陆地上已有几千岁的北美巨杉“世界爷”，这些都是植物。

植物是大多含有叶绿素、能够通过光合作用制造其所需营养的生物的总称，是生物的一大类。植物属于真核生物，其细胞一般都含有液泡和细胞壁。能进行光合作用是植物和其他生物类群的主要区别。绝大多数植物固定生活在某一环境，不能自由运动，没有神经系统、消化系统、排泄系统等器官。

现在已知的植物约50余万种，包括藻类、地衣、苔藓、蕨类和种子植物。这些众多的植物遍布全世界，覆盖着地球陆地表面的绝大部分以及江河湖海。种子植物分为裸子植物和被子植物，裸子植物有800多种，被子植物种类最多，有30多万种。被子植物就是绿色开花植物，如农作物、蔬菜、果树、鲜花等。种子植物外的其他植物都属于孢子植物。在自然界生态系统中，植物是最主要的生产者，是地球上氧气的主要提供者。植物为自然界和人类提供了丰富的资源和优美的环境，人们吃的、穿的、用的、住的都与植物有联系。大地绿化、环境保护、水土保持、美化生活哪一样也离不了植物。植物是人类和其他生物赖以生存的基础。

动物

鹰击长空，鱼翔浅底，虎啸深山，鹤立鸡群。在我们这个地球上生活着成千上万种形形色色的动物。它们是和人类一样有血有肉、有鼻子有眼有头脑的生命，是人类的伙伴和朋友。在我们每个人的生活中，谁没有几件同动物有关的趣闻趣事呢?

动物是能自由运动、以碳水化合物和蛋白质等为食物的生物，是生物的一大类。从体长30多米、体重近200吨的蓝鲸，到肉眼看不到的草履虫，现在已发现的动物有150多万种，共分35门70多纲约350目。动物遍布全世界：从海洋到陆地，从山地到草原，从沙漠到森林，从赤道到两极，各种生态环境中都有动物的踪迹。按照从低等到高等的顺序，动物主要分为海绵动物、腔肠动物、扁形动物、线形动物、环节动物、软体动物、节肢动物、棘皮动物和脊索动物等35门。脊索动物是动物界最高等的一门动物。其中脊椎动物亚门包括鱼类、两栖类、爬行类、鸟类、哺乳类等纲。人类就属于哺乳纲灵长目。

动物和植物的最大不同在于营养方式，动物是以吞食其他动物、植物、微生动为营养方式的真核生物。动物和植物的明显区别还有运动，为了从外界摄取养分，随时要处于跑、跳、飞、游、爬及其他种种运动状态，因此被称为“动物”。动物与人类唇齿相依、息息相关，人类本身也是动物界的成员，所以要爱护和保护动物。

微生物

在生机勃勃的生物世界里，不论是作为动物的鸟、兽、虫、鱼，还是作为植物的花、草、树、木，我们都不陌生。然而我们往往忽略了另一大类生物的存在，因为它们太小了，小到必须用显微镜、电子显微镜才能看见。这就是微生物。微生物在生物界的资格最老，是地球上最早出现的生命，但它们被发现的时间最晚。自17世纪中期人类通过显微镜首次发现微生物，至今不过300多年的历史。

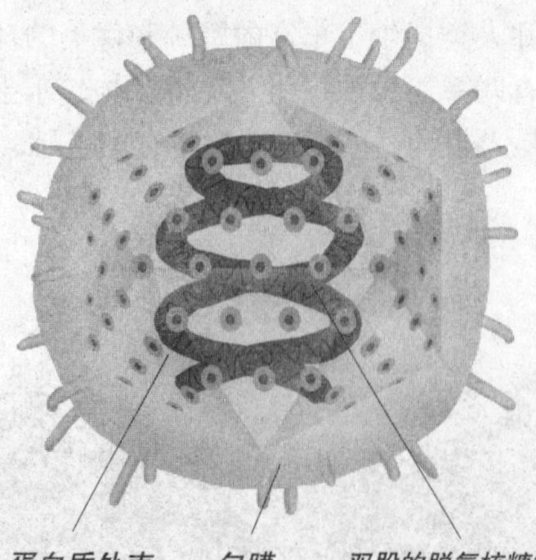

疱疹病毒

微生物是一群形体极其微小、大多是单细胞、少数是多细胞或无细胞结构的低等生物。包括细菌、放线菌、真菌、螺旋体、立克次体、支原体、衣原体、病毒、类病毒等。微生物生存于自然界的天涯海角，遍布于土壤、空气和水体中，存在于动植物的体内和体表，甚至在90°C以上的温泉和0°C以下的冰川也有它们的踪迹。细菌是微生物中庞大的家族；病毒的大小只有细菌的千分之一；20世纪70年代发现的类病毒仅有一个核酸分子，是迄今为止人类发现的最小的生命体；真菌是一大类真核微生物，包括肉眼看不到的霉菌、酵母菌和肉眼可见的蘑菇、木耳等。也有人把它划为独立的真菌界。

微生物虽然微小，但并非微不足道，它们在自然界的物质转化和循环中起着重要作用。它们能分解动植物的排泄物和尸体，把复杂的有机物变成简单的无机物，供植物吸收利用。我们在日常生活中，常吃的馒头、豆腐乳、酱和酱油等都是那些酵母菌、霉菌、细菌等共同作用的结果。正是因为有了微生物，地球上生物的繁荣和发展才有了保证。

进化

原始生命在地球上诞生以后，就开始了生物进化的过程。从生活在原始海洋中的原始藻类，到逐渐成为适应陆地生活的苔藓植物和蕨类植物，再发展为完全脱离大海的种子植物；从原始单细胞动物，到逐渐成为多细胞动物，再发展成节肢动物，又发展到哺乳类；从古猿、类人猿到现代人——这一切都是进化。

生命的进化过程

进化是生物从无到有，逐渐演变，由简单到复杂、由低级到高级、由水生到陆生、种类由少到多的发展过程。在达尔文提出进化论以前，曾在生物学中占有统治地位的理论中，有认为生物物种永恒不变的“物种不变论”，有认为各种生物都是上帝创造的“特创论”，有认为地球的发展经过了多次非常力量引起的巨大灾变的“激变论”，有认为任何事物均为某种目的所支配的“目的论”等等。达尔文根据20多年积累的资料和潜心研究，以自然选择为中心，从变异性、遗传性、人工选择、生存竞争和适应等方面，论证了物种起源即生物界进化的现象，第一次勾画出生物由简单到复杂、由低级到高级、种类由少到多的基本进化图式，被恩格斯称为19世纪自然科学三大发现之一。

自然选择

在距今2.25亿至6500万年前的中生代，巨大的恐龙统治着地球。它们曾经在地球上极为繁荣、称霸一时，但到了中生代末期全部灭绝了。恐龙最终和环境

长颈鹿长长的脖子就是在漫长的进化过程中逐渐形成的，因为长脖子能帮助它们获得更多高处的食物，这也是一种自然选择。

不相适应而被自然界淘汰，是自然选择的一个典型例子。

自然选择是生物界中适者生存、不适者被淘汰的现象，是引起生物进化的主要原因。19世纪英国著名生物学家达尔文首先提出。在1859年出版的《物种起源》一书中，他明确提出自然选择是生物进化的主导力量，是遗传、变异和选择三种因素综合作用的过程。遗传和变异是生物进化的内在因素，变异为选择提供了原始的选择材料。生存斗争是生物进化的动力，包括种内斗争、种间斗争和生物与环境之间的斗争。生存斗争的过程就是汰劣留良的过程，生存斗争推动着生物进化。过度繁殖是生存斗争的前提，生物的过度繁殖造成食物的短缺、生活空间的承受力减弱，激发了同种生物之间、不同种生物之间、生物与环境之间的生存斗争。

细胞

在我们的地球上，生存着几千万种动物、植物、微生物，它们共同组成了生机盎然、五彩缤纷的大自然。那么，又是什么构成了从一株小草到一棵大树，从一只蚂蚁到一头大象，从一根毛发到人体各种组织和器官呢？是细胞。除病毒外，所有的生物都是由细胞构成的。

细胞是生物体结构的基本单位。单细胞生物如草履虫、变形虫等仅有一个细胞；高等动物的机体由许多功能、形态、结构不同的细胞构成；成年人体约有100万亿个细胞构成。生物体吸收外界营养和排除废物的新陈代谢过程，绿色植物制造有机物的光合作用，生物体的生长、发育和对外界刺激的反应等都是在细胞中完成的。

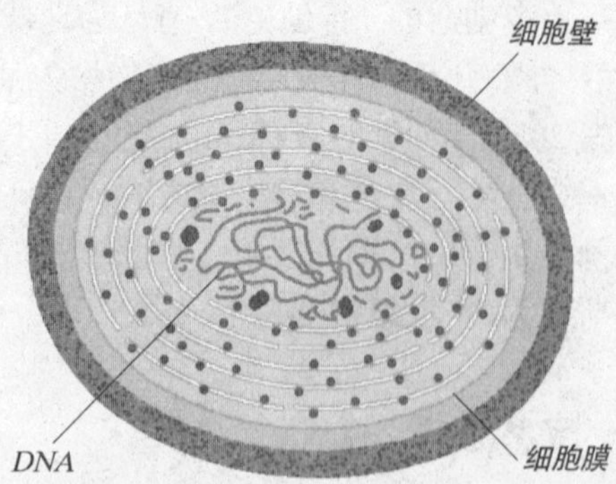

蓝藻细胞结构图

细胞是生命的基本功能单位。细胞一般很小，直径在10微米~100微米之间，必须在显微镜下才能看到。体积最大的要数非洲鸵鸟的卵细胞——鸵鸟蛋，直径达25厘米，最重达2.85千克；最小的是支原体细胞，直径仅0.1微米~0.25微米。细胞的形状以圆形、椭圆形为多，还有立方体、杆状、柱状、星状、螺旋状以及不规则形状等等。根据基本结构的复杂程度，可将细胞分为原核细胞和真核细胞两大类。原核细胞结构简单，只有细胞壁、细胞膜、细胞质和一个相当于细胞核物质的区域，称核区或拟核。组成绝大多数生物的是真核细胞，一般分细胞膜、细胞质和细胞核三部分。细胞膜是处于细胞表面的一层由蛋白质和磷脂构成的极薄的膜。细胞质是细胞膜以内、细胞核以外的所有物质，细胞质中有许多大小不一、功能各异的细胞器，如线粒体、内质体、核糖体、质体、中心体、高尔基体等。细胞核通常位于细胞的中央，由核膜、核质、核仁和染色质组成。在化学组分上，所有的细胞均由水、盐类、核酸、蛋白质、糖类、脂类和细胞代谢中间产物等组成，其中水占80%。

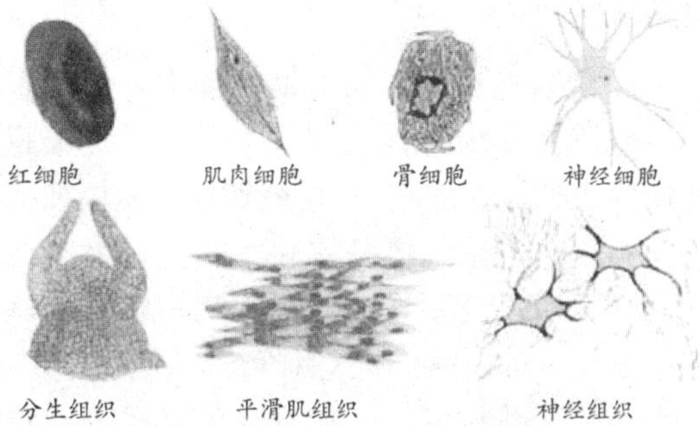

各种不同形状的细胞和不同组织模式

细胞本身是高度有组织的复杂的分子的集合。每个细胞既是独立的生命单位，又是生物整体的组成部分。各种细胞依照共同的规律集合和分化，以各种方式发育成生物体的各种组织和器官。

原核细胞

根据基本结构的差别，通常把细胞分为原核细胞和真核细胞两大类。原核细胞是地球上首先出现的，结构简单、形式原始的细胞。其主要结构有细胞壁、细胞质、细胞膜。原核细胞和真核细胞的主要区别在于：原核细胞体积很小，一般只有1微米~10微米；细胞壁不含纤维素；细胞质中没有细胞器；没有成型的细胞核，没有核膜、核仁；不能发生有丝分裂和减数分裂等。支原体细胞是已知最小的原核细胞，但它的DNA能指导合成500种~1000种蛋白质；大肠杆菌的大小只有1微米~2微米，却含有5000种不同的化学成分。这表明原核细胞的化学成分相当复杂。

原核细胞构成生物界的原核生物，都是一些低等的、原始的生物，包括支原体、衣原体、立克次体、细菌、蓝藻等。

真核细胞

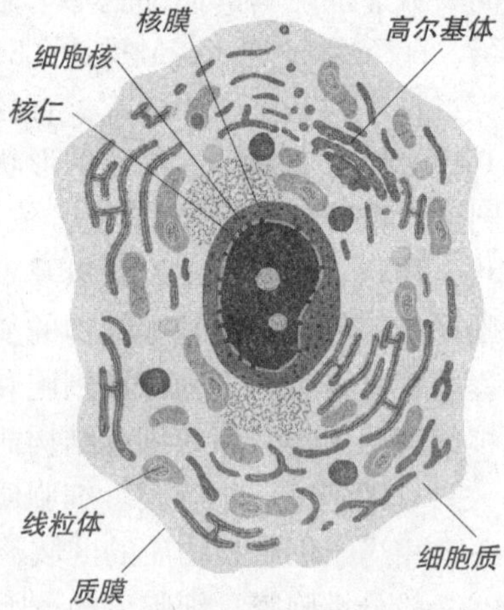

真核细胞

真核细胞是大多数生物的细胞，由细胞膜、细胞质和细胞核构成。大多数植物细胞在质膜之外还有细胞壁。真核细胞与原核细胞相比：真核细胞的体积比较大，直径大多在10 微米~100 微米；细胞内除了有氨基酸、氨基糖及其衍生物外，还含有纤维素；细胞质中有内质体、线粒体、质体、高尔基体等细胞器；细胞内不仅具有成型细胞核，还有核膜、核仁和染色体；在进行有丝分裂或减数分裂时，核膜破裂，核仁消失，由染色质凝缩成多个染色体，并平均分配到两个子核中。

真核细胞构成生物界的真核生物，真核生物是生物的大多数，包括真菌、植物和动物。

细胞核

细胞核是细胞这个“加工厂”中最大的“机器”。细胞核像人们的大脑控制人类语言、动作等活动一样，控制着细胞的生命活动。英国植物学家布朗发现所有植物细胞内均有一个小的物体，他将其命名为“核”。每个细胞可以有一个、两个或多个核，但大多数生物的细胞是单核。

细胞核的结构分为核膜、染色质、核仁等。核膜分为核内膜、核外膜两层，核仁有一个或多个。最近研究发现细胞核内充满了核基质。不同生物的细胞核大小不同，高等动物的细胞核直径约 5 微米~10 微米，高等植物细胞核直径约 5 微米~20 微米，而低等植物的细胞核直径仅有 1 微米~4 微米。细胞核通常为圆形或椭圆形。

细胞分裂

一棵小苗能长成参天大树，一个受精卵能发育成含有 100 万亿个细胞的人体，都是细胞从 1 个到 2 个、2 个到 4 个、4 个到 8 个……直到无数次的分裂的结果。细胞分裂是一切生物生长、发育、繁殖的基础，是生命延续的基本保证。没有细胞分裂，就没有生命的遗传、进化以及生命的存在。细胞分裂的过程是：细胞核先由 1 个分成 2 个，随后细胞质分成 2 份，每份各有一个细胞核。最后在原来细胞的中央形成新的细胞壁和细胞膜。

细胞分裂的方式有有丝分裂、无丝分裂和减数分裂三种。有丝分裂是最常见也是最主要的分裂方式，其特征是亲代细胞的染色体经过复制后，平均分配到两个子细胞中去。由于染色体上有遗传物质，因而保持了生物的亲代和子代之间遗传形状的稳定性。无丝分裂是一种比较简单的分裂方式，没有明显的阶段性，不出现纺锤体和染色体的变化。减数分裂是一种特殊方式的有丝分裂，是在有性繁殖的动植物中导致母细胞中染色体数目减半的分裂过程。

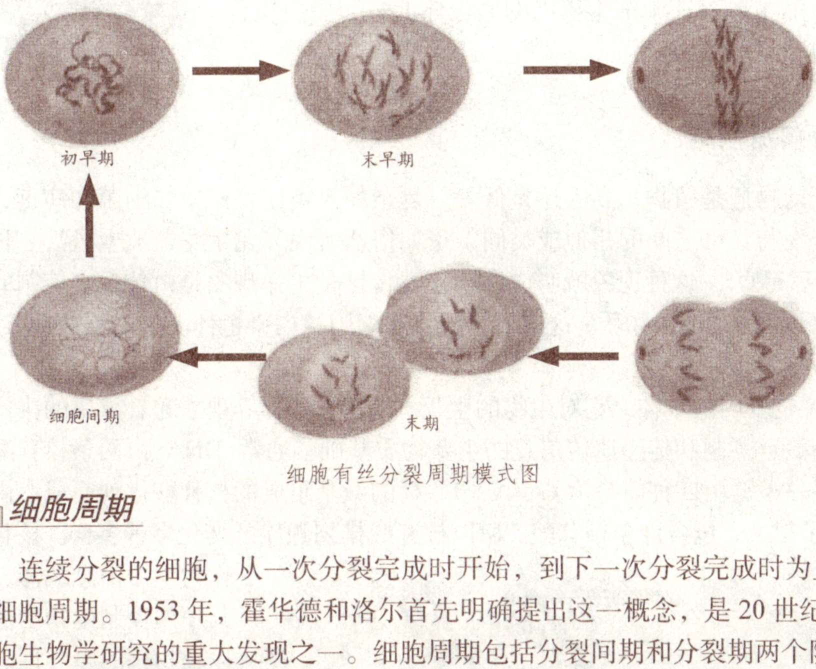

细胞有丝分裂周期模式图

细胞周期

连续分裂的细胞，从一次分裂完成时开始，到下一次分裂完成时为止，是一个细胞周期。1953 年，霍华德和洛尔首先明确提出这一概念，是 20 世纪 50 年代细胞生物学研究的重大发现之一。细胞周期包括分裂间期和分裂期两个阶段。

在分裂间期，完成组成染色体的 DNA 复制和蛋白质合成，为分裂期进行物质准备。分裂期分为四期：①前期是 DNA 合成时期，染色体出现，纺锤体形成，核膜解体，核仁消失。②中期染色体形态固定，数目清晰，其着丝点排列在赤道板上。③后期着丝点分裂，染色单体分离开，染色体平均分成两组并被纺锤体牵引移向细胞两极，并制造 RNA。④末期染色体变成染色质，纺锤体消失，核膜、核仁再现，形成两个子细胞。因生物种类不同、细胞种类不同，以及温度、湿度等条件各异，各种细胞的分裂周期长短不一，通常至少要 10 小时左右。

核酸

核酸因其特殊构造，决定了一切生物体的遗传和变异，是一切生物的遗传物质。它和蛋白质一样，是一种大分子化合物，由几千、几万甚至几十万个原子组成，分子量高达几万至几千万。核酸的主要特点是：能复制自身；控制蛋白质和酶的合成，即控制新陈代谢；在适宜条件下发生变化，由此出现基因的多样性，从而产生各种不同的生命。

核酸分为核糖核酸和脱氧核糖核酸两大类。核糖核酸比脱氧核糖核酸多一个氧原子，主要分布在细胞质内；脱氧核糖核酸主要存在于细胞核内的染色体上，与蛋白质合成核蛋白。

DNA 是核酸的一种

脱氧核糖核酸

无论动物还是植物、高等还是低等、复杂如人类还是简单如细菌和病毒，都表现出子女与父母之间的相似或类同，正如俗话所说“龙生龙，凤生凤”，“种瓜得瓜，种豆得豆”。这种现象就叫“遗传”。遗传这种生命现象是由什么来控制的？科学家说，靠的是遗传物质，这遗传物质就是细胞核内染色体上的脱氧核糖核酸，英文缩写是 DNA。

DNA 是基因的本体，它对生物的生长、遗传、变异等现象起着重要的决定作用，是储藏、复制和传递遗传信息的主要物质基础。通常 DNA 由两条核苷酸链组成，每一条链由四种简写为 G、A、T、C 的碱基组成的核苷酸排列而成。由于 DNA 分子很大，包含许多核苷酸，所以核苷酸排列顺序的变化多种多样。核苷酸作为生命信息载体，以其序列控制生物的遗传以及物种的多样性。人体中的 DNA 约有 30 亿个核苷酸，它们接成长链。其不同排列次序决定不同的生物功能。生物体亲子间的相似性和继承性即所谓遗传信息，都贮存在 DNA 分子中。生物把自己的 DNA 分子复制出一份传给后代，后代接受了这一遗传信息，成长为和亲代在形态结构和生理特征上极为相似的一类。生命就是这样一代一代，绵延不绝。

DNA 复制图

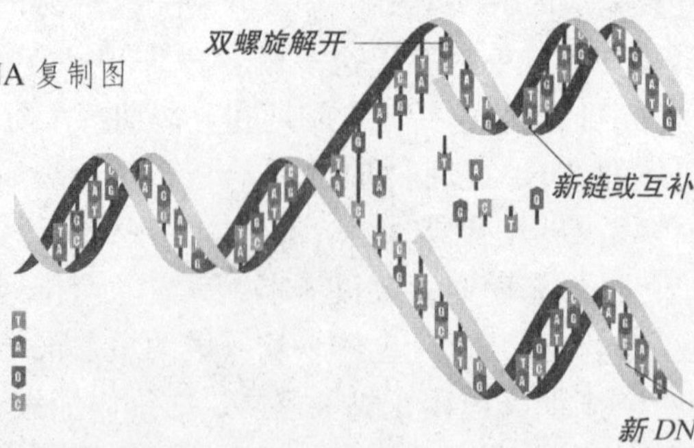

一个 DNA（全称脱氧核糖核酸）可含数百万个原子

叶绿素

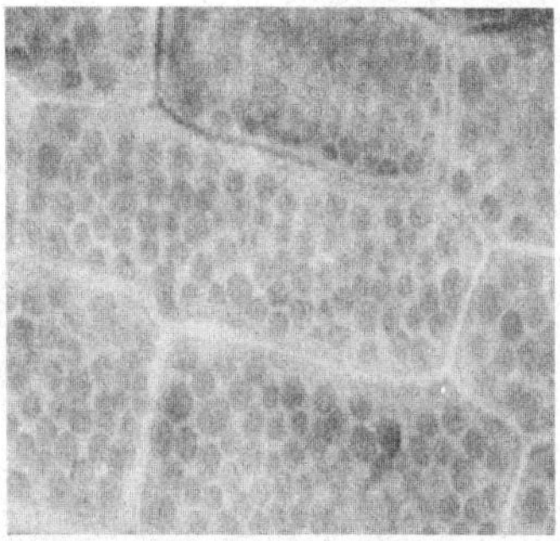
叶绿素

“绿遍山原白满川，子规声里雨如烟。”阳春三月，烟雨蒙蒙。放眼山原，一片翠绿。那是漫山遍野的植物为大地披上了绿装。为什么生长旺盛的植物的叶子大都是绿色的？为什么植物能够进行光合作用？原来，在植物叶子的细胞中有许多像绿宝石一样的小颗粒，这是专门的细胞器，叫叶绿体。叶绿体有一类极重要的绿色色素，叫叶绿素。

高等植物每个叶细胞中有 20 个~200 个叶绿体，叶绿体只有几微米，有双层膜和类囊体膜，膜中有呈晶体状排列的叶绿素。光合细菌中有细菌叶绿素。叶绿素和细菌叶绿素分别是绿色植物和光合细菌在光合作用过程中，吸收二氧化碳和光能，合成有机物的主要物质。因为有这些叶绿素，所以叶子的颜色是绿的；因为只有植物和一些细菌具有叶绿素这种能吸收和传递光能的物质，所以只有它们能进行光合作用。如果把绿叶比喻为“绿色工厂”，那么叶绿体就是它的“车间”，叶绿素就是它的“机器”。如此众多的“绿色工厂”遍布于大自然之中，以阳光作动力、二氧化碳和水作原料，源源不断地生产出各种有机物和氧气，才使世界充满了生机和活力。

碳水化合物

炉火要不断加煤才能熊熊燃烧，生命也要不断增添能量才能正常生长、发育。生命所需的能量是从哪里来的？对于人类来说，“人是铁，饭是钢”，一日三餐就是能量的来源。而人类从食物中摄取的总热量的 70%来自碳水化合物。

碳水化合物也称糖类，是机体新陈代谢、生长发育必需的六类营养物之一。包括单糖、双糖和多糖。单糖如葡萄糖、核糖，无色、有甜味、溶于水。双糖又称低聚糖，如蔗糖、乳糖、麦芽糖，其性质与单糖相似。多糖如淀粉、纤维素、糖元等，白色固体、无甜味、无定性、不溶于水。其实“碳水化合物”的叫法并不正确，最初人们认为它是碳与水形成的化合物，但后来发现某些化合物如鼠李糖（$C_6H_{12}O_5$）、脱氧核糖（$C_5H_{10}O_4$）等的组成并不能用分子式$C_x(H_2O)_y$表示，只因沿用已久而不再更改。植物中含的碳水化合物最多，约占干重的 50%以上。在人和动物的器官组织中，在微生物的体内都有一

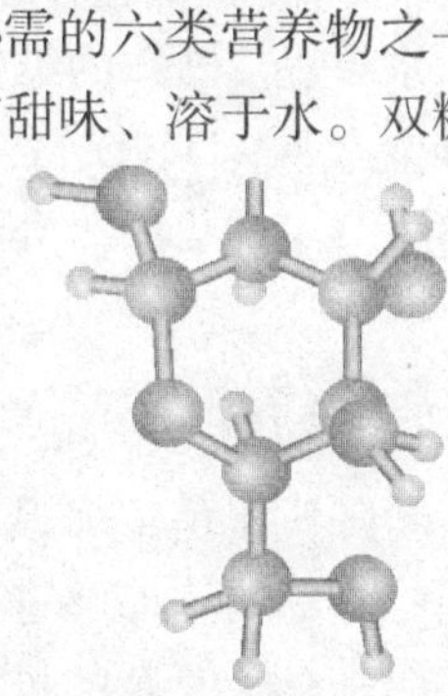
碳水化合物是含有碳、氢和氧的有机化合物

定比例的含糖量。这些糖最后都要变成单糖——葡萄糖。葡萄糖放出大量能量，以满足生命的需要。

维生素

在我国北方地区，有一种小儿常见病叫佝偻病。患儿两腿罗圈，站立不稳，这是维生素 D 缺乏病。还有因营养不良造成的皮肤粗糙、头发脱落、夜盲症等，是维生素 A 缺乏病。如果缺少维生素 C，毛细血管会变得脆弱，易患牙龈出血等坏血病等。维生素正像它的名字那样，是"维持生命的要素"，是一种维持生物生长和代谢所必需的微量小分子有机物，是机体新陈代谢、生长发育必需的营养物之一。缺少维生素时，细胞内一些代谢反应不能正常进行，平衡失调，就要患各种各样的疾病。

日常生活中所常见到的许多蔬菜、水果中都含有丰富的维生素。

人类对维生素的认识可以追溯 5500 年前。当时古埃及人发现一些食物能治愈夜盲症，但不知道就是维生素A在起作用。1747 年，苏格兰医生发现，用富含维生素 C 的柑橘、柠檬治愈坏血症，而坏血症曾夺去数 10 万水手的生命。1911 年，波兰化学家为维生素命名。维生素曾名"维他命"，普遍存在于动植物体内，如动物肝脏、肾脏，稻糠、麦麸、新鲜蔬菜和水果里。已知的维生素有 20 多种，分为脂溶性维生素和水溶性维生素。前者有维生素 A、D、E、K 等，后者有 B 族维生素和维生素 C。B 族维生素包括维生素 B_1、B_2、B_6、B_{12}、烟酸、泛酸、生物素、胆碱等。

新陈代谢

新陈代谢是生命最基本的特征，是生物生存的基本条件。只有在新陈代谢基础上，生物体才能够进行生殖、发育、生长、遗传和变异、应激等生命活动。新陈代谢是一个复杂的过程，它包括生物体内的全部化学反应。这些成千上万种化学反应，在酶的催化作用下顺利而迅速地进行。生物体内的新陈代谢每时每刻都在进行，可分为同化作用和异化作用两个过程。在这两个过程中，又同时发生着物质代谢和能量代谢两个内容。因此，新陈代谢的实质，就是生物体内物质和能量的转变，以及生物与外界环境之间的物质和能量的交换。在物质和能量的转换、传递中，新物质在生物体内不断产生，旧物质不断消亡。变化的结果是生物体不断地自我更新。新陈代谢一旦停止，生命也就终止了。

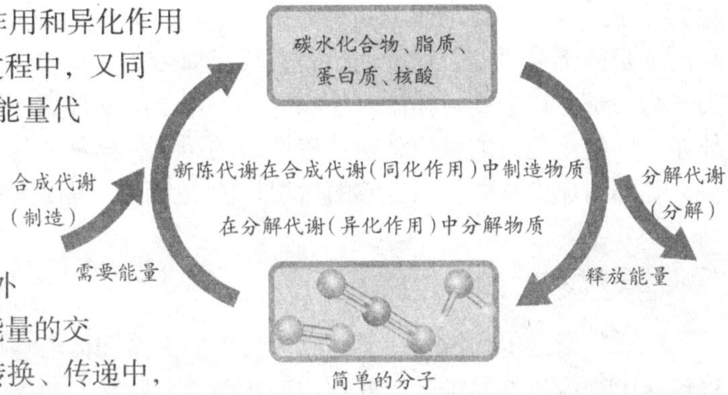

合成代谢

新陈代谢过程中，各项生理活动同时进行，同化作用和异化作用同时进行，密不可分。同化作用是一系列的合成反应，所以又叫合成代谢。同化作用和异化作用（分解代谢）完全相反，是将简单物质变成复杂物质的代谢过程。在这一过程中，生物体不断将外界物质变成自身的组成物质并贮存能量。这些物质和能量供给分解代谢进行分解反应使用。生物体只有不断地从环境中摄取所需物质，及时排出体内废物，才能实现物质的更新。同化作用和异化相互依存，对立统一，维持生命活动的新旧更替正常进行。

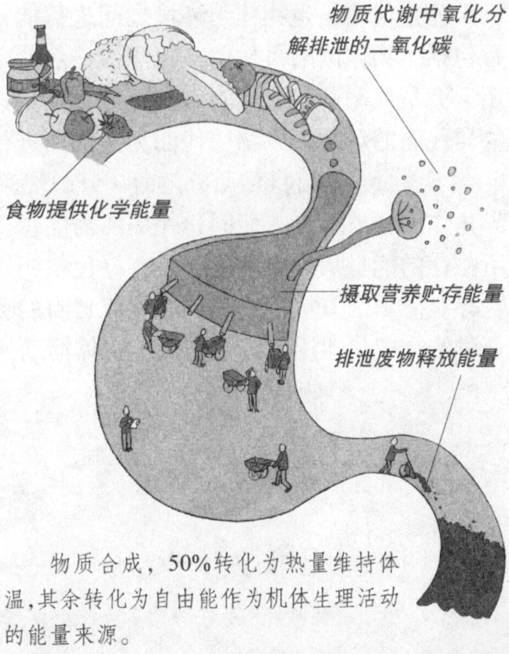

物质合成，50%转化为热量维持体温，其余转化为自由能作为机体生理活动的能量来源。

分解代谢

新陈代谢过程中，同化作用和异化作用相互依赖，共同维持生物体的各项生理活动。异化作用是一系列的分解反应，所以又叫分解代谢。异化作用和同化作用（合成代谢）是完全相反的，是将较为复杂的物质变为简单物质的代谢过程。在这一过程中，生物体不断地将自身的组成物质分解，把产生的废物排出体外并释放能量。所释放的能量一部分供给合成代谢进行合成反应使用，是机体进行各项生理活动的动力；另一部分用来维持体温。生物体是一个不断从环境中输入能量、消耗能量的体系，断绝了能量的供应就意味着生命的结束，异化作用和同化作用既对立又统一，共同组成生物体新旧交替的过程，使生命活动得以正常进行。

物质代谢

物质代谢是生物体与环境之间进行物质交换和体内物质转化的过程。这一过程包括生物体从外界摄取营养物质如蛋白质、脂肪、糖类、核酸等，在体内经过消化、吸收、运转等一系列复杂的生物化学变化，氧化分解成二氧化碳和水并排出体外。物质代谢是生物生存的基础，生物体从物质代谢中获取能量，维持正常的生命活动，物质代谢和能量代谢紧密结合相伴而行，在新陈代谢过程中，既有物质的合成与分解（物质代谢），又有能量的贮存与释放（能量代谢）。物质代谢是能量代谢的前提，同时物质代谢又是以能量代谢为动力而进行的。物质合成时伴随有能量贮存的同化作用，物质分解时伴随有能量释放的异化作用。

能量代谢

能量代谢是生物体与环境之间进行能量交换和体内能量转化的过程。这一过程包括生物体内的机械能、化学能、热能等能量的产生、贮存、释放、转化和利用。能量代谢和物质代谢密不可分，能量代谢总是伴随着物质代谢，能量代谢是物质代谢的动力，以物质代谢为前提而进行。在自身物质合成时（合成代谢）就贮存了能量，在自身物质分解时（分解代谢）就释放了能量。同化作用需要能量，异化作用释放能量，而同化作用所需能量正是异化作用所释放的能量。能量代谢所贮存的能量从本质上说，是在绿色植物进行光合作用中完成的，而动物只是把贮存有能量的有机物进一步转化成自身的物质而已。能量代谢所释放的能量一部分供给合成代谢用，其余则供给机体活动使用或发散为热。

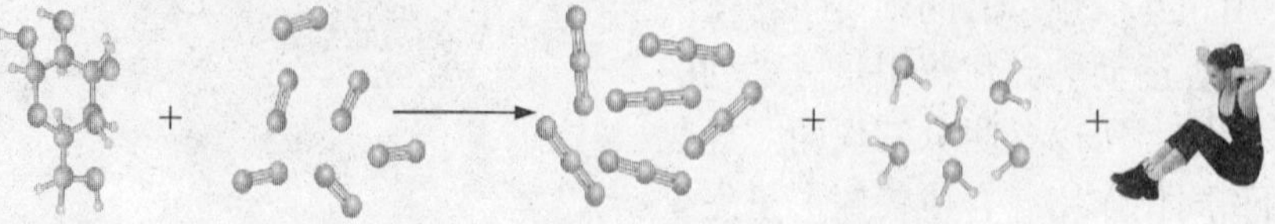

1 个分子葡萄糖 + 6 个分子氧 ——→ 6 个分子二氧化碳 + 6 分子水 + 能量

酶将淀粉分子分解生成葡萄糖，葡萄糖在呼吸过程中分解释放能量。

生物氧化

生物氧化是生物体内蛋白质、脂肪、糖等有机物质发生氧化反应而产生能量的过程，是生物体取得能量的主要方式。因为这一过程需要消耗氧气并放出二氧化碳和水，所以生物氧化也称为组织呼吸或细胞呼吸。

生物氧化是在细胞内进行的，其过程极其复杂，物质的分解和能量的释放是分阶段逐步完成的。在一系列酶的催化下，比较复杂的大分子被分解为比较简单的小分子，并逐步释放出这些物质所含的全部能量。其中一部分能量以热能的形式散失，另外的大部分以化学形式贮存起来，将食物的成分转变成细胞的成分，供机体生命活动的需要。蛋白质、脂肪、糖等有机物质经过生物氧化后，其共同的最终产物是水和二氧化碳。

光合作用

200 多年前，英国科学家普里斯特利做了一个有趣的实验：他把一盆植物、一只小白鼠、一支点燃的蜡烛分几次，按不同的搭配放进一个密闭的玻璃罩里。结果他发现绿色植物能够更新因小白鼠呼吸或蜡烛燃烧而污浊的空气，使蜡烛不灭、小鼠存活。后来又经过几代科学家的努力，终于发现了光合作用。

光合作用是绿色植物在阳光照射下，利用它特有的叶绿体吸收光能，把二氧化碳和水转化为储存能量的有机物，并释放氧气的过程。这一过程的实质是将光能转化为化学能。光合作用包含几十个步骤，大体分为两个阶段。第一个阶段在叶绿体的类囊体膜上进行，捕光色素吸收光能，传递到反应中心，产生光化学反应，引发光合磷酸化作用，将水分解出氧气，将辅酶转化为三磷酸腺苷。第二个阶段三磷酸腺苷和还原辅酶推动光合碳循环。它包含两方面的转化：简单的无机物制造成复杂的有机物，并释放氧气的物质转化；把光能转变为储存在有机物中的能量转化。这些有机物不仅供植物本身生长的需要，而且是动物和人类的有机物和能量来源。这些氧气更是动植物和人类进行呼吸的氧气的来源。所以，光合作用是一切生物生存、繁衍和发展的源泉和保障。

光合作用使叶子释放出氧气

基因

在美国电影《侏罗纪公园》中，有一个镜头令人过目不忘：科学家从一个琥珀里的蚊子体内找到了恐龙的基因，其残缺部分用青蛙的基因补起来，结果造出了许多恐龙，酿出了大灾难。虽然这是科学幻想，但基因的作用的确是真实而重要的。基因的概念最早是由奥地利神甫孟德尔于1865年提出，后来由丹麦遗传学家约翰逊正式命名的。1910年以后，美国遗传学家摩尔根又历经20年的研究，创立了基因学说。

基因是遗传的基本单位，是由四种不同的核苷酸组成、成线性排列的DNA片段。它决定生物的各种性状，如生长、发育、生存等。地球上所有的生物都含有基因。一般来说，生物越高级其细胞所含的基因数目就越多，一个简单的病毒仅有几个基因，细菌有几千个基因，而人类基因约有数万个。世界上的生物有几千万种，生命现象的表现形式千差万别，但构成生命的物质基础是一致的，那就是蛋白质、酶、核酸等大分子。生物种类之所以不同，就是因为细胞中的基因组成不同。

如果改变了生物体的基因组成，也就改变了它们的遗传性和生物性状。所以基因是遗传的基础，是生物正常遗传的根本的内在因素。人类种族、肤色等的特殊性，如人的眼球中虹膜的颜色、耳垂的有无等都是由基因数目、位置的不同而决定的。而受精卵内所含父母双方的基因组成了未来生命的蓝图。人从一个受精卵开始发育成含有100万亿个细胞的完整机体，控制这一过程的全部信息就在这几万个基因中。可以说，人类的生长、发育乃至健康、长寿等全部信息都贮藏在这些基因之中。

基因变异引起马腿畸形

已经灭绝的古老生物

化石

地层是一本巨大的书，保存在地层的化石，就是一种特殊的文字，记录了远古生物活动的历史。

“化石”一词拉丁语意思是“挖掘”，最早是由德国医生和采矿工程师鲍尔于16世纪提出的。保存在地层中的化石，包括古生物体、遗物和遗迹。不同地质时期的生物群都有一定的生存环境。通过对化石的研究，能确定岩层的地质时代，推测当时的地理环境，了解地球及生物的演化过程。能作为化石保留下来的生物，必须具备三个条件：硬体；死后迅速被沉积物掩埋；有较长时间经过各种石化作用。

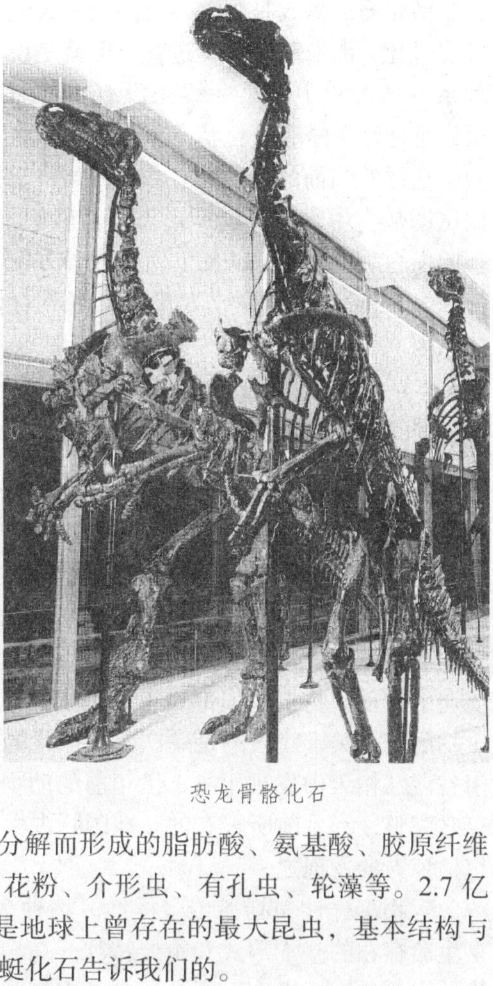
恐龙骨骼化石

化石类型主要有五种：①实体化石。即生物自身，如贝壳、骨骼、牙齿和植物干、茎、叶等。但在特殊条件下，如密封、冷冻，也可保存软体部分，如琥珀中的昆虫、西伯利亚冻土层中的猛犸象等。②模铸化石。即古生物在岩层中保留的印痕、印模等。③遗迹化石。指生物活动留下的足迹、爬迹、卵、排泄物等。④化学化石。是生物体分解而形成的脂肪酸、氨基酸、胶原纤维等各种有机物。⑤微体化石。如孢子、花粉、介形虫、有孔虫、轮藻等。2.7亿年前的古蜻蜓展翅的宽度达80厘米，是地球上曾存在的最大昆虫，基本结构与现代蜻蜓没有大的不同，这些就是古蜻蜓化石告诉我们的。

活化石

活化石最初只是达尔文对在东亚发现的、据认为在中生代已灭绝的银杏树使用的通俗用语。后来范围有所扩大，现在认为至少应有以下四个限定条件，才能将现存某生物种称为活化石：①在解剖学上真正与某一古老物种极为相似、完全相同或者就是该物种；②这一古老物种至少已有几千万年的历史，在整个地质历史过程中保留着诸多原始特征，而未发生较大的改变，是一种进化缓慢型生物；③这一类群的现生成员由一个或很少的几个种为代表；④它们的分布范围极其有限。现在被公认的典型活化石有银杏、矛尾鱼、大熊猫等。

活化石的形成是因为其种系线条长期未发生进化，也未发生分支进化。也就是说其种系发展过程中的某一线条没有中断而绝灭，而是处于停滞进化状态。至于为什么它们会这样？当前的研究还在继续中。科学家们试图从古生物学的功能形态、比较解剖、胚胎发育、遗传因子以及生理生化等方面进行综合分析，以期最终弄清它们能长期存留的原因。

大熊猫被称作动物“活化石”

澄江帽天山动物化石群

生命自从38亿年前在地球诞生以来，在30多亿年的漫长岁月里，只有一些菌类、蓝藻等低等生物。到了5亿多年前的寒武纪，海洋生物突然一下子冒了出来，形成多种多样的动物门类。科学家形象地称之为寒武纪生命大爆炸。

1909年，在加拿大布吉斯发现了5.15亿年前的节肢类、腔肠类动物化石群，给生命大爆炸研究带来了希望。1946年，在澳大利亚西南部发现了6亿多年前的埃迪卡拉动植物群，但都是单细胞生物，而且没有一种生物可以确认与现代已知生物门类有关，代表的是一次生命演化的死胡同。1984年7月，我国科学家在云南省澄江帽天山发现了5.3亿年前的动物化石群。时间之久远、种类之多样、保存之完整，都是前所未有的。在国际古生物考古界引起巨大震动，被誉为“20世纪最惊人的发现之一”。

生物多样性包括遗传多样性、物种多样性、生态系统多样性和功能多样性，是生命存在的基本形式和重要特征。在帽天山发现保存软组织的软体、节肢等动物的完整化石标本3万余块，包括多细胞动物100多个物种，分属包括脊索动物门等30多个门级分类单位，为30多门级动物找到了最原始的雏型。其中身长仅几厘米的云南虫有20多个肌节，是最古老的脊索动物，是鱼类、两栖类、爬行类、鸟类和哺乳类动物，包括人类的共同祖先。澄江帽天山的重大发现，表示生物进化除了渐进外，还有突变性和自发性，对古生物学和生命科学的研究具有重大意义。

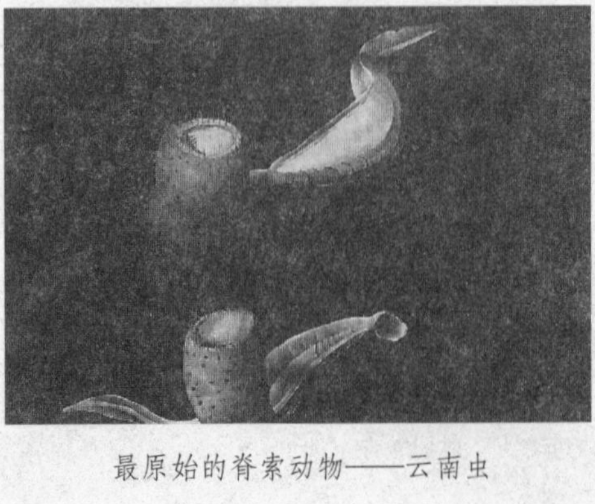

最原始的脊索动物——云南虫

物种灭绝

物种灭绝是指一个物种的个体完全消失而不留下后裔，即终极灭绝或完全绝种。在生物演变史中，新的物种不断形成，老的物种相继灭绝，这是一种正常的现象。可以说在地球这个生命大舞台上，每一个物种都是过客，它们都在一定的时间登场，演出，然后离去。不同的是，有的物种匆匆而来，匆匆而去；有的可以停留较长时间，但终归也会消失。永存的物种是没有的。

距今6亿年前出现的三叶虫，曾统治海洋（当时陆地上没有任何生物）3.5亿年，2.5亿年前的二叠纪末期绝灭。距今2.25亿年到6500多万年前是恐龙时代，各种各样的恐龙称霸地球将近1.6亿年，也难逃灭绝的命运。现在生存于海底的腕足动物舌形贝（海豆芽）已生存了4.5亿年，与早期的种类十分相似。除了微生物外，“老寿星”当属文昌鱼，已有5亿多岁“高龄”。它们都属于长寿物种。

已灭绝的动物——猛犸

物种的兴旺与衰落，发展与灭绝总是互相依存，互相转化的。可以说，现存的生命形式是在无数生命形式的尸骨上发展起来的。在地质历史时期，一个物种的平均寿命有数十万年至500万年，鸟类平均300万年消失一种，兽类平均8000年消失一种。但自从人类出现后，自然就不再是缓慢演变的生态系统，它的一切变化都打上了人类活动的烙印。早期人类的狩猎活动，使猛犸、剑齿虎、披毛犀、洞熊、肿骨鹿等绝了种；后期的殖民活动使恐鸟、渡渡鸟、南极狼、巴厘虎、蓝马羚等绝了迹。1992年，联合国环境与发展大会在里约热内卢召开，通过了1994年~2003年为生物多样化十年的决议，并通过了《生物多样化公约》。尽管各国政府和民间组织做出了巨大的努力，但生态环境恶化严重，生物多样化的落实问题依然十分艰难，目前全世界每24小时就有150个~200个物种从地球上消失，12%的哺乳动物和11%的鸟类面临绝种的危机。谁能够保证，在越来越残酷的生态环境中，已经基本丧失野生生存能力的大熊猫、野马、朱鹮……能安然度过21世纪呢？

鳞木

鳞木是石松类中已灭绝的鳞木目最有代表性的一种。大约生活在石炭纪和二叠纪，繁殖在热带沼泽地区，形成森林，是形成煤炭的最大资源。

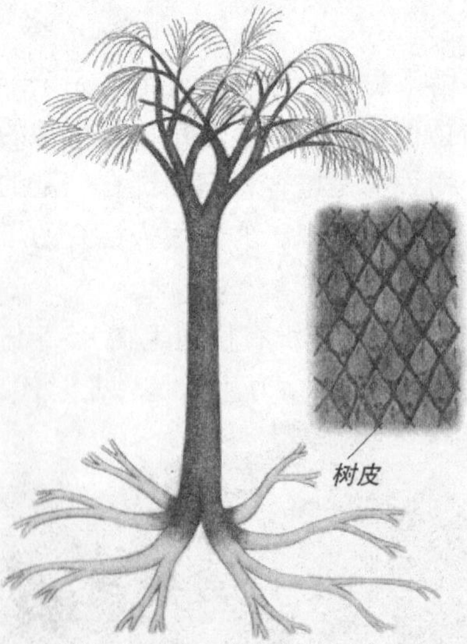

鳞木复原图

鳞木属于木本植物，树干高大粗直，最高可达 38 米，胸部直径可达 2 米。枝条众多，呈伞状，形成宽大的树冠，非常美丽。树叶呈螺旋排列，尖形或锥形，长可达 0.5 米，属单脉叶类。叶的基部膨大凸出，枯萎脱落后，在其表面留下一排排很有规则的叶座，这些叶座绝大多数呈纵菱形或纺锤形，通常成螺旋状排列，看上去如同鱼鳞片，故称之为鳞木。鳞木的输导系统在主干内呈管状，起到输送水分和营养物质的作用。它的皮很厚，分内、中、外三层，起到支撑作用。鳞木的繁殖主要靠孢子叶聚集成孢子叶球，生于小枝顶端，其腹面有一孢子囊，里面装有若干孢子。

芦木

芦木是楔叶类木贼目的一个已灭绝属，在石炭纪和二叠纪时，与鳞木、封印木共同组成北半球热带沼泽森林。外貌很像现代的木贼，是高可达 20 米~30 米的乔木。叶为单叶，具中脉，一般为披针形或线形，轮生于茎和侧枝的节部；叶基部大多数彼此分离如轮叶和星叶，有的叶基部不同程度相连为瓣轮叶。茎中空，直径 30 厘米。依靠孢子散发繁殖。孢子叶穗像现代木贼属一样，呈具柄的盾状，称孢囊柄，多集成孢子叶球，成熟后干裂散发。

芦木复原图

封印木

封印木是石松类中已灭绝的鳞木目乔木。大约生活在石炭纪和二叠纪，常与鳞木和芦木繁殖在热带沼泽地区，形成森林，也是形成煤炭的重要资源。

封印木树干粗直，高可达 30 米。分枝比鳞木少，仅在顶部分枝或不分枝。

叶单脉呈线状，长可达 1 米，脱落后其叶座通常排列成直行，上下紧靠，左右交错，有六边形，也有圆形，看上去很像扣上去的一个个印章，故称之为封印木。茎干基部为根座，类似根，也分枝，根自根座四周生出。茎的结构与鳞木相似，都具有很厚的皮层。繁殖主要靠孢子散发，孢子叶球以长柄附着生于树干分叉处的上部，成熟后干裂，孢子散发出去。

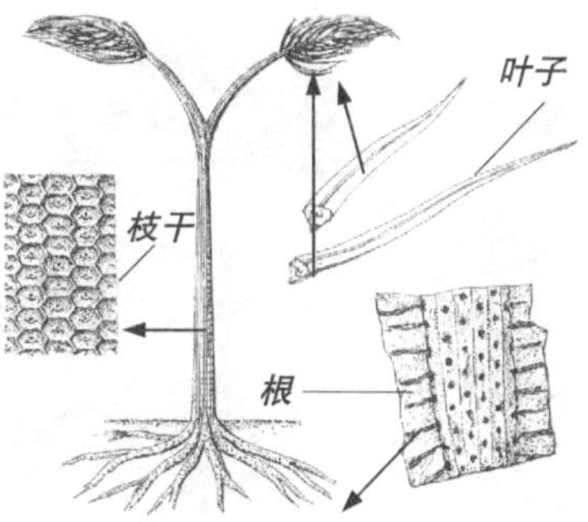

封印木

裸蕨

裸蕨是已经灭绝的植物的一种。裸蕨植物是原始维管植物，植株一般较矮小，二枝分叉，既无叶，也无根，顶端有孢子囊，故又有“无叶植物”之称。

裸蕨出现于距今约 1000 万年前，外皮层很厚，中柱实心。表皮有气孔，生有刺，但刺上没有气孔。孢子囊长椭圆形，有柄，成对生长于生殖枝顶端，数目因种而异，有的多达 64 枚。侧枝在产生了孢子囊后，前端往往下垂，成熟后沿两对面纵裂。

种子蕨

种子蕨是原始的已灭绝的裸子植物，可能起源于前裸子植物。一般不大，大多数是倚生或攀援的藤本型；也有一部分呈直立的树蕨状，不分枝，高可达 10 米；少数为直立粗壮的小乔木。

种子蕨化石

绝大多数的种子蕨植物具有与真蕨植物一样的大型蕨叶及脉序，叶片呈羽状排列，叶子表面的角质层厚。不同的是在生殖蕨型叶上长有种子和花粉囊，主叶柄常分叉。依靠自身花粉与胚珠受精形成种子，进行繁殖，比散发孢子繁殖前进了一步。花粉囊和胚珠的形式多样，有的胚珠有离生珠被，与种子相似，但实际上不是种子而是未受精的胚珠，起不到繁殖的作用。

科达树

科达树是裸子植物科达目中的一属。多为高大而细长的乔木，高可达 20

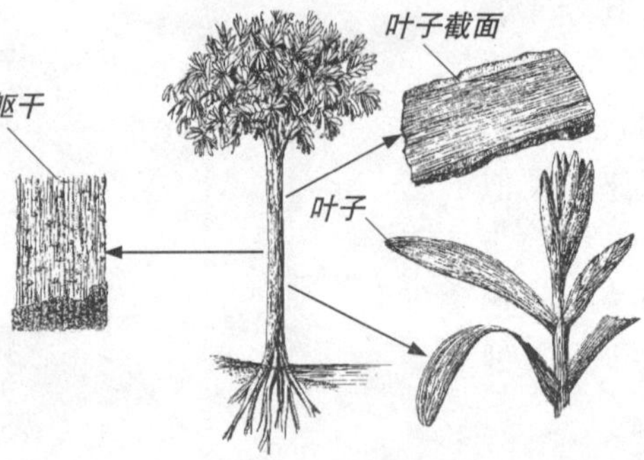

左图为科达树复原图，右图为科达树叶化石。

米~40 米，直径却不超过 1 米。上部分枝很多，形成卵形或球形的树冠，与通常松柏类的塔形树冠不同。叶片无中脉，呈带状或匙状，长可达 1 米，螺旋排列。叶脉细密，近平行。生殖器官由排成两列的短枝组成，称为复孢子叶球或松散的花序，靠花粉受精形成种子繁殖。根系比较发达。

从化石研究表明，科达树可能与种子蕨共同起源于前裸子植物，是现在的银杏和松柏的祖先。

三叶虫

距今 6 亿~2.5 亿年前元古代末期和古生代，地球上数量最多的动物是三叶虫。它们几乎占据整个海洋长达 3.5 亿年，统治时间大约是人类历史的 100 倍，恐龙时代的两倍多。

三叶虫属于节肢动物门三叶虫纲，一般长 5 厘米~10 厘米，宽 2 厘米~4 厘米，已发现最大的长 75 厘米，最小的只有 2 毫米。三叶虫的甲壳从前至后分为头、胸、尾三部分；左右也分为三部分，中部背面凸起，两侧肋部扁平。为适应需要，它们不断改变体质形态，演化得千姿百态，有数千种之多。以头、尾变化尤为迅速和重要，是鉴别不同地区、不同地层和生活不同年代的主要依据。胸、尾的变化侧重各占长度比例的改变。早期三叶虫胸节多，尾极小，属小尾型；之后胸节逐渐减少，尾部相应变大，依次出现异尾型、等尾型、大尾型。有的三叶虫演化的形态变化大，如尾部变成了尾刺，与现代的鲎相似。它们把尾刺插入海底，用头部挖泥，寻找食物。有的头、尾可蜷成团，保护柔软的腹部。有的浑身长满了尖刺，成为御敌武器。

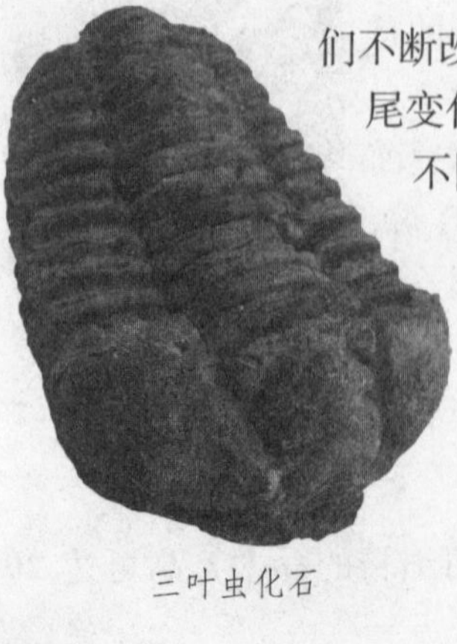

三叶虫化石

三叶虫在寒武纪时最繁盛，称为“三叶虫时代”，奥陶纪次之，志留纪后开始衰落，二迭纪末绝灭。古生物学家告诉我们，现代甲壳类虾、蟹等是三叶虫的远亲后裔；而怪模怪样的鲎，是三叶虫的近亲后裔。

恐龙

距今 2.25 亿年至 6500 多万年前的中生代三叠纪中期至白垩纪，称为恐龙时代。作为当时的霸主，恐龙统治地球将近 1.6 亿年，比人类历史长得多。人类对恐龙的了解和研究只有 300 多年。1842 年，英国脊椎动物学家理查德·欧文爵士给它定名，“恐龙”的叫法仅限于中国和日本，欧、美各国称之为“恐怖的蜥蜴”。恐龙生活的大部分时期恰好是现今所有大陆板块连接在一起的联合大陆时期，直到距今 1 亿年前，大陆才开始漂移、分开。因此各大陆都有恐龙化石分布。每年都有大量化石被发现，通过不断的新的信息、资料和研究成果的公布，人们正在逐渐认识这类史前动物。

恐龙复原图

究竟有多少种恐龙，很难说得清。20 世纪末有人统计说有 285 属 336 种。早在 1881 年，恐龙学家西莱研究恐龙的骨盆构造和形态特征，把它划分为蜥臀目（蜥龙类）和鸟臀目（鸟龙类）两大种类，它们之间没有直接亲缘关系。区别是髋部的三块骨头，前者朝向一方；后者一前两后。提起恐龙，人们首先想到的是庞然大物。其实恐龙并非都是如此，一般体长 10 米~15 米，梁龙和超龙 30 米左右；最小的恐龙是鹦鹉嘴龙和鼠龙，幼龙的体长只有 20 厘米~25 厘米，只有一只小猫那么大。另外，翼龙、鱼龙和蛇颈龙不属于恐龙家族。

距今 6500 年前的白恶纪末期，所有恐龙几乎同时消声匿迹了。灭绝的原因比较可信的是，一颗直径 10 千米，重达 1.2 万亿吨的小天体，以 20 千米/秒的速度撞击在今天墨西哥的尤卡坦半岛上。12 万亿吨熔融微粒和气化物进入大气层，蔽日遮天的尘雾笼罩地球，长达数月至几十年。植物无法进行光合作用而大面积枯死，恐龙饿死。同时约 2/3 的生物灭绝。幸运的原始哺乳类动物有了发展的机会，其中一支演化到灵长目，开始了哺乳动物时代。

梁龙

梁龙化石仅见于北美侏罗纪上侏罗统地层。1889 年，在美国怀俄明州奥尔巴，考古学家发现了一具较完整的梁龙骨骼化石，引起富翁安德鲁·卡内基的重视。他决心找到最大的恐龙，为大型化石搜集活动支付了 2500 万美元，并在宾夕法尼亚州的匹兹堡设立了博物馆。功夫不负有心人，1900 年前后，考古学家在科罗拉多、犹他和蒙大拿等地为他找到许多梁龙骨架。其中最完整的一具就命名为“卡内基梁龙”，至今仍保存在匹兹堡博物馆里。

梁 龙

梁龙身长超过 27 米，是身型最长的恐龙。它头小，脖子细长，尾巴像长长的鞭子。中间是短粗的身躯。脊柱是双梁，脊骨排成两行。脊髓后部有神经组织，以协调后腿和尾巴的动作。估计体重 70 吨~80 吨。属蜥脚类巨型食草动物，为防御敌害和托起庞大的躯体，常泡在水中。从牙齿特征可以看出，以嫩草为主要食物。

雷龙

雷龙以能发出雷鸣般的响声而得名，又名虚伪龙，属蜥脚类巨型恐龙。19 世纪后期，美国著名恐龙化石收藏家奥斯尼尔·马什在美国西部发现，但当时没有头骨化石。雷龙身躯和四肢粗大，长脖子，长尾巴，体长 21 米~24 米，重量 30 多吨。当时古生物学家推测它可能脑袋不大，在制作标本时就给它安上个短小的头。后来在科罗拉多、俄克拉荷马、怀俄明和犹他等州都有大量雷龙化石出土。直到 1979 年，两位恐龙专家根据发掘和收藏者的资料等，才恢复了它的长头。

雷 龙

雷龙同梁龙、巨臂龙（腕龙）同期生活，都以食草为生，大部分时间在水中，有时也到岸上。遇到凶猛的食肉类恐龙，一面大声吼叫，一面用强有力的尾巴自卫，然后逃到水中。化石仅见于北美和欧洲上侏罗统地层。

霸王龙

霸王龙是最大的肉食恐龙之一，也是最著名的恐龙。体长 12 米~15 米以上，身高 4 米~6 米。前肢极短小，后肢粗壮有力。硕大的头颅长约 1.5 米。脖颈粗短，颌骨上排列尖利的巨齿，像两排匕首。可直立行走，长尾巴起平衡身体的作用。1990 年，古生物学家苏伊・亨德里克在美国南达科他州费斯附近发现一具霸王龙骨骼化石。

霸王龙

经过两年清洗、修复，已在芝加哥菲尔德博物馆正式展出。这是迄今发现的最完整的霸王龙骨架，就以发现者的名字命名为“苏伊”。估计原重 6350 千克，长 12.5 米~13.7 米。有 60 颗牙齿，牙齿长 19 厘米~30.5 厘米。在 1997 年的纽约一次拍卖中，以 830 万美元成交，这也是最为昂贵的恐龙化石。霸王龙化石在亚洲东部也有出土。

甲龙

甲龙类恐龙的共同特点是背上从头到尾覆盖着带刺的盔甲，活像恐龙世界的武士。它们性情温顺，都是素食者。早在三叠纪时就已出现，活跃在侏罗纪中期至白垩纪晚期，但出土的化石标本几乎都在白垩纪。分为结节龙和甲龙两科，区别特征是，甲龙头部宽大，尾部有巨大的骨锤；结节龙头部窄小，尾部没有骨锤。

甲 龙

早期结节龙以 1833 年发现于英格兰东南部苏萨克斯的森林龙为代表。体长 6 米，从头到尾覆盖着坚硬的盔甲，盔甲上排列两行三角状尖刺。身体两侧各有一排向外的细尖刺。稍晚出现的结节龙发现于美国中西部，6 米长，头小，背、臀部有带小刺的骨坡，直接长在粗糙的皮肤上。体形最长的的是 7 米长的古龙，甲龙类中最小的鸵鸟龙只有 1.8 米，它们顽强地生存，是最后灭绝的恐龙。

甲龙是甲龙类恐龙中个体最大的，长度超过 10 米。盔甲坚硬厚重，躯干和四肢强壮有力，背脊和体侧有鳞状刺。尾巴粗长，末端有沉重的骨锤，摆动起来足可撞倒小型食肉类恐龙。同时代的双甲龙和厚板龙体长在 5.5 米~6 米之间，其中厚板龙发现于中国北方和蒙古。

角龙

角龙属鸟臀目食草恐龙，嘴鼻部、脸部有角，颈部有骨为其独有特征。出现最晚，生存于白垩纪中晚期。分布地区较狭窄，仅限于亚洲东北部和北美洲西部，当时两块大陆是相连的，后来才分开。最早出现的是原角龙，1922 年在蒙古发现许多骨骼化石和蛋化石。体长约 1.8 米，幼龙只 30 厘米，成年雄性原角龙刚刚长出一个小角。稍后的独角龙体长 5.5 米，鼻额上有较大的角，头部很像现代的犀牛。背缘覆盖着骨突，骨坡短，后面有两根骨刺。多刺龙和独角龙个头差不多，鼻额正中的角很长，硕大的头颅上有 6 根长刺，向上伸展，中间两根特别长而尖。看到它那副模样，你一定会想到《西游记》里的海龙王。

角最多的是五角龙，6 个化石标本都发掘于美国新墨西哥州圣胡安盆地。五只角分别长在鼻额上方、两眼上方和两边骨坡底部。体长 6 米，重达 10 吨。头大，板状骨坡一直延展到颈、肩部。利喙有点像乌龟和鹦鹉的喙。公牛龙体长 7.5 米，头就占了 1/3，是已知陆地动物中最大的头颅。骨坡巨大，是所有角龙类中最长的。鼻额有一只小角，眼睛上方有两只向前伸的大角。

三角龙是最大的，也是最著名的角龙。笨重、粗壮，体长超过 9 米。三只角类似公牛龙。骨坡被荷叶状弯曲骨突包围。化石非常丰富，已发现 20 个标本，可能是成群活动，可以用后两肢直立行走。体型最小的角龙是鹦鹉嘴龙，体长 1.5 米，在我国山东莱阳发掘的化石只有 25 厘米。它们前肢稍短，后肢长而健壮，可直立行走，用角质喙吃高处的树叶、树枝。在蒙古国也有发现。

最小的角龙——鹦鹉嘴龙

马门溪龙

1952年，人们在四川宜宾的马鸣溪渡口旁修筑宜塘公路时，发现了一具不完整的恐龙化石。中国古脊椎动学专家杨钟健教授对该化石进行了研究，并以发现地将其命名为马鸣溪龙。杨教授是陕西人，在说“马鸣溪”时，常被误为“马门溪”，马鸣溪龙就成了马门溪龙。

马门溪龙的头骨很小，牙齿纤弱呈棒状，颈部颀长，脊椎粗大笨重，肢骨关节面粗糙，是生活于侏罗纪晚期的大型食草恐龙，与梁龙、雷龙、剑龙、角龙齐名。

1997年，中国、加拿大联合恐龙考察组在新疆昌吉自治州奇台县恐龙沟发掘出马门溪龙化石，命名为中加马门溪龙。其最大一节颈椎长1.6米，体长约30米，论长度仅次于美国发掘的长达34米的地震龙。2006年7月底，由中国、美国、加拿大、墨西哥、英国专家共同参与的“北方侏罗纪恐龙考察”国际科考项目在中国西北展开工作。8月26日，考古学家又发掘出一具马门溪龙化石。据测定这只马门溪龙仅脖子就有15长，是世界上脖子最长的恐龙。其体长为35米，超过了中加马门溪龙，成为“亚洲第一龙”。

恐爪龙

20世纪60年代，在美国西部发现了恐爪龙，立即引起古生物学家的重视。它的骨骼化石保存完好，复原工作进展顺利。它的体长2.5米~1.5米，休重60千克~80千克，头大，前后肢各有三个大趾爪，特别是前肢第三趾爪大而弯曲，长13厘米，像镰刀一样锋利无比。恐爪龙的尾部由长棒状骨组成，硬而直，在奔跑时起平衡作用。恐爪龙行动灵活，直立行走，用后腿奔跑，快如旋风。遇到比它大6倍~10倍的食草恐龙，也无所畏惧。它后肢站立，以前肢的利爪发动进攻，顷刻间致对方于死地。不少学者认为，恐爪龙也许是最凶残的食肉动物，是恐龙世界真正的霸王。

恐爪龙

鸭嘴龙

鸭嘴龙生活在白垩纪晚期，于1858年命名，生活在北美。它头长，脖子短，像鸭龙和艾德蒙顿龙。鼻额至头顶有一块圆形肉峰，嘴像鸭子。它幼年在水中，成年后在陆地生活；有几百个甚至2000多个牙齿，排列多层，呈锯齿状；食物进入口中，经多层带锯齿的牙齿切割成碎屑，但并不马上咽入胃中，而是推到两颊的颊囊中储存起来，以后由具有弹性的颊肌再推向牙齿，反复多次，才将咀嚼好的食物卷入咽下，这样可减少胃的工作。它和现代的牛一样，可算做恐龙中的反刍动物。

始祖鸟

鸟类是如何起源、演化的？在争论了几百年后，近二三十年又成为国际古生物界争论最多、影响最大的焦点之一。

1861年，在德国巴伐利亚的索伦霍芬侏罗纪晚期石灰岩沉积中，发现了距今1.45亿~1.5亿年前的鸟类化石，定名为始祖鸟。根据化石可以看出，始祖鸟头上无喙，颌上有两排牙齿，全身有清晰的羽状印痕。前肢演化成翅膀，飞羽尖有三个指爪，掌骨与蹠骨分离。后足有四趾，三趾在前，一趾在后，肋骨无钩状突，胸脊有愈合，趾骨后伸。尾巴细长有尾羽，由20多个可动脊椎组成。奔跑时呈半直立状，长尾巴保持身体平衡。飞起来不像现代鸟类那样突兀而起、自由飞翔，而更像是在滑翔。始祖鸟是从爬行动物向鸟类过渡的中间阶段的典型代表。一些鸟类学家认为，鸟类和恐龙的共同祖先是槽齿类爬行动物；一些恐龙学家则认为，鸟类起源于一种小型恐龙。

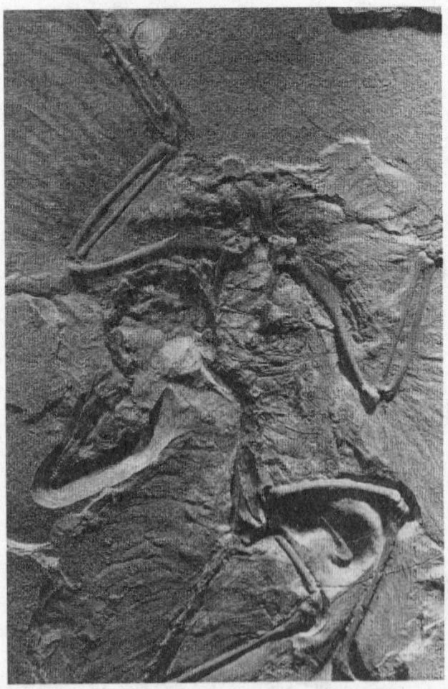
始祖鸟化石

20世纪80年代以后，在我国陆续发现了甘肃鸟、孔子鸟、辽宁鸟、中华龙鸟等化石。其中中华龙鸟可能属于一种小型恐龙，也可能是更原始的鸟类；其他的鸟与始祖鸟都可能是现代鸟类的祖先，或进化旁支。

孔子鸟、中华龙鸟

“鸟类起源于德国的始祖鸟，始祖鸟是鸟类的祖先”，这似乎已成了定论，在

孔子鸟复原图

世界各国的教科书中一直沿用了130多年。但这一假说正面临着前所未有的挑战。20世纪末期辽宁的早期鸟类化石的发现，将改写鸟类演化的历史。

1994年，中国科学院古脊椎与古人类研究所专家在辽宁省北票市上园镇地区，发现了一种古鸟类化石，以中国古代先师哲人孔子的姓氏命名为孔子鸟。研究发现，孔子鸟与始祖鸟有许多不同的特征：①始祖鸟有两排牙齿，孔子鸟没有牙；②始祖鸟无喙，孔子鸟有角质喙；③孔子鸟前肢肱骨靠近身体端中央，有直径近一厘米的小孔，而始祖鸟没有；④孔子鸟第二指爪明显小于始祖鸟；⑤孔子鸟尾椎比始祖鸟短，胸骨比始祖鸟发达。

1996年8月，中国地质博物馆专家在辽宁省义县发现了一种鸟类化石，定名为中华龙鸟。中华龙鸟显示出鸟类的原始羽毛，口中有粗壮、尖利的牙齿，尾椎很长，不具备飞翔能力。有人认为，中华龙鸟是由小型恐龙向鸟类的过渡类型，是比始祖鸟更早的鸟类祖先；有人认为，中华龙鸟酷似与始祖鸟同一地点、同一时代的小型肉食恐龙——美颌龙，是带羽毛的恐龙。

自1984年在甘肃省玉门发现甘肃鸟以来，20世纪90年代，在辽宁西部又发现了孔子鸟、中华龙鸟，以及朝阳鸟、辽宁鸟、华夏鸟等。中国早期鸟类种类之多，远远超过世界其他地区同期鸟类种数。随着新的化石出土和研究手段的改进，鸟类起源之谜一定会解开的。

猛犸

猛犸又叫猛犸象、长毛象，是现代亚洲象和非洲象的同宗兄弟。它们的共同祖先是始祖象，大约5000万年前栖息于非洲尼罗河流域，既没有大象牙，也没有长鼻子，个头也小得多，像河马一样生活在河中，以水草为食。后来经过楔兽、剑棱象时期，牙和鼻子越来越长，个头也越来越大。大约300万~500万年前，演化成长鼻目象科的猛犸、瑙曼象、亚洲象、非洲象等很多种类，曾遍布亚、欧、非、美各大洲。后来大部分灭绝，只剩下亚洲象和非洲象两种。

俄罗斯的西伯利亚和美国的阿拉斯加永久冻土带是猛犸主要栖息地。在这里已经发掘出20余具较完整的猛犸尸体。这是因这它们死后很快被冷冻并埋在冻土深处，才得以保存下来。其中在地下长眠四万年的雄性幼猛犸"蒂玛"，是1977年6月23日发现的。一群淘金工人在西伯利亚马加丹省索索门斯基地区找到它时，外貌完整，皮肤上覆盖了浓密的灰色长毛，内脏完好无缺。据说刚挖出来时，肉还是粉红色的，并流出少量血液，而且组织中的红细胞和白细胞清晰可辨。猛犸个头和亚洲象差不多，略小于非洲象。头顶有一个巨大的瘤，贮藏大量脂肪。肩背部长毛有50厘米长，皮下脂肪厚达7.6厘米。鼻子粗而长，两条象牙向上弯曲，最长达5米。

公元前8000年，巨型猛犸在各大陆消失。公元前2000年，最后一种猛犸——矮脚长毛象在北冰洋上的符兰格尔岛灭绝。灭绝的原因有多种说法，多数古生物学家认为环境气候剧变和人类捕猎是主要原因。一万多年前冰河期后，气候变暖，森林迅速扩大，苔藓、地衣类遍布，而猛犸赖以生存的草原大面积消失。在法国、西班牙和西伯利亚一些人类活动的洞穴里，有不少描绘围猎猛犸场面的岩画，以及用猛犸牙、骨制作的的生活用品。不断地进行狩猎活动是原始人类最基本的生产方式，把猛犸逼到了灭绝的境地。

猛 犸

王雷兽

距今3000万年前的内蒙古乌兰察布大草原上，生活着一种巨型哺乳动物——王雷兽。它体躯巨大，肩高2米多，体长4米多，四肢短粗，脚趾宽厚，长着一条与躯体不相称的小尾巴。最奇特的是头骨前方鼻骨上长着一只粗壮的大角，基部像一根粗钢管，顶部分为两杈，向上弯曲，通常一米左右。与现代犀牛不同的是，它的角是额鼻部骨质膨大的延伸，相同的是都是抵御肉食猛兽的有力武器。王雷兽是食草动物，以嫩树枝、树叶为食。

王雷兽

大约5000万年前的始新世早期，王雷兽的祖先只有小狗那么大，也没有角。经过2000万年的演化，身躯越来越大，成为“雷兽之王”。后来由于气候逐渐干燥，森林和湖泊减少，出现大面积草原。王雷兽的原始低冠牙不能咀嚼硬草，加之食量太大，终于因无法适应环境的变化而灭绝了。在内蒙古沙拉木伦地区发现了30多种雷兽化石，其中以王雷兽的骨骼化石最大。现在，我们站在这些化石面前，只能想象它们当年的生活情景。

隆鸟、恐鸟

13世纪意大利旅行家马可·波罗在游记中说，马达加斯加有一种大鸟，翅膀展开有30多步，羽毛长12步以上，能用利爪抓住大象，飞入高空，再抛下来摔死，用喙把大象撕开吃掉。这种描述显然过分夸张，但马达加斯加岛上确实生长过一种可与长颈鹿媲美的大鸟——隆鸟。一般高3米~4米，最高可达5米。1834年，法国旅行家在这里发现半个蛋壳，当地人当做水桶使用。1851年，一位法国船长把两个长32厘米、直径22厘米的隆鸟蛋送到巴黎博物馆。于是，科学家、旅行家、冒险家纷纷拥向马达加斯加岛。殖民主义者闯入后，在滥伐森林的同时，也杀光了隆鸟。自1860年有人在密林深处听到过它洪亮的叫声后，隆鸟就销声匿迹了。

在新西兰北岛上，还曾生存一种恐鸟，有10多个亚种，其中最大的身高4米多，不过，早在公元5世纪就已灭绝了。新西兰克赖斯特彻奇市坎特伯雷博物馆向我国赠送一具恐鸟骨骼标本，现保存在北京故宫博物院。

渡渡鸟

已灭绝的渡渡鸟

印度洋中的美丽岛国毛里求斯有一种特有的高大乔木卡伐利亚树，属于山榄科卡伐利亚属。几百年前曾遍布全岛，木质坚硬、细密，曾是岛上大量出口的优质木材资源。但是如今已寥寥无几，而且都是二三百年的老树，即将灭绝。令人困惑的是，当地居民很少砍伐，也未发现什么威胁其生存的病虫害。美国鸟类学家坦布尔进行几个月的考察，发现这种树年年开花结果，但没有一颗种子发芽。这种情况竟持续了二三百年。经过深入研究，终于揭开了卡伐利亚树不育之谜。原来这与已经灭绝的渡渡鸟有密切关系。

渡渡鸟是毛里求斯独有的大型地栖鸟类。体高1米，体重20多千克，与鸽子是近亲，不会飞。在演化过程中，渡渡鸟和卡伐利亚树形成了互惠互利、生死与共的奇妙关系。卡伐利亚树为渡渡鸟提供食物，渡渡鸟替卡伐利亚树传播种子。通过长时期自然选择，卡伐利亚树的果核坚硬，渡渡鸟的胃消化能力也增强了。果核经吞食、消化，被磨薄，才能出芽。这样，胃肌强大的渡渡鸟与果核坚硬的卡伐利亚树在生存竞争中留下后代，并在协同进化中维持平衡。但是欧洲殖民者登上毛里求斯后，大肆捕杀渡渡鸟；引进的大量家畜毁坏渡渡鸟巢，吞食鸟蛋。最终于1681年，最后一只渡渡鸟被捕杀，这种珍贵的鸟类也就从地球上消失了。

庆幸的是，在弄清卡伐利亚树种子不发芽之谜后，科学家全力挽救这一珍贵树种，采用人工方法磨薄果核，并成功育出幼苗。

旅鸽

19世纪时，北美上空经常飞翔着一种鸟。有一位鸟类学家曾目睹过，鸟群从他头上飞过时遮天蔽日，日月无光，长达4个小时，群阵延伸了360千米，估计数量多达22.3亿只。而整个北美的数量估计多达50亿只，比当时世界人口还多好几倍。这种鸟叫旅鸽，又名漂泊鸠。

旅鸽体长30厘米~40厘米，翼展65厘米，头蓝灰色，背、胸羽毛呈灰色，腹部白色，尾羽黑色。以浆果、坚果和树种为食，因肉质鲜美而遭到人们的无情捕杀。当鸟群飞过城市时，人们几乎用上了所有的武器：手枪、步枪、火枪，甚至大炮。为此还出现上万个捕猎旅鸽的职业射手，通过侦察网用电报传递鸟群出没地点和飞行方向的情况，采购人员蜂拥而至，铁路运输保障市场供应，形成了围剿屠杀旅鸽的“一条龙服务”。仅密执安州一季就捕杀了750万只。19世纪70年代，在美国和加拿大就有1亿只旅鸽被人们吃掉。尽管美国许多州发布禁捕鸟类的法律，但为利益驱使，无人理会。

旅鸽

1900年3月，最后一只野生旅鸽被射杀。当时还有少数旅鸽被关在笼子里。1914年9月1日，当最后一只雌鸽“玛莎”在人们的关注下，死在辛辛那提动物园时，人们才意识到又一个物种从此再也见不到了。后来在那里竖立了一座旅鸽纪念碑，铭刻了那段悲惨的历史，上书：“该物种因人类的贪婪和自私而灭绝。”是惋惜、追恋，还是内疚、忏悔？

千姿百态的植物

稻

稻是世界上产量最大，食用人数最多的粮食作物。稻原产于中国，古代称稻、禾、稷、麦、菽为五谷，稻为五谷之首。1977 年，中国考古工作者在浙江余姚河姆渡遗址发现 80 厘米厚的稻谷壳、稻秆和稻叶的堆积物，已经发黑，稻壳上的沟纹和毛刺还清晰可见，这表明中国人 7000 年前就大量种植水稻了。

水稻是一年生禾本植物。人们在长期种植实践中，培育出许多品种，一般分

水稻和大米

为 4 个类型：籼粳稻、早晚熟稻、水陆稻、黏糯稻。黏者为粳，不黏者为籼。稻有早熟、晚熟，分为早稻、中稻和晚稻。水稻生长于浅水中，但不是水生植物，旱稻在生长过程中也需大量浇水。黏糯稻俗称糯米、江米，先秦已有，称秫，晋代以后改叫糯。此外还有许多特种稻，如香稻、色稻、专用稻等。我国的香稻颗粒晶莹，芬芳浓郁，全国各地都有种植的记载。其中陕西洋县的香稻有“润肺缓筋”功能，酿成米酒，醇甜可口。色稻因表面有花青素沉积而得名，分黑、红、紫、黄等色，其中黑稻已有 1500 多年的种植史。贵州惠水黑糯最负盛名，富含胡萝卜素、维生素 C、铁等营养物质，成为“黑色食品”新宠。专用稻包括酿酒专用稻、营养专用稻等。

稻子去壳叫大米，含 75%左右淀粉，还含有丰富的蛋白质、脂肪、维生素 B、

葡萄糖、果糖、麦芽糖及人体必需的磷脂、柠檬酸和抗衰老功能的维生素 E。如用含有多种微量元素的井水和矿泉水煮粥、蒸饭，则更利于人体吸收，并有强筋、健体功效。人们爱吃精米，其实糙米营养成分更高，常食用能增加胃液分泌，改善植物神经功能。米皮中含有五碳糖和六碳糖，有抗癌作用。糯米含多糖类和糊精，有暖脾胃、益气、止泻功能。

稻米于 4000 年前传入日本，后由印度传入西亚，再传入非洲、欧洲。15 世纪末，哥伦布从西班牙向美洲运去稻种，传到了美洲。中国水稻专家袁隆平对水稻杂交优势进行了深入研究，培育出大量优质高产杂交稻种，为解决世界粮食短缺问题作出了重大贡献。

小麦

小麦是人类最早种植的粮食作物。起源于亚洲西部，早在 9000 年前，两河流域就种植了一种禾草，这就是产量很低的野生小麦。考古学家在古埃及金字塔石缝里发现了小麦。在中国殷墟出土的甲骨文中，“来”字指的就是小麦。

小麦是禾本科小麦属单子叶植物，现在已知品种多达数千种。根为须根系，茎中空有节，穗状花序，叶由叶片和叶鞘组成，种子颖片有芒刺。按播种和收获季节不同，分为冬小麦和春小麦两大类。春小麦在中国栽培已有四五千年历史，冬小麦大约开始出现于春秋时期。春小麦又叫春播小麦，春季播种，当年夏秋季收获，主要种植在西北、东北、内蒙古地区，尤以东北平原、内蒙古高原、准噶尔盆地和河西走廊为集中产区。冬小麦又叫冬播小麦、越冬小麦，9 月底至 10 月播种，次年 5 月前后收获，分布在长城以南、六盘山和大雪山以东广大地区，主要产区集中在华北平原、关中平原、汾河谷地、长江中下游平原和四川盆地，其中河南、山东是小麦生产大省，产量最多。

小 麦

全世界约有 1/3 人口以小麦为主食。小麦颗粒由皮层、胚乳等组成，含丰富淀粉、蛋白质，少量脂肪、多种矿物质和维生素。碾成粉状称面粉，通常可制成面包、馒头、面条、糕点等食品。还可制酒、酱、醋、味精等。表皮也叫麸皮，是畜禽的精饲料。麦秆可造纸、编制工艺品，粉碎后可作肥料。在粮食作物中，全球小麦播种面积稳居第一位，但总产量次于水稻，是人类最重要的粮食作物之一。主要产区还有俄罗斯、乌克兰、美国、加拿大、印度、巴基斯坦、土耳其、阿根廷、澳大利亚、法国、德国等。

谷子

谷子古代叫粟、禾，在中国古代原始农业生产中，谷子居首要地位。中国是世界上最大的农作物起源中心，也是唯一最早从种谷子发展起农业来的国家。据考古资料，山西夏县西荫村古代遗址发现有5万年前的原始谷粒化石。西安半坡村仰韶文化遗址里，发现陶罐里装满谷粒，还有谷堆，表明6500多年前黄河流域已广泛种植谷子了。西周时谷子被奉为谷神和社神。社又叫社稷，“社”指谷子，“稷”指高粱，谷子和高粱丰收表示国家兴旺，同时是国家政权的象征。

谷子的祖先是野生狗尾草，一些古籍中称为“莠”。成语“良莠不齐”中的莠，就是指没有食用价值的现代狗尾草，代指“品质不好的人”。我们的祖先在长期生产实践中，选育出谷子这种重要的农作物。谷子另一个起源地是西非。科特迪瓦有龙爪粟，塞内加尔有珍珠粟，几内亚有分枝粟，但就其分布和经济价值而言，远远比不上起源于我国的狐尾粟。狐尾粟即中国谷子的统称，和稻子一样，也有籼、粳和秫之分。西晋时有11个品种，清代有251个品种，如今有1.5万多个品种。谷子已传遍全世界，种植面积多达1亿公顷。我国种植面积和产量均居世界首位。

谷穗

谷子抗旱能力强，耐干旱，在贫瘠的土地上也能很好生长。外壳坚硬，防虫防潮，便于储藏。谷子去壳叫小米，营养价值高。据测定，含蛋白质10%~15%，脂肪2%~5%，以及多种维生素。做饭熬粥，香浓可口；酿酒制糖，别具风味。茎、糠是畜禽的优质饲料。

高粱

高粱是禾本科高粱属一年生草本植物，又称蜀黍、蜀秫、芦稷、芦穄、芦粟等。高粱有发达的须根系，植株高大，茎秆挺立，多节，中心有髓。叶片厚而窄，

高 粱

茎顶生有圆锥花序，异花授粉，穗呈帚状或锤状。高粱的颖果呈褐色、橙色，也有白色或淡黄色的。高粱性喜温暖，抗旱、耐涝、耐盐碱，在贫瘠的土壤中也有较强的生存力。

在世界谷类作物中，高粱占有重要地位，是重要的粮食和饲料作物。高粱原产非洲，主要生产国有印度、中国、美国、墨西哥、阿根廷、尼日利亚、苏丹和澳大利亚。中国栽培范围很广，以东北各地最多。按其性状和用途，高粱分为食用高粱、糖用高粱、酒用高粱、帚用高粱等，可食用、酿酒、制糖。高粱加工成米、面后可食用，曾经是中国东北和华北地区的标志性谷物。因含丹宁且缺乏必要的氨基酸，其味涩，口感欠佳。糖用高粱的秆用以生食或制饴糖。过去，甘蔗不为人们所认识时，高粱曾称甜秫秸。帚用高粱的茎秆被用来编制篱笆、棚架等，穗可以制成扫帚，其细实的秸秆用于制作锅盖等灶具；碾碎新鲜嫩叶和秆常常作为饲料，用来喂养牛、马等大牲畜。高粱是酿酒的上等原料，名酒茅台、汾酒、泸州大曲等均以酒用高粱为主要原料或配料。

玉米

玉 米

20 世纪初，考古学家在墨西哥城地下 70 米深处，发现了野生玉米化石。经化验表明，玉米的祖先至少有 8 万年的历史。考古学家还在墨西哥、秘鲁和智利发现许多有关玉米的标本，证明 7000 多年前已有原始玉米植株，用作载培作物已有 5000 多年的历史。印第安人称玉米是“丰收之神”，是阿斯特克人的唯一粮食作物。16 世纪中期，西班牙人把玉米引种到欧洲，因果穗多须，像土耳其人的胡须而被称为“土耳其麦”，被当做王公贵族庭园里的观赏植物。16 世纪 70 年代，阿拉伯人经中亚，将玉米传入中国西藏、四川。四川古称蜀，因此有“玉蜀黍”之名。大约同时或稍早，外国人来华晋见明朝皇帝时，把玉米果穗作为贡品献给皇帝。

如今，玉米是世界上种植最广的作物，已在150多个国家和地区安家落户。名称据说有50多种，常见的有包谷、包米、玉茭、棒子、珍珠米等。玉米是一年生草本植物，高2米~4米，根系发达，雌雄花同株。早熟，高产，耐严寒。营养价值极高。据测定：碳水化合物占72.3%~72.9%，蛋白质占8.7%，脂肪油占4.2%~4.8%。维生素C含量居谷类之首，胡萝卜素比大米高6倍多。还含有磷、钙、铁、硒、镁等人体必需元素以及生物碱类、泛酸、果胶、多种氨基酸等。研究发现，玉米还含有谷胱甘肽，有抗癌作用，被誉为“长寿因子”。玉米须富含硝酸钾、谷甾醇、皂甙、酚醌等，有利尿、降压、降糖、利胆等作用，也是良药。玉米食品多样，有玉米羹、玉米面条、玉米水饺、玉米糁等。玉米是医药、纺织、造纸等工业的重要原料。玉米胚芽脱去酸、胶、色、腊等，可制成不含胆固醇、富含维生素E的玉米油，又称粟米油，是高级食用油。

棉花

棉 花

据文献记载，大约5000年前，生活在古代印度的达罗毗茶人最早种植了棉花。但考古学家认为，一万多年前棉花起源于非洲中部，后经埃及东传到亚洲各国。棉花也由原产赤道热带干旱区的多年生灌木，变成温带一年生草本作物。中国是植棉历史悠久的国家之一，以南方和西北少数民族地区种植最早。《尚书》记载有“岛夷卉服，厥篚织贝”。“织贝”就是指的棉花。西汉武帝时，珠崖（今海南岛）太守孙幸进献“梧桐木华”织的布，即棉布。新疆民丰县尼雅遗址东汉墓中出土的蜡染棉花也有1700多年的历史了。13世纪植棉技术推广到长江流域和黄河流域，全国大部分地区普遍种植，棉布逐渐成为中国人的主要衣料。元朝松江乌泥泾镇（今上海市华泾镇）人黄道婆对棉纺织技术的改进和普及作出了重大贡献。

棉花是锦葵科棉属农作物，也是重要经济作物。主茎直立，高0.7米~2米，基部分生营养技，上部为结果枝。叶互生，下部叶卵圆形或心形，中上部叶3裂~5裂。花芽称蕾。花腋生，初白色，继而黄色、红色、紫红色、灰褐色。果如桃，称棉桃或棉铃，成熟后开裂，吐絮如雪，中藏梨形种子。种子带棉纤维称籽棉，去掉种子

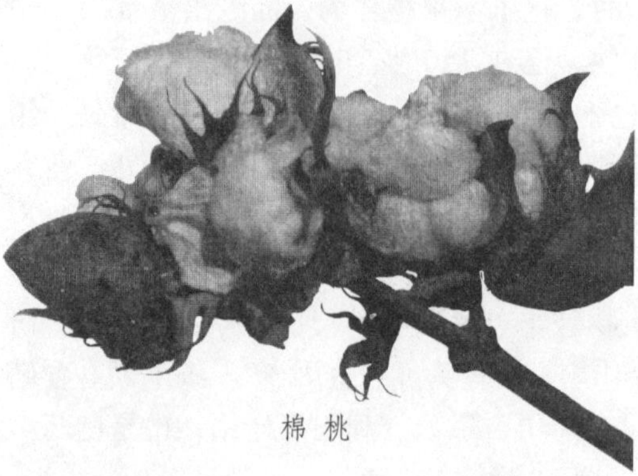

棉 桃

的棉纤维称为皮棉。现在科学家已培养出红、绿、蓝、灰、黄、褐色等数十种有色棉花，可直接织出五光十色的花布。

栽培棉分为陆地棉、草棉（又叫非洲棉）、海岛棉和亚洲棉四大类。种植面积最大的是陆地棉，占 90% 以上。中国是世界第一产棉国，主要产区在新疆，其次是河北、山东、河南、湖北、江苏等省。美国、印度、巴西、巴基斯坦、土耳其、埃及等国也是产棉大国。棉花纤维是主要纺织原料，其保温、吸湿、通气等长处，是化学纤维所不及的。埃及长绒棉素有“白金”的称誉，中国新疆的长绒棉可以与之媲美。短绒还是织棉毯、绒布及生产塑料、炸药、电影胶片、照相胶片的原料，棉籽脱壳后含油率 35%~45%，可榨棉籽油、食用油。处理后的棉籽壳可作真菌培养基，用以培育灵芝、蘑菇等食用菌和药用菌。

马铃薯

马铃薯俗名土豆，原是野生于南美洲安第斯山区不起眼的茄科植物。印第安人最早对马铃薯进行栽培，并作为主要食物，还给它起了个亲切的名字——“爸爸”。1536 年西班牙人把马铃薯传入欧洲，起初作为奇花异草观赏，后来传到印度、爪哇和苏门答腊，17 世纪传入中国。

马铃薯

18 世纪末法国出现粮荒，药剂师法尔孟齐就把马铃薯引种到法国。但法国人称它为有毒的“妖魔的苹果”，不敢食用。法尔孟齐既写文章介绍，又亲自种植、食用，还邀请各界名流参加宴会，品尝用马铃薯制作的食品。国王路易十六听说后如法炮制，胸前佩一束马铃薯花，举办豪华晚宴，请达官贵人品尝用马铃薯制作的美味佳肴。又在凡尔赛宫花圃建立“王室御用马铃薯栽培场”。上行下效，出席晚宴的绅士、淑女都以佩戴马铃薯花，以马铃薯食品招待客人为荣。有人就不惜重金买通花圃警卫，挖一点块根，甚至去偷。第二年法国各地都种上了马铃薯。马铃薯高产，帮法国度过了粮荒。

马铃薯适应性极强，在高原地区、荒野沙漠中都能生长。如今，已广泛种植在130多个国家和地区，年产量3亿多吨。俄罗斯、波兰、乌克兰是主产国。马铃薯既是粮食作物，也是蔬菜。花有紫、粉红、白几种颜色，叶为羽状复叶，茎在地表上下，地下块茎可食用。但芽含龙葵素，皮含多种甘油生物碱类化合物，都有毒性，食用时必须剜掉芽、削去皮。马铃薯性喜寒冷、干燥。营养价值高，蛋白质含量高，脂肪含量仅0.1%，富含胡萝卜素、硫胺素、核黄素、维生素C等，也有健脾胃功效。中国北方一些地区和南美、欧洲一些国家都把它当做主食。也被确定为航天员理想的太空食品。马铃薯还可以做淀粉、酒精、糖浆、葡萄糖等，也可制造人造丝、香水、合成橡胶、电影胶片等工业品，有“万能作物”之称。

甘薯

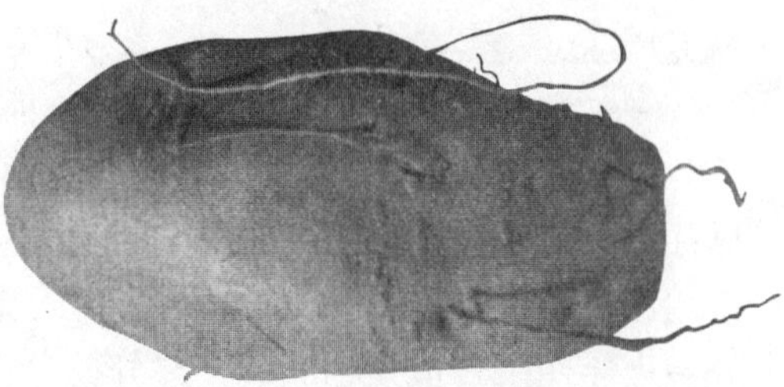

甘 薯

甘薯别名很多，有红薯、白薯、地瓜、红苕、番薯、山芋等。祖籍南美，15世纪末由哥伦布传入欧洲。16世纪末由东南亚传入中国广东、福建等地。1593年福建长乐人陈振龙在菲律宾经商，见当地“朱薯被野，生熟可茹”。但西班牙殖民者严禁薯种出境。陈振龙重金购到几尺薯藤，缠绕在绳缆上，躲过海关检查，运回家乡。在当地政府支持下试种、推广。第二年福建大旱，因甘薯高产耐旱，福建人民赖以度过粮荒。科学家徐光启极力倡导种植推广。不久出现明末持续14年（公元1627年~1640年）空前大旱。甘薯立下大功，不知挽救了多少人的生命。

甘薯味道鲜美，营养丰富。含25.6%的糖、2.2%蛋白质、29%碳水化合物和胡萝卜素、尼克酸、维生素B、维生素C，以及钙、铁、磷等人体必需元素。可生吃、熟吃，可煎、烤、蒸、煮，粮菜兼用，老少咸宜。晾晒成干，可长期储存。北方常用薯叶做汤，或当面条佐菜。甘薯含丰富纤维素，能中和米、面、肉、蛋所产生的酸性物质，调节人体酸碱平衡。可防止动脉硬化和中老年便秘，还可健脾胃，强肾阴，治疗痢疾、湿热、血虚、疳积等症。

甘薯还有抗癌作用，国外一家食品研究机构研究20种有显著抗癌效应的粮食、蔬菜，发现熟甘薯和生甘薯对肿瘤的抑制率分别为97.8%和94.4%，分别名列第一、第二位。但多食对胃肠黏膜有刺激作用，促使胃酸分泌增多，并引起腹胀。这时，可适当吃些咸菜、水果、苏打片以助消化和改善胃肠功能。

大豆

大豆起源于中国，中国古代称菽，至少有4000多年的历史。《诗经》中有“中原有菽，庶民采之”，“采菽采菽，筐之莒之”，可见当时已大量种植，用筐和篓收装大豆。

大豆以及大豆制成的豆腐和豆浆

大豆营养丰富，蛋白质含量占40%~46%，是小麦的3倍，玉米的4倍；与肉蛋相比，是牛肉的2.5倍、鸡蛋的3倍、猪肉的4倍。含脂肪、糖类、多种维生素和钙、磷、铁等矿物质，还含人体必需的8种氨基酸。出油率20%左右，大豆油主要成分是不饱和脂肪酸，油中的豆固醇可抑制胆固醇的吸收，可防止动脉硬化，增强血管机能。在轻工业、食品工业、化学工业等方面有广泛用途。豆浆、豆腐、豆丝、豆腐干、豆芽、豆粉等豆制品有100多种，也对身体健康有益。大豆根系的根瘤菌有固氮作用，一亩大豆可从大气中固定6.7千克氮肥素。一部分被当年用来合成蛋白质；一部分贮存土壤中，供下一季作物使用，有养地功能。

大 豆

东汉时期，大豆传入朝鲜，又从朝鲜传入日本。17世纪传入东南亚。1873年，大豆“出席”维也纳万国博览会，欧洲人惊呼为“中国王子”，竞相引种。1854年传入美国，20世纪60年代，南美各国开始试种。如今，大豆已成为国际性粮食和经济作物，已有60多个国家和地区种植。1936年中国大豆产量占世界总产量的91.2%，但如今产量最多的国家是美国，年产740万吨。巴西、阿根廷的产量也超过中国，位居第二、第三位。

茶

茶与咖啡、可可是世界三大饮料。中国是茶的故乡，种茶、制茶、饮茶有数千年历史。传说“神农尝百草，日遇七十二毒，得荼而解之”，“茶”字即由古“荼”字演化而来的。唐代养生学家陆羽系统总结前人经验，全面阐述有关茶的起源、采摘、制作和饮用等问题，写了世界上第一部关于茶的专著——《茶经》。据书中记载，当时全国 76 州中有 43 州普遍饮茶。北宋时，茶已成为人们生活中的必需品，是柴、米、油、盐、酱、醋、茶开门七件事之一。元明清时进一步推广种植。明代李时珍对茶的药用功效有深入研究，记录了许多药用良方。

现代人工栽植的茶树，是排列整齐的灌木，而原始茶树却是高大的乔木。今天我国西南地区深山密林中，仍有 10 多米以上的野生茶树。云南勐海县有一株世界上最高的野生“茶树王”，高达 30 多米。

茶是山茶科山茶属多年生常绿灌木，高约 1 米，是以采取茶叶为栽培目的的主要树型。单叶互生，绿色革质，嫩叶背部生长白色茸毛，叫“白毫”。以白毫似雪、叶色翠绿为上品。茶叶含有约 400 种化学物质，如蛋白质、粗纤维、茶碱、咖啡碱、可可碱、烟酸、叶酸、丹宁、芳香油，以及多种维生素、氨基酸、矿物质。有清热、提神、解毒、明目、消食、利便、止泻、促进新陈代谢、增强运动能力等功效，研究发现，茶还有减肥、健美、降血脂、降血压、抗癌、抗衰老等作用。

唐贞元二十一年，日本僧人最澄将茶种从浙江携带回国，开始了茶树在国外生长的历史。后传入朝鲜、南亚、东南亚各国，再经西亚传入西欧、美洲、东非和澳大利亚，如今已遍及世界各地。

中国茶文化内涵丰富，饮茶历来有雅、俗之分。雅为品，俗为喝。品茶讲究备、洗、取、沏、端、品、斟、清。制作过程分采叶、杀青、萎凋、揉捻、发酵、渥闷、干燥 7 道工序。我国茶叶主要为绿茶和红茶，经再次加工有花茶、黑茶、乌龙茶、紧压茶等。产茶地区分为江南、江北、华南、西南四大茶区。西湖龙井、太湖碧螺春、峨眉竹叶青、信阳毛尖、都匀毛尖、黄山毛峰、洞庭君山银针、祁

茶 园

门红茶、六安瓜片和闽南铁观音为十大名茶。著名的还有庐山云雾茶、霍山黄芽、武夷岩茶、云南普洱茶、四川珠茶等。

咖啡

咖啡豆

咖啡原产于热带和亚热带，有 25 个品种，分为小果咖啡和粗壮咖啡两大类。小果咖啡的故乡在埃塞俄比亚的咖法省。粗壮咖啡的发源地在巴西。咖啡至今已有 4000 年的栽培史。咖啡树是茜草科常青灌木，高约 2 米。花为白色且有香味，果实卵圆形，成熟后呈紫红色，种子叫咖啡豆。把咖啡豆焙干磨成粉，用沸水煮或冲即可饮。咖啡是不含酒精的优质饮料，与茶、可可并称为世界三大饮料。

咖啡有健胃、利尿作用，是兴奋剂也是镇静剂。所含重要成分是一种白色、无气味、略带苦味的含氮化合物——咖啡因。有人误认为咖啡含咖啡因最多，其实可可中咖啡因的含量约为咖啡的 1.5 倍，绿茶约为 3 倍~5 倍，红茶高达 5.4 倍~6.7 倍。摄取过量咖啡因易引起耳鸣、心跳加速，所以要适量饮用。咖啡因难溶于冷水，但易溶于热水，最佳饮用温度为 85°C~88°C。如主人将一杯热气腾腾、浓香四溢的咖啡端在客人面前时，趁热饮用则是礼节。

蔬菜

蔬 菜

蔬菜，可以作为副食品的草本植物的总称，也包括少数可以作为副食品的木本植物和菌类。《而雅·释天》有“蔬不熟为馑”之语，郭璞注：“凡草菜可食者通名为蔬。”可以说蔬菜是蔬类植物的总称，包括那些可以供人类作为副食吃的草本、木本植物和菌类植物，例如：菠菜，黄瓜，土豆，竹笋，木耳等。大部分蔬菜含汁液和纤维丰富，而且味道鲜美，是人们进食时不可缺少的物品。以往把蔬菜只作为“副食”，但随着观念的转变，多食新鲜蔬菜而少食主食已成为人们的共识。

人们体内所需要的许多营养均来源于蔬菜。一个成年人每天摄入 200 克~500 克蔬菜才能满足机体的需求。科学家通过对多种蔬菜的研究分析发现，蔬菜的营养十分丰富，其主要营养成分有蛋白质、脂肪、碳水化合物、多种维生素、粗纤维和钙、磷、铁、盐等。

科学家们发现，蔬菜的颜色与营养关系密切。一般来说，颜色深的营养价值较高，颜色浅的营养价值较低，其排列顺序是绿色蔬菜 > 黄色蔬菜 > 红色蔬菜 > 无色蔬菜。即使是在同类蔬菜中由于颜色的不同，营养价值也不同。例如，黄色胡萝卜比红色胡萝卜营养价值高。黄色胡萝卜除了含有大量的胡萝卜素以外，还含有具有强烈抑癌作用的黄碱素。同一株菜的不同部位，由于颜色不同，其营养价值也不同。例如，大葱的葱绿部分的营养就比葱白部分的高得多；每 100 克葱绿含有维生素 A1750 个国际单位，而葱白几乎不含维生素 A；葱白的维生素 B1 及维生素 C 也不及葱绿的一半。

有许多蔬菜，除了营养成分以外，还具有一些特殊的物质。例如，在芹菜中含有一种挥发性芳香油，可以促进食欲。芹菜还具有较高的药用价值，其性凉，味甘，无毒，具有散热、祛风利湿、健胃利血、清肠利便、润肺止咳、降低血压、健脑镇静的作用，对高血压、血管硬化、神经衰弱、头痛脑涨、小儿软骨症等都有辅助治疗作用。由此可见，蔬菜还是食疗中不可或缺的重要物品。

番茄

番茄又称西红柿，茄科番茄属一年生草本植物。植物有矮性和蔓性两类。全株枝为绿色，叶为羽状分裂或奇数羽状复叶。花黄色，数朵至数十朵，成聚伞花序或总状花序。果实呈圆球形、扁圆球形或樱桃形等，有红、黄和粉红等色。种子扁平，灰黄色，有茸毛。

番茄原产于南美洲秘鲁的丛林幽谷中，因枝叶有股难闻的气味，长时期被视为有毒，无人敢吃。16 世纪，英国俄罗达拉里爵士从南美洲到英国，把它带回英国，送给女王。但番茄一直作为观赏植物遍栽于欧洲。18 世纪时，才开始有人配以牛肉、大蒜、胡椒等把番茄当成菜肴。如今，番茄已成为人们最喜爱的水果和蔬菜之一。

番茄性喜温暖，不耐霜冻，适宜温度20℃~28℃，在中国以春季栽培为主，冬季适宜种植于温室。番茄味甘酸，性微寒，营养极为丰富，含有多种维生素、果酸及钙、磷、铁等矿物质，其中生产季节的不同，都是决定其中番茄红素含量的重要原因。黄色品种番茄红素含量很少，红色品种则含量较高。科学家已证明番茄具有独特的抗氧化能力，可以清除人体内导致衰老和疾病的自由基；预防心血管疾病的发生；阻止和减少癌变进程和发病危险。

番茄可生食、熟食，拌、腌、炒、烩、做汤均可，还可加工成番茄酱、番茄汁、番茄果冻，但每天食用不可过多。未成熟的番茄含有一种叫做龙葵素的生物碱，苦涩有毒。

辣椒

辣椒是一种特殊的营养蔬菜，原产南美热带地区，明末传入中国，因来自海外，故有番椒、海椒之称，也叫蓁椒、辣子等。辣椒含有辣椒素，能刺激舌头和皮肤，产生灼热和疼痛感。维生素C含量很高，赖氨酸含量也较丰富。颜色有红、绿、黄、白等，形态以尖和圆为主。尖椒又称长椒，圆椒也称柿椒，还有簇生辣椒、樱桃辣椒、灯笼辣椒等。辣椒营养丰富，是重要的调料和配菜，有健胃、祛风、消淤、导滞、散寒、驱虫等功能。适当吃些，可增加食欲，促进消化。但胃病、高血压、皮肤炎、痔疮、咽炎、气管炎、肺结核患者不宜食用，以免刺激病灶，加重病情。

朝天椒

中国西南和华南等地，特别是山区居民喜吃辣椒。泰国人、朝鲜人、韩国人、日本人、印度人、匈牙利人、美国人和墨西哥人也以爱吃辣椒而闻名。泰国人均每天食用辣椒粉300克，喜欢在各种菜肴上撒上一把红辣椒粉，连汤喝起来也是火辣辣的。墨西哥人把辣椒与马铃薯、仙人掌、西红柿、洋葱当做五大蔬菜。日本人和美国西南部的人则喜欢以辣椒作下酒菜。印度的贡土尔市被称为“辣椒之都”，城市空气中充满浓烈的辣味，男子如果吃辣椒不如女人，被认为是没有男子汉气概。

大蒜

大 蒜

大蒜属于百合科一年生草本植物，原产于西亚和中亚。西汉时张骞出使西域时把它带到中原。夏日大蒜抽出的花茎叫蒜薹，是蔬菜中的上品。地下鳞茎长成蒜头，性辛、温，含蛋白质、糖类、矿物质、维生素 B、维生素 C 和多种氨基酸。吃肉食品时吃些大蒜，大蒜素可使肉品中维生素 B_1 含量增加数倍，并可促进血液循环。

相传古罗马的随军医生，曾用大蒜医治士兵的肠胃病和呼吸道疾病。古代腓尼基人和北欧探险家出海远航时，都携带大量大蒜，借以防疫除病。第二次世界大战期间，由于药品短缺，英军曾以上千吨大蒜治疗士兵创伤，防止各种流行病发生。大蒜不仅是日常生活离不了的调味佳品，也有一定的医疗价值，是神奇的药物，有“土生土长的青霉素”之称。

大蒜有神奇药效是由于大蒜素，大蒜素是一种辛辣含硫的挥发性植物杀菌素，对大肠杆菌、痢疾杆菌、葡萄球菌及伤寒、霍乱、白喉、结核、头癣等多种病原菌有杀灭或抑制作用。大蒜外用于创伤，能消毒防溃，促进愈合，可敷治疥疮、头足癣等。不过患有慢性胃炎、胃溃疡、十二指肠溃疡和肝肾疾病的患者，不宜食用大蒜。有人不愿食用大蒜，因为食用后口中有股难闻的气味。但只要吃几粒红枣或咀嚼几片茶叶，怪味就会消解。

葱

如果离开了葱，再高明的厨师烹制的菜肴也会大为逊色。葱是百合科葱属蔬菜，是多年生宿根草本植物。葱有冬葱、大葱、小葱等，是菜肴调料和配菜。其含有挥发性葱辣素，有兴奋神经、增进食欲、刺激血液循环等作用。以葱为辅料的菜肴，香气诱人，味道鲜美。洗净凉拌或生吃，也可杀死口腔中大部分病原菌。

葱全身是宝，《本草纲目》中记载，葱白可“除风湿、身疼麻痹、虫积、心疼”；葱叶“利五脏，益目，疗足肿”；葱汁“散淤血，止衄，止疼，治头疼耳聋，消痔漏，解众药毒”；葱须有治“血渗入大肠，便血，肠澼成痔”的功效。中国北方有民间验方，捣葱成糊状，擦手脚心治疗感冒；用葱汁敷于烂疮处，可化淤消脓，促使伤面愈合。

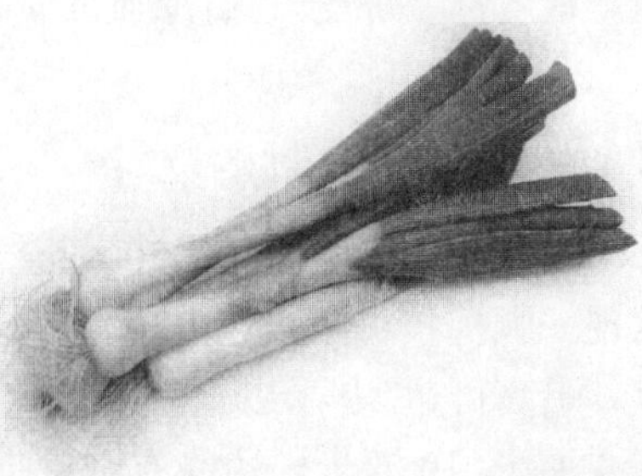
葱

牡丹

牡丹原产于中国，先秦时期人们已认识并栽培，但在唐朝“闻名于天下”。唐玄宗李隆基偏爱牡丹，在骊山开辟了牡丹园，还常在兴庆宫沉香亭前牡丹花下与杨玉环欢宴作乐，并命一些文人进诗吟咏。中书舍人李正封进诗有“国色朝酣酒，天香夜染衣”佳句，从此“国色天香”成为牡丹的雅称。牡丹以鲜艳高雅、雍容华贵、绚丽娇媚、艳冠群芳而誉为“花中之王”。民间历来把牡丹作为富贵吉祥、繁荣幸福的象征。

牡 丹

牡丹又名鹿韭、百两金、木芍药、富贵花，是毛茛科落叶灌木，通常高一米左右，也有超过两米的。其花原为单瓣，后来人工培育出重瓣。花朵硕大，有5片花萼，花瓣为5片或5的倍数。花色丰富，有紫红、深红、粉红、银白、鹅黄、豆绿和黑灰色等。分布于四川、陕西、河南、山东、江苏、浙江等地。洛阳最名贵的品种是“花王”姚黄和“花后”魏紫。“惟有牡丹真国色，花开时节动京城”，说的就是唐朝时人们为了观赏，车马堵巷，有人立在墙头或人肩上以睹牡丹的芳容。

从明朝中期起，山东菏泽（当时称曹州）栽培最盛，方圆数十里成为牡丹花的海洋，有“牡丹之乡”美称。1986年，在湖北西北的保康县发现大片野生牡丹群落，据专家分析，“洛阳牡丹源于保康”的可能性极大。牡丹有较高的经济价值。根皮称“丹皮”，有凉血散淤、解热镇痛、降压祛风等作用。花可提炼香精。

梅花

梅花原产于中国，有200多个品种。1975年在河南安阳殷墟出土的妇好墓中，发现一颗梅核，距今已3200多年。梅花属于蔷薇科多年生落叶乔木，高4米~6米，最高可达10米以上。干枝遒劲，以疏、瘦、老、斜为珍贵。叶互生，卵形，长4厘米~10厘米，边缘有细锯齿。花梗短，花5瓣或5的倍数，有单瓣和重瓣之分，呈雪白、淡黄、粉红、紫红等色。梅自古有四德之说，生蕊为元，开花为亨，结子为利，成熟为贞。花朵五瓣象征五福，即快乐、顺利、幸运、和平与幸福。梅花深受中国人民喜爱，历来咏花的诗词歌赋，以梅为题者最多。"无意苦争春，一任群芳妒，零落成泥辗作尘，只有香如故"，咏其高洁脱俗的品格；"瘦棱棱地天然白，冷清清地许多香"，"更无花态度，全是雪精神"，咏其傲雪斗霜的气质。在人们心目中，梅花与坚毅挺拔的苍松、潇洒多姿的翠竹并称"岁寒三友"；还与兰、竹、菊以高雅的气质并称"四君子"。

红 梅

梅花树广泛分布于江苏、浙江、安徽、湖北、湖南、四川、广东、福建、贵州等地。南京梅花山、无锡梅园、余杭超山、吴县邓尉和武汉磨山是著名的踏雪寻梅的胜地。超山宋梅亭畔的宋梅已有 700 年的岁数，大明堂天井里的唐梅已有 1000 多年的高龄，天台山国清寺的隋梅更是老寿星了。

菊花

菊花又名鞠、寿客、长寿花、黄华、傲霜、帝王花，故乡在中国，已有 3000 多年的栽培史。它以清新高雅的气质、秀丽多姿的仪态、凌寒傲霜的风骨，赢得人们的喜爱和赞美。

菊花属多年生草本植物，多为秋季开花。品种繁多，北宋孟元老的《东京梦华录》中记载有 35 种。明代李时珍《本草纲目》中已录有 900 多种。如今已成为庞大家族，多达 3000 多种，仅菊城开封就有 1200 多种。为便于研究、栽植、应用和观赏，有许多分类法：依花期可分为春菊、夏菊、秋菊和寒菊；依花径可分为大菊、中菊、小菊；依花色可分为单色菊、复色菊，呈黄、白、红、绿、粉、紫、墨等色；按株型或应用不同可分为独木菊、多头菊、大立菊、悬崖菊、嫁接菊、案头菊、盆景菊等；按瓣型可分为平瓣、匙瓣、管瓣、桂瓣、畸瓣等类。

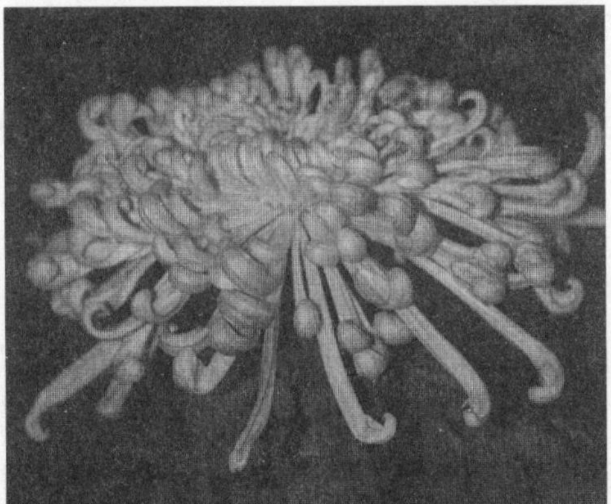
菊花有"花中隐士"的雅称

北宋以前，菊花的主要用途为药用和食用。现代医学研究，菊花含菊甙、胆碱、多种维生素和氨基酸，性微寒，能明目清肝、清热解毒、降压安神、延年益寿，可治头晕目眩、疔疮痈疽等症。可制作菊花糕、菊花饼、菊花粥，晾干菊花直接可当菊花茶饮用。农历九月九日重阳节，亲友携手登山，饮菊花酒。饮菊花酒始于晋代，已有1700年历史。如今菊花已成为重要观赏花卉，可置于庭院、走廊、路边、案头，装点、美化人们的生活。

荷花

荷花出污泥而不染，有“花中君子”之称。

产于中国的荷花傲然挺立，超凡脱俗，是洁身自好、品格高尚的象征。荷花又名莲花、水芝、水芙蓉、芙蕖、玉环、藕花、拒霜等，属于多年生睡莲科莲属水生草本。1973年，在郑州大河村仰韶文化遗址出土了两枚莲子，距今有5000多年的历史。地下根茎为藕，又叫莲鞭，有节；水面上叶为荷，果实为莲。藕质白味甘，含大量淀粉、维生素、矿物质和碳水化合物，可当水果食用。烹饪是佳肴，腌制成果脯，制粉为藕粉。荷叶大而圆，有清热、解暑、止血功效。实为坚果，称莲子，营养价值高，是理想滋补品。莲子被包在莲房中，莲房又叫莲蓬，与莲须、莲子都可入药。荷花性喜温暖、水湿和土肥，在中国分布极广，品种也多。一花五蕊的，称“五福临门”；一花四蕊的，叫“四面观音”；一蒂三花，称为“品字莲”；一蒂两花，叫做“并蒂莲”；白花边缘露淡绿色的，叫做“碧台莲”。

1952年，在辽宁新金县泡子屯村出土一批1000年前的古莲子。经精心培养，绝大多数都萌发新芽，开花、结实，成为轰动一时的奇迹。济南、长沙等城市选荷花为市花。1999年底回归祖国怀抱的澳门特别行政区，也以荷花作为区花。

兰花

兰花原产于山泉、涧、溪边及林木茂密处，“纵使无人亦自芳”。它清逸脱俗、幽香袭人，有“天下第一香”、“王者香”、“空谷佳人”等雅称。中国是兰花的主要产地，人们喜爱兰花，看重它的品质，它与梅、竹、菊并称“四君子”，是高雅脱俗的隐士。

我们常说的兰花，是兰属花卉，家庭庞大，种类繁多。按照生态习性可分为地生兰和附生兰两大类。中国兰花多为地生兰，属多年生草本植物，主要有春兰、蕙兰、建兰、寒兰、报岁兰等。春兰俗称草兰，早春开花，一茎一花，花淡黄泛绿，叶丛生，花茎短而下垂，生长于浙江、安徽、湖南、湖北、四川等地。蕙兰初夏开花，一茎多为9朵花，也叫九节兰，叶片细长，花茎直立，花色淡黄，唇瓣绿白色有紫色斑点，生长在长江以南各地。建兰秋天开花，又称秋兰，一茎7朵~8朵花，花淡黄色带绿晕，叶阔大色深，生长在福建、广西、广东、云南等地。冬季开花的寒兰，花色有青、紫、黄、白、桃红等色，生长在福建、广东、江西、浙江南部等地。春节前后开花的报岁兰，又叫墨兰，一茎5朵~10朵，花色深而多紫褐色条斑，叶宽长，有光泽，生长在广东、福建。

蝴蝶之王——蝴蝶兰花

附生兰分布在热带、亚热带地区，又称热带兰。名贵品种有东南亚的蝴蝶兰、危地马拉的大齿瓣兰、印度的火焰兰、墨西哥的竹节兰等。中国云南、台湾、海南有多种附生兰，四川、湖北、浙江、江西等地也有分布。

桂花

金秋时节，桂花飘香。论姿容，它娇艳不如玫瑰，雍容不敌牡丹，但以芳香四溢而占尽了风光。桂花已成为秋天的代称，是友谊、爱情、幸福、美好的象征。

中国是桂花的故乡，至少已有2500多年的栽培史，古籍《山海经》中就有“招摇之山，其上多桂”的记载。桂树是常绿阔叶灌木或乔木，因叶脉如圭而得名桂；又因木质纹理如犀而称木犀。是木犀科中一大家族，分为金桂、银桂、丹桂、四季桂四大类，广泛分布于长江流域和西江中上游各地。四川新都桂湖公园，万株桂树争奇斗妍；武昌东湖，金、银、丹桂群英吐艳；南京桂园浓郁清香沁人心脾；湖北咸宁是最大的桂花之乡，百万株桂树枝繁叶茂；杭州“十里桂廊”令人乐而忘返。桂林更因桂而得名，满

桂 花

城桂树满城香。桂花有很高的食用价值和药用价值。桂花可提取香精；用白糖和盐渍之，可制作桂花糕、桂花糖，开胃爽神；蒸馏可成桂花露；还可制作桂花酒等。桂花含芳樟醇、桂花醇、紫罗兰酮等，有清热解毒、止咳化痰功效；根可祛风散热，治风湿麻木、筋骨疼痛、胃痛、牙痛；经蒸馏而得的桂花露可舒肝理气，醒酒开胃，还有平肝、暖胃、益肾等功用。

月季

月季又名四季花、长春花、月月红、斗雪红、瘦客等。因是种间杂交和长期选育形成的品种群，所以又称现代月季。月季故乡在中国，春秋时期孔子周游列国时，就见到月季培植于各王室御苑。北宋初期，中原和成都一带已广泛栽培。明代，民间已普遍栽植。公元 12 世纪，月季经丝绸之路传入波斯。18 世纪，欧洲人经由印度引进，与西方原有蔷薇属植物反复杂交，产生许多新品种。最初的四个品种分别叫“斯氏中国朱红”、“柏氏中国粉”、“中国黄色茶香”和“中国绯红茶香”。如今，月季大家族有一万多个品种。但欧洲一般把月季、蔷薇和玫瑰统称为“露丝”。

月季有“花中皇后”美称。花色多样，有深红、桃红、橙、黄、白、粉、蓝、紫、洒金等色。花朵大小、多少各异，有的一株开 50 多个花朵，有的大如牡丹，直径可达 16 厘米~20 厘米。开花期蓓蕾此伏彼起，花期长达一个月左右。分别有一季、两季、四季开放的，以四季开花的最为珍贵。有诗赞曰：“唯有此花开不厌，一年常占四时春”，有“人间不老春”、“花中皇后”的美誉。月季通常分杂交香水月季、聚花月季、壮花月季、微型月季 4 个系统，名贵品种有粉后、幸福、和平、圣火、天红地白、春水绿波、十全十美、万紫千红等。英国人奉其为国花。中国天津、西安、郑州、大连、威海、南昌、衡阳、常州、平顶山、焦作、商丘、宜昌等十多个城市定其为市花。

月 季

月季是重要观赏花卉，易栽培，通常采用扦插和嫁接方法栽培。月季喜光，喜温，耐旱，忌阴、湿。除观赏外，还可入药。《本草纲目》说它“能活血、消肿、解毒”，它还能医治跌打损伤、血淤肿痛、月经不调等症。

玫瑰

红玫瑰代表热情真爱

15 世纪的英国，爆发了一场持续 30 年的王位争夺战争。兰开斯特家族以红玫瑰为族徽，约克家庭以白玫瑰为族徽。最终兰开斯特家族的亨利·都铎打败了约克家族的理查，结束了战争。然后他与约克家庭联姻，才算解决了王位纷争。这场旷日持久的战争就叫做“玫瑰战争”。第二次世界大战期间，法国栽培出一种名贵的玫瑰品种，为免遭法西斯的蹂躏，这种玫瑰被分寄到几个国家继续培植。战后，人们以玫瑰作为反抗强暴、热爱和平、增进友谊的象征。这种花朵较大，初开浅黄色，以后变成粉红色的玫瑰就命名为“和平玫瑰”。

玫瑰又叫刺玫瑰、徘徊花，是蔷薇科落叶灌木。羽状复叶，枝上多刺，花朵单生于枝头，有的三五朵聚生。花色艳丽，花香浓郁，高雅气质中透出倔强性格。一说原产于中国，据《西京杂记》记载，汉武帝时乐游苑里就有“玫瑰树”，最迟在西汉时已有栽培。另一说起源于西亚，有 3000 多年栽培史。现经人工培育，有数百个品种，广泛分布于亚洲、欧洲、北美洲各地。人们喜爱玫瑰，把它看作圣洁、完美、纯真和幸福的象征。人们互赠玫瑰，表达友谊；青年把绽开的第一朵玫瑰花送给情人，以表达纯真的爱情。英国、美国、保加利亚、卢森堡、叙利亚等国都把玫瑰定为国花。

玫瑰是著名观赏花卉，还有很高的经济价值。花可提取香精，用于薰茶、制酒和甜食配香原料。花和根可入药，有理气活血功效。

山茶

“正月滇南春色早，山茶树树齐开了。艳李夭桃都压倒，装点好，园林处处红云岛。”明代杨慎的《渔家傲》词生动描绘了素有“山茶之乡”的云南山茶繁花遍野，烂漫如火的盛景。

山茶是一种多年生常绿灌木和乔木，以叶类茶而得名，以朵大、色艳而著称。

野山茶花

原产于中国，分布于长江以南各地，以云南为最盛。世界上有 120 多个品种，云南就占了 100 多种。花有单瓣、重瓣，花径一般 6 厘米~10 厘米，大的可达 20 多厘米，可与牡丹花媲美。以花型分类，有平瓣叠集，花芯如珠的宝珠型；有重瓣大朵，花型多变的牡丹型；有平瓣坦铺，形如杯子的玉杯型；有外围大瓣平展，中心碎瓣密集的榴花型；也有花瓣如撒有白色条线的放射型等等。花色多样，常见有桃红、火红、银红、艳红，也有紫、黄、白、绿等色，以红白同株的“二乔”、着花数色的“十八学士”为罕见珍品。20 世纪 60 年代，在中国广西邕宁县发现了开黄花的金花茶，花朵直径 5 厘米，10 多片蜡质花瓣簇拥着橘红色花蕊，尤其名贵，有“茶花皇后”的美誉，已被列为国家一级重点保护植物。灌木山茶高 30 厘米~60 厘米，乔木山茶高 10 米~15 米。树高当然花朵也多。在云南，千朵茶花不足为奇，大理巍宝山太子殿前明代栽植的山茶树高 16 米，花开万余朵。丽江玉峰寺有棵“万朵茶”，开花近三万朵。

山茶花

云南山茶花又名滇茶花、大茶花、南山茶，是世界珍贵花卉之一。“云南茶花甲天下，大理茶花甲云南。”大理位于云贵高原西北隅，气候温暖湿润，全年无霜期 310 天，适宜山茶花生长。每年农历二月十四日朝花节，大理城、洱海边成了山茶花海洋，各族人民搭花山，扎花亭，赶花会，热闹非凡。

芙蓉

北宋欧阳修有咏芙蓉的诗：“溪边野芙蓉，花水相媚好；半看池莲尽，独伴霜菊槁。”五代后蜀主孟昶喜爱芙蓉花，下令成都普遍种植。深秋时，芙蓉盛开四十里，如锦似绣，因此成都有蓉城、锦城的美名。

木芙蓉

芙蓉又叫木芙蓉、拒霜花、木莲等，属于锦葵科木槿属落叶灌木或小乔木。原产中国四川、云南、广东等省，株高一米左右，南方温暖湿润地也有 3 米~4 米的乔木。花瓣多，以大红千瓣花冠最大。花色多变，初开时为粉红或白色，以后逐渐变为深红。芙蓉花娇艳欲滴，有“盛妆如玉暮如霞”之说，又叫三醉芙蓉。四川有种异色芙蓉，每天都变色，4 天内颜色分别为雪白、鹅黄、浅红、深红，第五日落花时呈微紫色。芙蓉洒脱幽雅，经霜不凋，深受人们喜爱，是著名观赏花卉。花可入药，有清肺、凉血、解毒、止痛功能，可治痈疽、恶疮等症。

杜鹃花

杜鹃花起源于中生代白垩纪，其发祥地和分布中心就在中国西南地区。全球有 960 多种，其中中国有 600 多种。从南海之滨到松花江畔，从宝岛台湾到青藏高原，到处都有它们的倩影。杜鹃花种间形态和性状差别大，仅植株而言，矮小的不足 10 厘米，如紫背杜鹃匍匐在石岩上；绝大多数是灌木和小乔木，如雅容杜鹃、美被杜鹃等；也有少数是大乔木，云南腾冲山区有大片杜鹃林，生长着中国独有的大树杜鹃。其中一棵高 27 米，基径 3.7 米，长有板根，据说已 630 岁了，有“世界杜鹃王”之称。大树杜鹃已被列为国家二级重点保护植物，似血杜鹃、大王杜鹃、苞叶杜鹃等 8 种已列为国家三级重点保护植物。

杜鹃花喜酸性土壤，在钙质土中难以生长。经多年人工培育，新品种不断出现。有的落叶，有的常绿；形状多种多样，有单瓣、重瓣；颜色丰富多彩，有粉红、玫瑰红，有雪白、淡紫，有粉中带黄，有白中透绿。还有一种杜鹃花，花有六七种颜色。贵州大方、黔西两县交界处，有一片十分罕见的百里杜鹃林带，呈环状分布，绵延 50 余千米，宽 1 千米~6 千米，面积 130 多平方千米，已开辟为国家森林公园。湖南、四川、云南、江西山区也都有大片杜鹃林，春季盛开时，方圆数十里成了杜鹃花潮，鲜艳夺目。尤其是满山遍野的映山红，可与秋天的香山红叶媲美。

美丽的杜鹃林

腊梅

寒冬腊月，冰天雪地，朔风凛冽。唯有腊梅绽开，一树繁花兀立枝头，默默等候春的信息。腊梅又叫蜡梅、黄梅、寒客，与梅花同时开放，又都称梅，其实它们并无亲缘关系。梅花是蔷薇科落叶乔木，腊梅属梅科落叶灌木。可盆栽，也可露植。花色有素心、荤心两种。素心腊梅的花瓣、花心、花蕊均为黄色；荤心腊梅的外瓣为黄色，内瓣中心为淡紫色。腊梅分布面广，适应性强，喜阳光，不怕旱。

腊梅原产于中国中原地区，湖北西部神农架林区南垭山坡尚有千亩野生腊梅林。如今已广泛栽植。河南省鄢陵县腊梅种植时间悠久，县城西姚家村遍植腊梅，有“姚家黄梅冠天下”美誉。腊梅长成大树的不多，鄢陵有棵腊梅树已有百岁年纪。泰山瑶池有棵古腊梅，株高 4 米，已有 300 多岁高龄。

腊 梅

20 世纪 60 年代初，在浙江昌化山区发现腊梅新种，夏天开花，形态极似腊梅，命名为夏腊梅。其叶、花较大，数量稀少，尤其珍贵。

水仙

水仙花

水仙清逸高雅，冰肌玉骨，风姿绰约，芬芳脱俗，世称“凌波仙子”。其鳞茎硕大似蒜头，叶片青翠如蒜叶，花箭挺直像蒜薹，古人称其为“雅蒜”。花淡雅、幽香，犹如兰花，所以又名“丽兰”，是人们喜爱的观赏花卉。

水仙是石蒜科多年生草本植物。在中国至少有 1000 多年的栽培史。据推测，水仙最初发现于湖北。明朝以前，湖北、湖南是主要产地。近代主要产地在福建漳州和上海崇明。现在广泛分布于福建、浙江、江西、湖北、湖南、重庆、四川、云南、广东等地。有单瓣和重瓣两种。单瓣白瓣黄心，状如杯盏，称“金盏银台”。重瓣曲卷成簇，又名“玉玲珑”。

室内养殖的水仙宜放于浅水中，也可在鳞茎上雕刻花纹，制成盆景，使形状姿态变幻，平添许多雅趣。

百合

百 合

百合是百合科多年生草本植物，因根部鳞茎由许多瓣合成而得名，意为“百事合心”。全世界有100多种，中国原产的有30多种。民间传统吉祥图案常以百合为题材，如雕花家具、门窗常用百合、柿子和灵芝为纹图，寓意“百事如意”；以荷花、百合和万年青寓意“和合万年”。西方人视其为圣洁的象征，《圣经》中就有“他的恋人像山谷中的百合花，洁白无瑕”的字句。12世纪初法国安茹王朝建立，以百合花作为国徽图案。智利国徽图案上有一簇野百合花，是智利人民独立、自由的象征。

百合也常被作为婚礼上的花束，象征着百年好合。

百合盛夏7月开花，花色有浅红、白色等，淡雅清香，是著名观赏花卉。含多种生物碱、维生素等营养物质。中医认为，百合性平微寒，味甘微苦，入心肺经，有润肺止咳、清心安神、补中益气之功，可治咳嗽、眩晕、惊悸、心烦等症。可做羹、煮粥，和绿豆合煮可清心解毒；加薏仁米能提高抗癌之力。北宋文学家苏辙独爱百合，亲植于庭园，常伫立花前，涌出不尽才思，写有百合诗：“山丹得春雨，艳色照庭除，本品何曾数，群芳自不如。”大诗人陆游喜食百合，有“芳兰移取偏林中，余地何赏种玉簪，更乞两丛香百合，老翁七十尚童心”佳句留世。

茉莉

“风韵传天竺，随经入汉京。”茉莉原产印度，汉代传入中国，广泛栽植于广东、福建、江苏、浙江、安徽、台湾各地，是最深受人们欢迎的花卉之一。论色彩不算绚丽，论姿态谈不上妩媚，但清新自然，纯洁素雅，默默给人们送来缕缕幽远、浓烈的芳香。宋代诗人江奎则说：“他年我若修花史，列为人间第一香。”从此，茉莉有了“人间第一香”的美名。

茉莉花是木犀科茉莉属常绿灌木，也有少量木本乔木，有200多种。产于亚热带地区，我国著名的品种有迎春和探春。藤本干繁枝柔、茎空叶薄，花较小；

木本干枝粗壮，茎实叶厚，花较大。花多为一梗三朵，以白色为主，也有粉红、鲜红和金黄色的，清香浓郁，幽远持久。花期较长，可达数月，一般晚上 7 时~9 时开放。有较高经济价值。用茉莉花薰制的花茶，芳香冉冉，清甜可口。花可提取茉莉浸膏，是制造香精的原料，在国际市场上茉莉浸膏价格高于黄金。茉莉花是纯洁、热情的象征，菲律宾和印度尼西亚视其为“友谊之花”，都把它定为国花。

茉莉

郁金香

郁金香的原产地，一说是中国青藏高原，一说是斯里兰卡，一说是地中海沿岸和中亚地区。在土耳其语中，郁金香是“美丽的头巾”的意思。据说 16 世纪时，奥地利人从土耳其把一些郁金香球茎带到维也纳。奥地利宫廷中的荷兰花匠又把它带到了荷兰。17 世纪 30 年代，荷兰出现了郁金香狂热。有人为买一个名贵品种，付出的代价是 24 担麦、48 担谷、4 头牛、8 头猪、32 只山羊，外加许多金饰和衣服。在阿姆斯特丹有人出售一幢房屋，标价 3 支郁金香。荷兰人爱花，是世界上生产和出口花卉最多的国家，有世界上最大的花卉市场，交易量最大的就是郁金香。每逢情人节、母亲节、复活节和其他喜庆活动，人们都互赠郁金香，表示祝贺与情意。郁金香以华贵、端庄，与风车、奶酪、木鞋并称“荷兰四宝”，并被定为荷兰国花。匈牙利、土耳其、伊朗人也喜爱郁金香，也定其为国花。

优雅高贵的郁金香

郁金香是多年生百合科郁金香属草本花卉，宜秋末栽种，冬末春初生根发芽，初夏开花。株高 0.3 米~0.4 米，叶形长而圆，深墨绿色或粉绿色。花色艳丽耀目，有红、橙、黄、蓝、紫、白色。花形优美，姿态高雅。有早开种和晚开种的。早开种的花茎短，有单瓣和重瓣之分，其味清香；晚开种的花茎较长，只有单瓣，无香味。造型上有荷花型、百合花型、卵型和球型等。经人们多年培育，现有8100多个品种。著名品种有乔治风铃、梦境、梅花梦、查尔斯、罗马女神、黑郁金香等。

芍药

芍药又名白芍、金芍、离草、将离、没骨花等，是毛茛科多年生草本花卉，天生丽质，色彩娇艳，姿态柔美，楚楚动人。主要分布于中国浙江、安徽、四川等地。苏轼有诗赞芍药："一声鴂鸟画东楼，魏紫姚黄扫地空。多谢花士怜寂寞，尚留芍药殿春风。"暮春时节，花事寥寂，芍药盛开于此时，挽留飞逝的春光。芍药也是表达男女青年纯洁爱情的信物，《诗经·郑风》有"维士与女，伊其相谑，赠之以芍药"的诗句。

芍 药

芍药花、根可入药，性味苦、酸、凉，有养血护肝、缓中止痛、敛阴收汗之功，可治胸肋疼痛、泻痢、盗汗、阴虚、发热、崩漏、月经不调等病症。医药工作者还研制成多种芍药饮料。

睡莲

在热带、亚热带和温带池塘里，常常可见到一簇簇洁白、浅黄、粉红或蓝紫色的睡莲花朵，漂浮在水面上，以文静、清雅而享有"水中女神"的美誉。睡莲总是随阳光作息，黎明时晨光把它从睡梦中唤醒而开花；傍晚太阳落山了则进入梦乡，因而得名。其实它并非真正"入睡"，而是对阳光特别敏感。晨光照射时，里层生长快于外层，花瓣就从里向外翻而开放；傍晚，外层生长超过内层，花就闭合了。

睡 莲

睡莲是睡莲科多年生水生花卉，分两大类：热带、亚热带睡莲花大而美，不耐寒，冷天在温室中越冬；温带睡莲花略小，耐寒，地下茎可在池泥中越冬。欧洲、美国、日本、俄罗斯、南非、埃及有白睡莲，墨西哥有黄睡莲，泰国有白睡莲和红睡莲，印度有红睡莲和蓝睡莲。泰国和埃及还把睡莲奉为国花。中国常见的是白睡莲，不过多在半夜零时到正午12时开放，所以又叫子午莲。

雪莲

海拔4000多米高山雪线以上，被视为“生命的禁区”。但雪莲能以顽强的生命挺立于雪山岩石之间，傲然怒放。

雪莲属于菊科凤毛菊属，是多年生草本植物。高仅20厘米~30厘米，根状茎和地上茎粗大，有基生叶与茎生叶。茎顶有两层膜质苞叶，中心为筒状花序，花冠紫色。主要分布在中国新疆天山山区和西藏甘孜地区。20世纪末，新疆建成中国第一个雪莲人工培育基地，栽培了300万株雪莲。《本草纲目拾遗》称其为“雪荷花”，“产伊梨西北及金川等处大寒之地，积雪春夏不散。雪中有草，类荷花，独茎亭亭，雪间可爱”。即使在−50°C的严寒下，也可开放，是世界上最不怕冷的花。

雪 莲

雪莲的花茎、叶可入药，通常夏天开花时采收，有通经活血、散寒除湿、强筋助阳之功。可治风湿性关节炎、肺炎、咳嗽、贫血、闭经等病症。

大花草(大王花)

在印度尼西亚和马来半岛热带雨林里，有一种以世界上最大的花而闻名的大花草，又叫大王花。它无根、无茎、无叶子。除了花之外的其他部分是一些丝状物，遍布于葡萄科藤本植物的根、茎上，吸收寄主的营养和水分。1818年5月，英国探险家和植物学家莱佛士在苏门答腊密林中发现第一朵大花草，直径90厘米，重达6.81千克，花被管可容6.82升水。19世纪中叶，英国博物学家、进化论创始人之一的华莱士在马来半岛热带雨林考察时，也为大花草的硕大艳丽而赞叹不已。

大王花

大花草引起了生物界重视，经过近200年的研究，已确定大花草属植物16种。其中阿德林大花草直径30厘米，凯瑟大花草直径90厘米。阿诺德大花草直径 1 米左右，花被为一轮，只有 5 个花萼而无花瓣，花中央有盆状物，称花被管。大花草为雌雄同体单性花，下部有花药或子房。花开时无异味或略有香味，一般 3 天~5 天就凋谢，还发出腐肉般臭味。苍蝇、蚂蚁和白蚁是主要的传粉媒。野猪、松鼠和大象吃或接近大花草，也会把它的种子传播出去。

大花草是濒危物种，不像其他植物可以移栽，保护热带雨林是保护大花草的根本方法。1984 年，国际自然和自然资源保护联盟把大花草列为“世界范围内遭受最严重威胁的濒危植物”。

百岁兰(千岁兰)

落叶植物是老叶凋谢后，新叶萌发。常绿植物叶片凋落的时间不同，老叶脱落之前新叶已经长出，所以终年常绿。可是在非洲西南部纳米布沙漠和安哥拉荒漠地区，却生长着与众不同的珍奇沙生植物百岁兰。百岁兰终生只长两个叶片，常青不凋，寿命长达 100 年以上，甚至数百年。据说最老的叶子已存在 1000 年~2000 年，所以又称千岁兰。

百岁兰属于裸子植物门盖子植物纲百岁兰目，仅此一科一属一种。茎高只有 0.2 米~0.3 米，直径 0.6 米~1 米。两个巨大的叶片宽 0.3 米，长 3 米以上，最长可达 6 米~7 米。叶片从茎上长出，呈波状翻卷，左右分开，匍匐在地面，叶梢部散成细丝状。百岁兰雌雄同株，年年开红色花朵。果实呈球状，种子有翅，可随风飘散，传播繁衍。百岁兰生命力极其顽强，根系发达，能吸收深层地下水。纳米布沙漠虽然距离海洋只有几十千米，但受南北走向山脉阻挡，年降水量只有 10 毫米~15 毫米，极为干旱。百岁兰的叶片能吸收海雾形成的水珠。在烈日照耀的干旱沙漠上，能紧闭叶片上的气孔，减少水分消耗。

百岁兰

百岁兰留恋故土，如果移栽，多半会死亡。原来它的根须易受损伤，以至于许多植物学家也无缘一睹其芳容。

石竹

母亲节起源于美国。1914 年，美国国会把每年 5 月的第二个星期日定为母亲节。每到这一天，人们都胸前佩戴一朵石竹。红色石竹表示祝福健在的母亲健康、长寿；白色石竹表达对已经去世的母亲的哀思和怀念。后来，世界各国纷纷仿效，石竹花就成为母亲的象征。

石竹花

石竹是石竹科多年生草本植物，高 40 厘米左右，干、枝绿白色或粉绿色。叶片对生，纤细翠绿。花单生，长在茎顶，花瓣有缨状镶边，呈白、红、淡红、淡紫各色；花萼下有尖长苞片。有的夏季开花，有的四季开花。其中香石竹姿色绚丽，浓郁芳香，有一个温馨的名字，叫康乃馨。

石竹原生于山野，适应性强。后来人工栽培于庭园、花房。以朴素自然、疏朗潇洒、清新雅致而成为重要观赏花卉。

昙花

人们用“昙花一现”比喻难得一见的事物。在漫长的进化过程中，昙花形成了特有的习性，只在夜深人静时悄然开放，时间也很短。

昙花与仙人掌、蟹爪兰、令箭荷花同属仙人掌科，原产于南美沙漠地区。由于高温干燥，叶子退化成针状，以减少水分蒸发，由叶状茎取代叶子进行光合作用。为避开灼热的阳光，改在晚上 8 时~9 时开花。花蕾下部是下垂的筒状、外包淡紫色裂片；上部是 20 片洁白的花瓣。初开时，花筒慢慢翘起，花朵绽开，浓郁芳香。2 小时~4 小时后，花筒下垂，花朵凋落。昙花在皎洁的月光下显得格外娇美动人，人称“月下美人”。

昙 花

现在人们已开始改变昙花千万年来形成的习性，采用控制光照的方法，让它们也能在白天开放，供人欣赏。

令箭荷花

令箭荷花因叶如中国古代将军排兵布阵用的令箭牌，花朵鲜艳如荷花而得名。但它与荷花毫无渊源，荷花属睡莲科，而令箭荷花属仙人掌科。

令箭荷花老家在墨西哥西北部沙漠。为适应炎热、干旱的环境，叶片退化成长条状，以减少水分蒸发。枝干扁平而含叶绿素，代替叶子进行光合作用。6月~7月开花，花期短，仅2天~3天，若置于阴凉处可多开几天。花朵大，花色鲜艳多样，有雪白、粉红、浅黄、淡紫、深红等色，但无香气。令箭荷花极易栽培，通常剪取10厘米~15厘米一段老枝，晾1天~2天，扦插于沙地或含沙土花盆中，浇透水，置于半阴处，大约一个月左右就会生出根来。如果将其嫁接在仙人掌上，更易成活，并能提早开花。

令箭荷花

凤眼莲

没有哪种植物像凤眼莲那样，经历如此曲折，集荣辱毁誉于一身。直到今天人们还议论不休。

凤眼莲又叫水葫芦、水凤仙、水浮莲等，属于雨久花科莲属，为多年生水生植物。株高20厘米~30厘米，根生于泥土中。茎呈匍匐状，叶片卵形，叶柄有像葫芦状的气囊，可托起植株，可在水面随意漂荡。花淡蓝紫色，花心有一黄点，犹如凤眼，惹人喜爱，所以叫凤眼莲。原产于巴西，铺在江、湖的水面，远望如美丽的地毯。1884年在美国新奥尔良博览会上，凤眼莲以“美化世界的淡紫花冠”而名噪一时，各国竞相引种。不料它适应环境能力极强，繁殖极快，一个生长季节里，一株可繁殖成6万株。它们迅速铺成一层蓝色的水上浮垫，不仅是蚊虫理想的孳生场所，还阻挡了大气中的氧气，造成鱼类大量死亡。美国佛罗里达州最先引种，不料很快就阻塞了河道，导致船只停驶，其他植物种类减少。为了清理，每年需花费300万美元。在孟加拉，凤眼莲夺去数千渔民的生计。在非洲，迫使人们放弃家园，迁居他乡。凤

凤眼莲

眼莲因此也曾被列为世界十大害草之一。中国于 20 世纪 60 年代引进。

看来，凤眼莲真是罪恶滔天。但是事物都有两面性，经研究，它还有不少好处。第一，它是营养丰富的青饲料。它繁殖快，能迅速吸收各种营养成分，可加工成颗粒状青饲料，家畜特别爱吃，1 公顷水面的凤眼莲一年可收获 75 万千克青饲料。第二，它能净化污水。它有吸附多种污染物的能力，1 公顷水面的凤眼莲一昼夜可吸附污水中 34 千克钠、17 千克磷、2.1 千克酚、89 克汞等等。第三，它是前景可观的生物能源。它光合能力特别强，1 千克干凤眼莲可得到 374 升甲烷，发热量为 5292 千卡/立方米。

部分国家的国花

朝鲜	金达莱(迎红杜鹃)	意大利	雏菊
日本	樱花	圣马力诺	仙客来
泰国	睡莲	西班牙	石榴
马来西亚	扶桑	英国	玫瑰
新加坡	卓锦·万代兰	卢森堡	玫瑰
菲律宾	茉莉	保加利亚	玫瑰
印度尼西亚	茉莉	荷兰	郁金香
巴基斯坦	茉莉	匈牙利	郁金香
尼泊尔	杜鹃	比利时	虞美人
土耳其	郁金香	法国	鸢尾
伊朗	郁金香	德国	矢车菊
埃及	睡莲	澳大利亚	金合欢
摩洛哥	石竹	美国	玫瑰
坦桑尼亚	丁香	墨西哥	大丽花
罗马尼亚	白蔷薇	智利	百合

葡萄

葡萄有 6000 年~7000 年的栽培史，古代地中海沿岸、小亚细亚和中亚地区的居民是最早的栽培者。古代埃及古墓的壁画上绘有人们收摘葡萄、酿造葡萄酒的劳动场面；亚述出土的陶器上刻有10多种名贵葡萄品种及酿酒纪事；巴比伦汉谟拉比法典中有明文规定，葡萄酒商人不说明容量，不给足数量，将受到投入水中的惩罚；腓尼基人通过航海贸易活动，传播了种植葡萄和酿之成酒的技术。荷马时代，希腊土地上遍布葡萄园，希腊神话中的酒神吉奥尼索斯就是葡萄神和葡萄酒神。公元7世纪，葡萄园已遍布欧洲，后来传遍世界各地。

中国原有野生葡萄种，西汉张骞开通丝绸之路后，欧亚种群葡萄经中国新疆传入中原地区，后演化成东亚种群。同时传入酿酒技术。从此种类繁多、风格各异的葡萄以其强大的生命力定居于华夏大地，遍布长城内外，大江南北，丰富了我们的生活，装点了祖国的山水。

葡 萄

葡萄是葡萄科属多年生落叶藤本植物。枝蔓褐色、细长，单叶互生，叶缘有锯齿和开裂。有雌雄花，浆果多汁、饱满，有椭圆、圆柱和圆球等形状，颜色有黄、绿、紫、红、黑等。含葡萄糖、果糖、酒石酸、柠檬酸、丹宁、多种维生素。葡萄广泛分布于北纬20°~50°和南纬30°~45°之间。全世界有11属600多种，分为欧亚、美州、东亚三大种群，有8000多个品种。栽培最多的是西班牙、意大利、俄罗斯、法国、土耳其、阿根廷、罗马尼亚和美国。葡萄酒产量最多的是意大利、法国、西班牙、美国、阿根廷等。中国食用葡萄以新疆地区最优，酿酒葡萄的最佳生态带在甘肃河西走廊。

苹果

苹果是重要的温带水果。苹果树属蔷薇科落叶乔木，在栽培条件下高约四五米，最高可达15米。树干灰褐色，表皮有不规则的纵裂或片状剥落，果实由花的子房和花托两部分发育而成，子房和花托分别形成果心和果肉。果实呈扁圆或长圆形，果皮为青、黄或红色。其大小、色泽因品种而异。苹果喜光，耐寒，适应于微酸的中性土壤生长，最适宜土层较厚、富含有机物、排水透气好的沙质土壤栽培。

苹果原产于小亚细亚、南高加索和欧洲东南部一

带。早在公元前 2 世纪，中国古籍中就有野生苹果的记载，古人称之为柰。民间称为绵苹果。19 世纪 70 年代前后，西洋苹果传入烟台地区，以后辗转到黄河故道、秦岭北麓、太行山地区，现已遍布于东北、西北、江淮以及西南地区。苹果是我们经常食用和喜爱的水果，有 8000 多个品种，其中具有经济价值的栽培品种 100 多种。苹果树嫁接三四年后开始挂果，10 年后进入盛果期，结果期一般为二三十年，有的多达 60 年。近年来，野生苹果开始受到人们的青睐。

苹果性中和，富含苹果酸、酒石酸、枸橼酸等有机酸，含果胶、维生素 B、维生素 C 及钾、磷、铁、钠等矿物质，适合各种体质的人食用。常食苹果可以降低血压和胆固醇，减少心脏病、癌症的诱发机会。中国古籍记载苹果有“和脾”、“益心气”、“润肺悦心、生津开胃、醒酒”等功效。民间有“一天一苹果，医生远离我”的说法。

桃

桃有仙果之称，也叫仙桃。神话中孙悟空就是因为搅乱了王母娘娘的蟠桃会，才逃离仙界，最后还大闹了天宫。麻姑上寿，捧出的也是桃，所以也有寿桃之说。

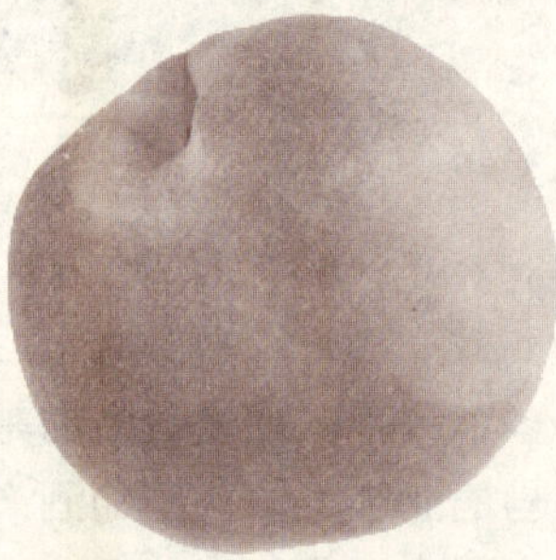
桃

桃是蔷薇科李属落叶小乔木，原产于中国西部，已有 3000 多年栽培史。可分为观赏桃和食用桃两大类。供观赏的桃花多为单瓣，复瓣较少。花色多为粉红、深红和红白相间，也有淡绿、黑紫色的。碧桃、人面桃、瑞先桃、鸳鸯桃等均为观赏佳品。食用桃多在夏季成熟，有油桃、蟠桃、金桃、寿星桃等类。株高 3 米~6 米，花多呈粉红色。蟠桃果实扁平，其他桃为圆状或长圆状，但油桃外表面没有茸毛。桃富含糖和维生素，有补益气血，养阴生津的作用。

西汉时期，桃由中国传入印度，之后传到世界各地。意大利、美国、法国、希腊、西班牙种植广，产量多。全世界约有 3000 个品种，中国有 800 多种，优良品种有青州蜜桃、深州蜜桃、上海水蜜桃、浙江和苏州的蟠桃。油桃分布于甘肃、新疆一带。早春三月，百花争艳，桃花争先恐后，率先绽蕾，如彩如霞。湖南桃花源、北京植物园、庐山花径、杭州西湖、苏州桃花坞、兰州安宁桃花园、上海南汇桃花源、广州石马和成都龙泉驿等地都是赏桃花的胜地。

梨

梨是人们喜爱的水果之一。吃上一个香酥甘甜的梨，既可除烦解渴，又能清肺润燥。梨是人们最早栽培的果树之一，原产于中国北方，已有 3000 多年的栽培史。大约公元 2 世纪，沿丝绸之路传到印度和波斯，梵文中称梨为“秦地王子”。后来传遍世界各地。

梨属于蔷薇科梨属，有 25 种，中国有 14 种，所产的梨分为白梨、沙梨、秋子梨、川梨、新疆梨和西洋梨六大系统，共有 3000 多个品种。常见的鸭梨属于白梨系统，果形卵状，因果梗处的凸起似鸭头而得名。果实成熟时是金黄色，光洁细腻，皮薄肉厚，香甜多汁。耐贮藏，9 月收获，来年 4 月仍可上市。四川苍溪雪梨单果平均重 1500 克，是个头最大的梨。沙梨又叫南梨，以广东中部的淡水沙梨质量最好。名贵品种还有安徽砀山酥梨、山东莱阳白梨、陕西黄梨、新疆库尔勒香梨等。河北、山东、辽宁是中国梨的集中产区，栽种面积占全国总面积一半左右，产量占 60%。国外以意大利产量最多。

梨营养丰富，除可鲜食外，还可制作梨汁、梨脯、梨膏、梨酒、梨醋等。

梨

柑、橘、橙、柚

柑橘类果品是人们喜爱的水果，属于芸香科柑橘属水果的统称，通常以橘、柑、橙、柚代称。除柚为落叶小乔木外，其他为常绿灌木或小乔木。分布在热带、亚热带，中国南方各地都有分布。此外，柠檬、佛手、枳等也属于柑橘属。

橘果皮较薄，易剥离，有淡黄色、橙黄色和橙红色的。甜脆多汁，酸甜适度。常见的著名品种有南丰蜜橘、黄岩早橘、福建红橘和四川红橘。另外芦柑、椪柑不是柑，而是宽皮橘。柑问世较橘晚，多为橘和其他柑橘属杂交而成。果实比橘大，皮色橙黄，内层白皮较厚，不易剥离。肉质细嫩，汁多香甜，耐贮藏。主要品种有广东蕉柑、温州蜜柑、四川广柑、福建瓯柑等。橙有甜橙、酸柑、香橙等，为橙黄色或橙红色。果皮和果肉连接紧密，有香气。主要品种有新会橙、大红橙、脐橙等。柚又名文旦、沙田柚。果实比橘、柑、橙大，一般单果重 500 克~2000 克，果皮黄色，底部果脐有凸起。产于广西、广东、福建、江西、四川等地，以漳州、厦门、桂林的品质为最好。

柑橘类含有多糖、柠檬酸、苹果酸、多种维生素和矿物质，营养价值

橘与橙

很高。自古以来，中医就以橘皮、橘络、种子等入药。柑橘性凉味甘，有理气调中、燥湿化痰、生津止渴、疏肝开胃等功能。不仅可鲜食，还可加工成果酱、果汁、果酒、罐头等。

猕猴桃

猕猴桃又叫羊桃、阳桃、毛梨、藤梨，原产中国，唐代《本草拾遗》、宋代《开宝本草》、明代《本草纲目》中都对其形状、习性、功用等有所记载，至少已有1300年的栽培史。

野生猕猴桃广泛分布于中国的中原、华南、西南地区，以河南、湖南、陕西为最多。属多年生落叶藤本植物。茎长几米至十几米，叶片互生，呈圆形或卵形，开小朵白花和黄花。果实球状或椭球状，形如枣或梨，皮黄褐色，肉淡绿色或黄白色。为雄雌异株。性喜温暖湿润环境，适宜于肥沃沙质土生长。8月下旬至10月下旬成熟。全世界现有59个品种，中国有52个品种，其中可供鲜食或加工利用的主要有中华猕猴桃、葛枣猕猴桃、软枣猕猴桃和狗枣猕猴桃4种。以中华猕猴桃经济价值最高，我们常说的猕猴桃就是指的它，有软毛、硬毛和刺毛中华猕猴桃3个变种。

猕猴桃

中华猕猴桃汁多味甜，肉质细嫩，浓香可口，别具风味。营养丰富，维生素C 含量为柑橘的6倍~10倍、苹果的20倍~80倍、梨的20倍~140倍。还有糖类和多种氨基酸。可生食，可加工成罐头、果汁、果酱、果干、果脯等，还可酿制成猕猴桃酒。花可制作香精，根可入药，有解热、止血、散淤、抗癌等功效。

19世纪末英国最早从中国引进野生种，称为中国鹅莓。1906年新西兰引进，因形状像几维鸟而称之为几维果，近百年来已成为该国主要果树之一，产品已垄断了国际市场。日本、法国、美国等国也已大力发展种植。如今，猕猴桃已成为新兴的国际超级水果。

荔枝

荔枝是中国特产。南越王赵佗曾向汉高祖刘邦进贡荔枝，可见它作为贡品至少有2000多年了。唐玄宗为讨杨玉环的欢心，曾传令广东至长安所有驿站设置

"特快专递业务"。每到荔枝成熟季节，由快马接力，"送至京城"。杜牧有诗讽之："一骑红尘妃子笑，无人知是荔枝来。"

荔枝属无患子科多年生常绿乔木，别名离枝、丹荔、妃子笑。果实为球形或卵形，外皮有瘤状突起，果肉厚，汁多，甘甜可口，香气诱人。营养丰富，可滋脾养肝、止烦解毒。一般直径3厘米~4厘米，重10克~20多克。广东的鹅蛋荔和丁香荔重可达40克~50克，四川合江的楠木叶荔最重可达60克。有纯甜味的，也有甜中微酸的。常温下3日变味。1°C~5°C时可贮存30天左右。荔枝产于福建、广东、云南、四川等省。佳品有广东增城的挂绿、水晶球，福建仙游的明月白、莆田的绿荔和陈紫、南靖的绿荷包等。莆田宋家祠堂有一棵名为宋家香的古荔，已有1300多岁的高龄，至今仍每年开花结果，年产约150千克。四川宜宾一株千年荔枝，年产1500多千克。

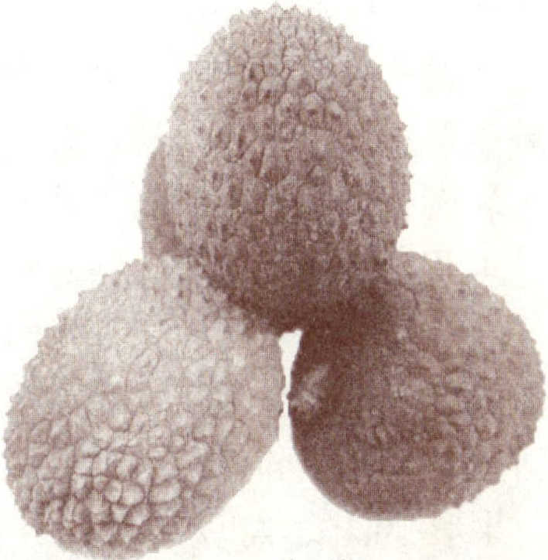

荔 枝

无花果

《圣经》中说，人类始祖亚当和夏娃禁不住蛇的诱惑，偷吃了禁果而被逐出伊甸园。传说禁果就是无花果，有"生命之果"的美誉。大约5000年前，地中海沿岸和西南亚地区已开始种植。古埃及金字塔中，有刻画尼罗河下游人民培育无花果的浮雕。美索不达尼亚的尼普尔古墓中，有用无花果医疗疾病的药方。至今欧洲一些国家还把无花果作为幸福美满的象征。公元860年成书的《酉阳杂俎》中，有无花果在中国的最早记载。可能在这之前，无花果沿"丝绸之路"传入中国，中国古籍中称之为"文仙果"、"七利果"。

无花果是桑科落叶乔木，在植物分类学中属于隐花植物。无花果其实有花，但深藏于果实里。剖开果实可以看到上部是雄花，下部是雌花。种子极小，如茄子籽大小。果皮有金黄、紫红、紫褐色，果实清香浓郁，汁甜味美，营养丰富。糖分含量高达71%，含有多种维生素、氨基酸和矿物质，其中维生素C含量高于柑橘。可鲜食，也可加工成果干、果脯、果汁、果浆。我国科学家研究发现，无

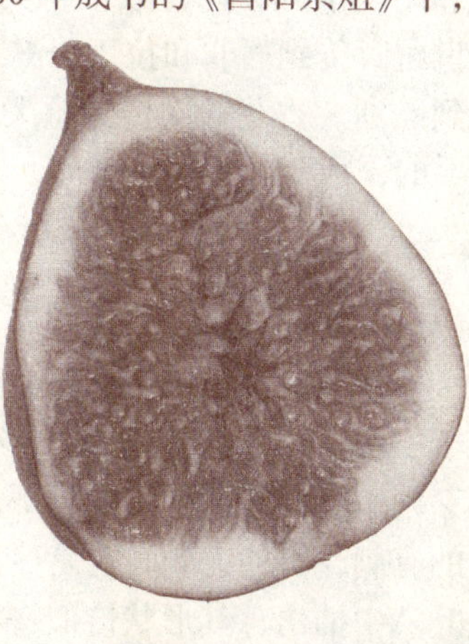

无花果的果实

花果实和枝叶中含有补骨脂素、佛手甘内脂、β-香树脂醇、β-谷甾醇、苯甲醛、蛇麻脂醇等活性抗癌物质，且无毒副作用。果实中的半乳糖、阿拉伯糖有抗衰老作用。无花果树可吸附粉尘，抗二氧化硫，也是优秀的环保植物。

香蕉

香蕉是人们喜食的一种亚热带水果，属芭蕉科芭蕉属真蕉亚属，是甘蕉的美称。因其果实香甜柔软可口，故被人们称为香蕉。香蕉系多年生草本植物，无种子，利用吸芽及地下球茎等行无性繁殖。香蕉的茎柔软而直立，由粗厚的、呈复瓦状排列的叶鞘包迭而成，高 3~7 米，称为“假干”。叶聚生于假干顶部，其老叶向四周呈伞状张开。花系穗状花序，为单性花。位于花束基部的是雌性花，中间是中性花，上部是雄性花。其花色因品种而异，一般为淡黄色。香蕉的果实为长柱形，有棱，肉质，初为绿色，待成熟后为黄色。香蕉有粉芭蕉和香蕉两大类。前者植株高大，果形短而稍圆；后者植株相对矮小，果形小而微弯。

香蕉水分低，热量高，含蛋白质、胶质、多种维生素和矿物质。其中含钾成分为百果之冠。果肉、皮、花、根皆可入药，有润肺、清肠、补血、止咳、去热毒、通血脉、降血压等效能。香蕉虽然好吃，但不易长期存放，一直成为大规模经营的难题。香蕉浑身都是宝，除供生食外，还常常被制成多种加工品。假干可用作猪饲料和做作制麻、造纸的原料。

香 蕉

香蕉性喜温暖，起源于马来西亚、印度和中国南方，已有数千年栽培历史。公元 7 世纪时传到西非和拉丁美洲，19 世纪初期传到欧洲。香蕉初次传到意大利和法国曾轰动一时，成为报纸头条新闻。

菠萝

菠萝，又叫凤梨、黄梨等，属凤梨科多年生草本常绿植物。性喜温暖，原产于巴西。16 世纪末遍及世界大部分热带地区。菠萝的茎很短，基部生有吸芽，冠芽则生长在菠萝果实的顶部。叶为剑状，密生，呈螺旋状排列。在叶的边缘，有的有刺，有的无刺，这是区别菠萝品种的一个重要特征。菠萝的花序为顶生，由叶丛中抽出，其形状恰似一枚椭圆形的松球。花无柄，紫红色。果实为复果，外部呈鳞片状，肉质而多汁水，甜而微有酸味，富含维生素，多供生食，也可制作罐头，其叶纤维用于制绳，也可以用做纺织和造纸的原料。

菠萝在中国的主要产区为台湾、广东、广西、福建等地，栽培历史很久。菠萝含有大量的蛋白酶、有机酸、蛋白质、矿物质等，其性平，味甘酸、略涩，直接食用口感不爽。若去皮切片、浸泡于淡盐水中，几分钟后捞出再食，味道则鲜美异常。多食菠萝对肾炎水肿、高血压、支气管炎有疗效。但有菠萝过敏史的人最好不吃。这些人食用后15分钟至1小时左右即出现腹痛、腹泻、恶心、呕吐、头疼、头昏等症状，严重的会突然休克，俗称“菠萝病”或“菠萝中毒”。

菠 萝

菠萝蜜

菠萝蜜不是菠萝，而是另一种名贵的热带水果。原产马来西亚和印度，大约公元10世纪时从印度传入中国，中国主要产地在海南、广东、广西等地。树高20米~30米，是常绿乔木。花小果大，果实通常为6千克~20千克，最大的可达40千克~50千克。鲜食香甜可口。果实中有数十粒种子，大如栗子，含丰富的淀粉，可炒可煮，味道像栗子和菱角。

结在树干上的菠萝蜜果实

最奇特的是，菠萝蜜的果实会移动，当然不是它会“走路”。一般果树的果实都是结在小枝条上，菠萝蜜却与众不同，而是结在主枝或树干上。随着果树年龄的增长，菠萝蜜结果的部位逐年变换。幼树初次在主枝梢上挂果，后来开花结果部位逐年向下移动，到中年期，就“跑”到树干上了。老龄树的果实则结在近地的根部，甚至会结在地面下的根部。这是对环境长期适应而形成的独特生长方式。

菠萝蜜树木材黄色，纹理平直，木屑可煮成黄色染料，东南亚僧侣用其染袈裟；树液汁黏性强，可制作粘合陶器的树胶；树液和树叶可供药用，有消肿、解毒功效。

樱桃

樱桃又叫荆桃、含桃、莺桃、英桃、崖蜜、朱樱等，是一种娇小的水果，其特点是小、圆、红、甜。

樱 桃

樱桃早熟，初夏刚到，樱桃就已上市，以玲珑可爱的形象出现在人们的生活之中。自古以来，樱桃就被视为珍果。据《礼记》记载，“仲夏之月，以含桃先荐寝庙”。“樱桃好吃树难栽，不下苦功花不开”：幼苗娇嫩，需精心栽培；开花结果时，鸟类啄食，若遇风吹雨打，可能几年辛苦毁于一旦。樱桃在中国分布广泛，遍及华北、华东、华中和华南，著名品种有安徽太和的大樱桃，汁多甘甜，曾是清廷贡品；南京短把樱桃、青叶樱桃也远近闻名。

樱桃味美可口，含多种营养物质，以铁、维生素 A 最为丰富，高于其他水果。

板栗

板栗是人们喜爱的干果，有“干果之王”称誉。其果实栗子营养丰富，含糖分、淀粉高达 67%~70%，还含有蛋白质、脂肪、多种维生素和铁、钙、磷等矿物质，营养价值高。常炒制，糖炒栗子遍及南北城乡。也可制糕点，做菜肴。栗子糕、栗子鸡、栗子羹等都烩炙人口。板栗全身都是宝，树干高大，材质坚硬，纹理通直，抗腐蚀性能强，是建筑、造船、铁路枕木的良好材料。嫩枝、树皮含单宁，是烤胶原料。叶可放养柞蚕。果实滋脾补肾，驱寒补气，强筋止泻。花、根、皮均可入药，有解毒消肿疗效。中国北起辽宁，南到海南，西起甘肃，东至海滨均有分布。生长快，3 年可结果，一次种植，百年受益。

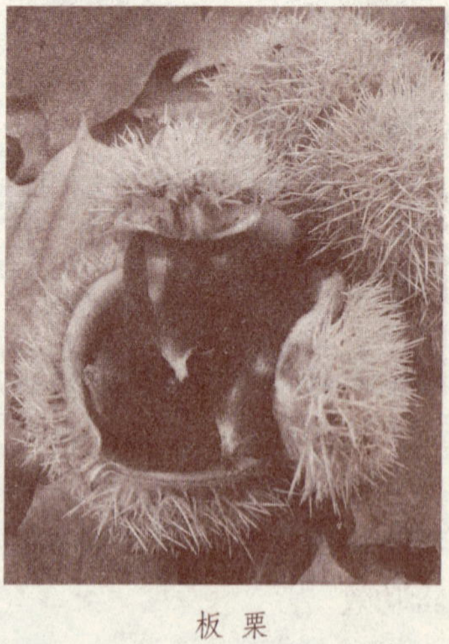

板 栗

板栗在中国栽培历史悠长，至少有 3000 多年。春秋时期已有人食用。唐代杭州街头栗子羹、桂花栗子粥是颇具特色的传统食品。元明时期灾荒年景，板栗是粮食代用品，灾民赖以度过荒年。中国板栗有100多个品种，以南方的油栗、魁栗和北方的明栗品质最好。

核桃

核桃，又叫胡桃，原产于亚洲西部和欧洲东南部。古籍《博物志》记载："张骞使西域，得还胡桃种。"因先在四川陇西羌族生活地区栽种，又名羌桃。《河南林县县志》记载："本名胡桃，晋石勒羯人，讳胡，故更名核桃。"核桃属胡桃科落叶乔木，树高可达30米。初夏时开花，属单性花，雌雄同柱，呈柔荑花序下垂。果实呈椭圆形或圆形。外果皮平滑，为肉质；内果皮上则布满皱脊，十分坚硬。其果仁含油质、味美，是著名的干果。

核桃是优良的油料树种，其种子多生食，也可榨油，中医上常用其果仁入药。自古以来，中医就把核桃称为长寿果、益智果，认为核桃能补脑。核桃的净仁中含有63%的亚油酸、16.4%的亚麻酸，还有丰富的蛋白质、磷、钙和多种维生素，含有大量的磷脂和不饱和脂 肪酸，能强化脑血管弹力和促进神经细胞的活力，提高大脑的生理机能，防止脑细胞衰退。国外有的营养学家倡导学龄儿童每天吃2个~3个核桃，说是对那些急躁不安、少气无力、厌恶学习和反应迟钝的孩子很有帮助。

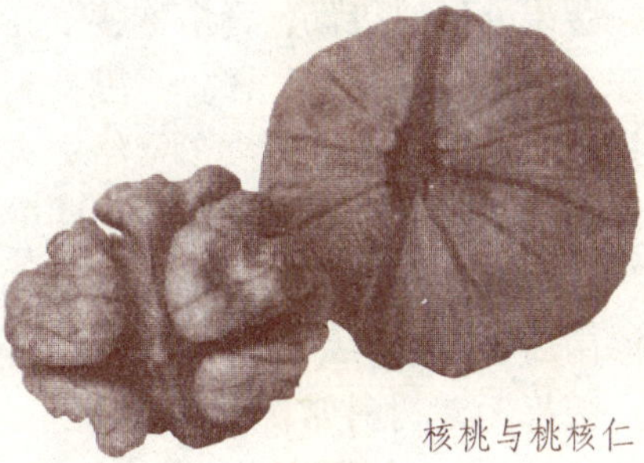
核桃与桃核仁

中医认为，核桃能补中益气，润肌肤，乌须发，提高皮肤生理活性，是美容佳品。最新实验证明，每天坚持吃核桃可以降低人体胆固醇，对动脉硬化、心脑血管病患者的保健很有帮助。除了食用以外，核桃木质地坚韧、细致、纹理直、不开裂，是雕刻和建筑的好材料，特别适合于做高档家具。

榛子

榛子属桦木科，为落叶灌木或小乔木，树高者可达2米左右。树皮灰褐，幼枝有软毛及腺毛。叶为圆卵形和倒卵形，边缘有不规则锯齿和小裂片。早春时开花，雌雄同株。雄花排列成柔荑花序，为黄褐色；雌花包于花芽内，仅露出红色花柱。所结小坚果近似球形。

榛子生长于中国北部和东北部，已有六千多年的栽培史，是驰名中外的干果。辽宁铁岭的榛子以果大、皮薄、味美享有盛名。榛子多为野生，大都生长在山坡

榛子

的中下部及林间空地上，往往形成丛林。榛子喜光，耐寒，耐旱，但对土壤条件要求比较苛刻。在肥沃、湿润、腐殖质多、土层厚的阳坡生育良好。

榛子的果实营养丰富，味甘性平，有开胃、调中、明目、止咳效能，既可生食亦可炒食。果仁可以制作精美的蛋糕，也可制成榛子乳、榛子脂等高级营养补药；榛子果仁还可以制淀粉或榨油，生油率达50%左右。榛子油色泽橙黄、味香质清，为高级食用油，还是制造肥皂、蜡烛、化妆品的原料。

腰果

腰果外形似猪肾，肾俗称腰子，腰果由此而得名。原产于美洲热带雨林，巴西东北部是它的故乡，秘鲁、巴拉圭、墨西哥等地都有分布。后来由远航的水手传播开来。据说水手的妻子常给丈夫准备些腰果，作为消遣的零食，让他们在长期的寂寞中打发时光。先传播到印度和欧洲，后来传到非洲。坦桑尼亚和莫桑比克种植得最多，是主要的出口国。20 世纪 50 年代，中国引种栽培，腰果就落户于海南岛和雷州半岛。

腰果为漆树科常绿乔木，树高 6 米~8 米。叶椭圆形，叶脉凸起，嫩叶棕红，老叶反而变成深绿色。花属于顶生圆锥花序，花色黄中带红，长开不断。果实上阔下尖，上部是鲜果，甜酸适口，汁液较多，可生食，也可加工成果汁、果酱和果冻；下部为坚果，果壳包裹着果仁，即我们常见的腰果，可炒可炸，酥脆香甜。

腰果仁

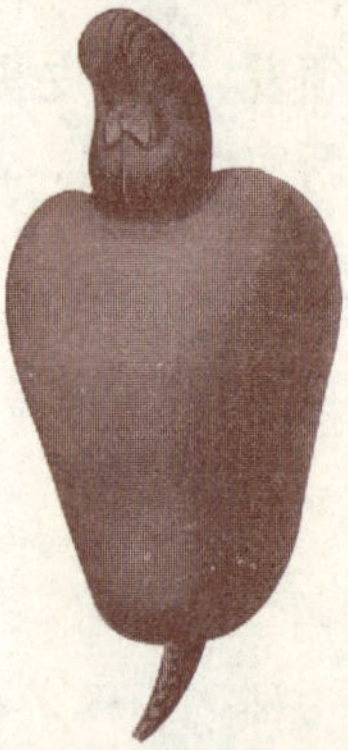
腰果

腰果含丰富的蛋白质，高于核桃，占 21.2%，可配制糕点、糖果，酒席宴上作为主料可烹制为名菜。栽植后 10 年就进入盛产期，可连续结果 30 多年。单株结果 2000 颗~3000 颗，有的高达 1 万颗以上，有很高的经济价值。

西瓜

西 瓜

盛夏，赤日炎炎，酷暑难耐，茶饭不思。这时如果能吃上几块西瓜，你一定会顿觉清凉。西瓜又叫寒瓜、水瓜、伏瓜、夏瓜，原产非洲卡拉哈里沙漠和纳米布沙漠之中。何时传入中国，有两种说法：一说杭州水畈新石器时代遗址中就发现了西瓜种子；一说汉代时，从中亚经“丝绸之路”传入中原。

西瓜是葫芦科一年生蔓性草本植物。叶片浓绿，瓜蔓粗长，花呈黄色，果瓤多汁甘甜，呈红、黄、白色。含有果糖、蔗糖、葡萄糖、苹果酸、尼克酸、胡萝卜素、多种氨基酸、维生素B、维生素C和多种矿物质。水分含量更多达94%以上，有“瓜果之王”的美称。

中医称西瓜为“天生白虎汤”，可治血痢、黄疸、积食、感冒、肾炎等症。西瓜皮又称翠衣，烘干研成末外用，可治口疮，与麻油配伍可治烧伤。常用西瓜皮轻轻按摩面部，可使皮肤洁白细润，有美容作用。瓜籽蛋白质含量高于稻米、小麦，是闲暇食品。瓤、蔓、籽均可入药，可生津止烦、宽气利便、清肺润肠、消暑解毒。西瓜种类很多，著名的有汴梁西瓜、平湖西瓜、新疆西瓜等。

哈密瓜

清朝前期，哈密王把一些最好的甜瓜作为贡品进献给清廷。乾隆帝吃后大为赞赏，追问此瓜何名。近臣只知是哈密王所献，便随口答曰：“哈密瓜。”哈密瓜就这样得名。

哈密瓜的故乡在新疆吐鲁番地区。那里地处内陆，气候干燥少雨，日照时间长，昼夜温差大，有利于瓜果的光合作用和糖分的转化积累，是哈密瓜生长的理想之地。最好的哈密瓜产于吐鲁番市东面的鄯善，距哈密以西250多千米。据说当年哈密王就是拿鄯善国产的最好的甜瓜作为贡品的。1961年，在鄯善县柳树泉和马场相继发现多种野生甜瓜。在出土的古墓里也曾发现哈密瓜种子，证实哈密瓜原产于中国。

哈蜜瓜

在100多个品种的哈密瓜中，果形有圆形、椭圆形和橄榄形；果皮有表面光滑的，也有网状的；果肉分青、黄、白色；风味有脆、绵、酒香味等多种。在款待外国政要的国宴上，常以哈密瓜作为席中珍品，深得外国朋友赞赏，哈密瓜又有“天下第一瓜”之称誉。

木瓜

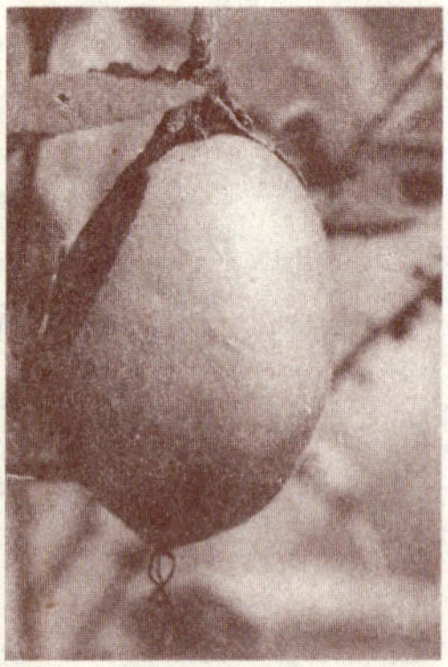

木 瓜

木瓜是蔷薇科木瓜属多年落叶灌木或小乔木。树皮作为片状剥落，痕迹鲜明。叶为椭圆状卵形，有锯齿。在嫩叶的背面被绒毛。春末夏初开花，花为淡红色。果实秋季成熟，呈长椭圆形，淡黄色，其味酸涩，有香气。

木瓜生长于中国陕西、山东、河南、河北、湖北、安徽、江西等地，是一种很好的观赏树。长期以来，人们不把木瓜当做食用的水果，而是摆放在室内、令其散发出香气。在《诗经·卫风》中有《木瓜》三章。其一曰：“投我以木瓜，报之以琼琚。匪报也，永以为好也。”表明木瓜质美如玉的品格。《红楼梦》第五回就有关于木瓜的一段描述：“案上设着武则天当日镜室中设的宝镜，一边摆着飞燕立着舞过的金盘，盘内盛着安禄山掷过伤了太真乳的木瓜。”木瓜的果实经蒸煮或蜜饯后是可食用的。近年来，生吃木瓜也已成风气。

中医学上以木瓜的果实入药，名为“光皮木瓜”。木瓜性温，味酸涩，含苹果酸、酒石酸、皂甙、维生素 C 等多种成分，具有舒筋、活络、和胃、祛湿的功效，主治筋脉拘挛、腰膝酸重、脚气湿痹等症，是很好的大众化保健品。

丝瓜

丝 瓜

丝瓜原产于印度，唐代传入中国。因成熟后瓤呈丝网状而得名，又叫布瓜、天罗等。《本草纲目》中称之为丝罗。属葫芦科一年生藤本植物，花黄色，雌雄同株。果实一般长 20 厘米~50 厘米，也有的品种长达一米多。种子扁卵形，黑色。“丝瓜涤砚，磨洗，余渍皆尽而不损砚”。这是南宋诗人陆游的描写，说明那时文人常以丝瓜络洗砚。今天人们还用丝瓜络洗涤炊具。

丝瓜全身是宝。嫩丝瓜含蛋白质、脂肪、胡萝卜素、维生素 C、维生素 D 和磷、钙等多种营养物质，与肉、蛋、鱼、豆腐等配制炒菜或烹汤，鲜美清香，生津开胃。瓜络、茎、叶、根、种子均可入药。瓜络含木聚糖、半乳聚糖、甘露聚糖和纤维素，有祛风通络、活血消肿的功效，可治疗风湿、胸痛、腰酸、乳痈肿痛等症。茎、叶可止血、止咳。生瓜籽可清热、润燥，有驱蛔虫奇效。捣碎嫩瓜、叶、茎，滤渣取汁搽面，能治疗粉刺、面疣、毛囊炎，有健肤、美容功能。

桫椤

两亿多年前开始的恐龙时代是按动物划分命名的，如果按植物划分命名，也可以称为蕨类植物时代。蕨类植物分为草本和木本，如今草本尚有相当种属存在，但木本绝大多数已经灭绝，化为煤炭。唯有桫椤幸存了下来，成为稀有的孑遗植物，被誉为“植物活化石”。

桫椤又叫树蕨，曾广泛分布于全球各地，是食草恐龙的主要食物。现在仅在南亚、东南亚和中国云南、贵州、四川、广西、广东、福建、浙江、海南、台湾等地有少量分布。1986 年，意外地在四川荣县发现了 2200 亩桫椤林，多达 1.6 万余株。2002 年，在广西靖西县底定自然保护区发现一处面积最大、海拔最高的桫椤群落。

桫椤的形状就像一把撑开的大伞

桫椤种类很少，个头悬殊。中国的黑桫椤只有 1 米~3 米高，白桫椤可高达 20 多米。桫椤有干无枝，树顶丛生有放射状羽形复叶，四季长青。无花，无果，也无种子。叶子背面或边缘生有许多孢子囊群，一个囊群有数十乃至上百个孢子囊，一个孢子囊有数十个孢子。一株桫椤能产生 100 万个孢子。孢子成熟后脱离母体，随风飘荡，但只有极少数有幸落在近水的土壤中，发育成新的个体。桫椤稀少珍贵，对研究地球史、古气候、古生物等，有重要科学价值，被列为国家八种一类保护植物之首。

苏铁

人们常以“铁树开花，枯枝发芽”比喻不常见的事物，也指重新振作精神，焕发青春。铁树又称苏铁、凤尾蕉、凤尾松，是著名观赏植物。苏铁属于铁树科常绿木本，现存 1 科 10 属 110 种，分布于赤道附近热带、亚热带地区。中国仅产苏铁 10 种，多为人工栽培，野生种很少，仅见于北回归线以南。20 世纪 70 年代，

苏铁雄花

中国植物工作者在四川攀枝花市观音岩海拔1100米以上的山坡，发现了一片天然苏铁林，有5万多棵。这里地处北纬26°46′，是苏铁科自然分布的最北界线。

苏铁是古老的裸子植物，出现于距今两亿多年前的古生代二叠纪；繁盛于中生代晚三叠纪和早白垩纪；晚白垩纪时迅速减少。现存的是历经冰川严寒考验的“活化石”，主要分布于中国南部、印度尼西亚、澳大利亚和马达加斯加。茎干粗大，通常高0.5米~2米，高的可达4米，不分枝。叶分鳞叶和营养叶，呈螺旋状排列，相互环生。鳞叶小，有褐色毡毛；营养叶大，羽状开裂，有中肋，集生于茎干顶端，长可达1米以上。茎顶有孢子叶球，雌雄异株，大而长如玉米棒。下有小孢子囊群和胚珠，种子红色。苏铁树形美观，是重要观赏植物。种子和茎可食用，种子和叶可入药，有止血、止咳功效。

银杏

银杏叶和种子

山东省莒县城西的浮来山中，有南北朝时兴建的定林寺。寺内一棵古银杏树据说是商代时栽培的。春秋时期莒县是莒国都城，鲁隐公八年（公元前715年），鲁公与莒子曾在树下会盟。如今，会盟者及他们的国家早已不复存在，而作为“历史见证人”的古银杏树依然枝繁叶茂，生机盎然。它高达24.7米，胸围15.7米，树荫覆盖600多平方米，是已知最古的银杏“老寿星”。四川万源县白果坝有一棵银杏树高达51米，是银杏家族最高的“巨人”。四川泸定县冷碛乡有一棵银杏树高30米，胸围12米，荫地800多平方米。相传是蜀相诸葛亮南征孟获时所植，距今1700多年，被当地人视为“神树”。

银杏是高大落叶乔木，一般高30米~40米。叶片如打开的折扇，又像鸭掌，所以也称“鸭掌树”或“鸭脚树”。银杏叶含α-乙烯醛和多种有机酸，有灭菌杀虫作用。落叶金黄色，可长久不枯萎变形，美丽而典雅，古人常把它作为传递友情的信物。北宋诗人梅尧臣有诗赞曰：“鹅毛赠千里，所重以其人。鸭脚虽百个，得之诚可珍。”银杏是裸子植物，雌雄异株。长期被误认为是果实的“白果”，其实是种子。种子硬壳三条棱者为雄，两条棱者为雌。其仁含蛋白质、脂肪等，味道甘美，营养丰富。但也含白果酚甲、青甙等，有微毒，不可多食。古代曾以白果入药，“熟食温肺益气，定咳嗽，缩小便，止白浊；生食降痰，消毒，杀虫。”一般实生苗生长缓慢，要 20 多年后方可结籽，故又称“公孙树”。意为爷爷种树，孙子享用。

据考证，距今 2 亿年前的中生代，银杏曾广泛分布于北半球。后来欧洲和北美的银杏植物完全灭绝，只有中国少数地区还有幸存者。欧美现有的银杏是唐代以后由中国经日本传过去的。中国是银杏资源大国，已发现千年以上古银杏 100 多株。千年古银杏多植于身藏深山幽谷的佛寺、道观里。原始银杏林仅在浙江天目山和四川有小面积分布。如今江苏、湖北、安徽、广西、山东等地已大面积人工栽种，并采用嫁接等技术变雌雄异株为同株，3 年~5 年即可结籽。

银杏林

水杉

距今 7000 万~1 亿多年前的中生代白垩纪，一种高大的裸子植物遍布北半球，甚至驻足于北纬 82°的北极圈内。后来由于第四纪冰川侵袭，于 200 万年前先后绝灭了。20 世纪 40 年代初，日本植物学家三木茂在日本北部第三纪地层中发现了水杉的化石，宣布为一种植物新属。之后，在中国东北、俄罗斯西伯利亚、欧洲和北美洲都相继发现了水杉化石。当人们正在惋惜之际，中国著名植物学家胡先骕和郑万钧于 1948 年 4 月宣布，这种植物仍然生存于湖北、四川交界处，并定名为“水杉”。这一发现震动了世界生物学界，被誉为“20 世纪植物学界最重要的发现之一”。

水杉是高大落叶乔木，属于杉科水杉属。树形如宝塔，主干挺直，侧枝横伸。叶扁平细长，羽状对生分布，碧绿秀美，秋冬变成金黄、棕红色。雌雄同株，球果有鳞片，呈椭球状，种子有翅。水杉之所以能生存下来，得益于群众的精心保护。它高大挺拔，被当地群众视为“神木”、“风水树”。1941 年 2 月，一位植物学家在湖北省利川县谋道溪，偶然发现了一株高达 30 多米的水杉古树。当时旧叶已落，新叶未发。1943 年，又一位植物学家专程造访，并采集到完整标本。后来在利川县水杉坝进行调查，在附近方圆 600 平方千米区域内，竟有多达 5700 多株水杉。正是由于处于深山之中，水杉才没有遭到严重破坏，这里成了水杉的栖息地。

如今，水杉已焕发青春，各地竞相引种。北至辽宁南部，南至云贵高原、珠江三角洲；东自长江下游、福建沿海，西抵新疆伊宁，到处是水杉的新家。水杉还漂洋过海，到亚、非、欧、美各洲安家落户。

水 杉

珙桐

在中国湖北省兴山县万朝山下王昭君的故里，生长着一种闻名世界的观赏植物——珙桐。相传，王昭君在塞外思念故乡亲人，便修书一封，托白鸽传信。白鸽不辞辛苦，不畏艰险，日夜兼程。到达目的地时已精疲力竭，栖息在珙桐树上，化为“鸽子花”。你看那青翠山林中，闪耀着朵朵“白云”，山风掠过，“白云”纷纷晃动，犹如舞动双翅、欲飞又止的“鸽子”。因而珙桐又称“鸽子树”。

珙桐是一种古老孑遗植物。100 多万年前曾广泛分布于世界各地，后来受第四纪冰川侵袭，它们在各地相继灭绝。仅在中国四川、云南、贵州、湖南、湖北等少数地区，由于得天独厚的地理环境而得以幸存。珙桐仅此一属一种，有“植物界的大熊猫”之称。珙桐似乎专门喜欢和名山结缘，在湖北神农架、湖南张家界、四川峨眉山、贵州梵净山等都可以找到它的踪迹。

珙 桐

珙桐为落叶乔木，高 10 米~30 米，胸径 1 米左右，雌雄花同株。花色紫红，花下两片叶状苞片形如鸽子双翅。10 月果实成熟，形如梨，有水梨子、野梨、山白果等名，果核大而坚硬。

1869 年，法国传教士戴维在四川青衣江上游的宝兴山区发现了珙桐，并宣传到欧美各国。珙桐从此不仅在一些著名植物园扎下了根，也出现于许多城市街头、私人庭院，如今“中国鸽子树”已成为世界最著名的观赏树木，并被列为国家一级重点保护植物。

银杉

1955 年，中国植物学家在广西临桂县发现了一个珍贵的树种，后几经植物学家研究、鉴定，于 1958 年正式公布于世。因其叶片背面有两条银光闪闪的气孔带，定名为银杉。后经查阅有关资料，发现 1938 年我国学者杨衔晋已在四川金佛山采集到了标本。此后，在中国植物学者和林业工作者的努力下，在四川、贵州、湖南、广西一些地区发现了野生银杉群落。和水杉一样，银杉也是“植物界的活化石”，继 10 年前的水杉被发现,银杉再次引起世界植物学界的轰动。

银 杉

银杉属松科乔木，高大挺直，树姿优美，叶片银光闪烁，有很高的观赏价值。材质坚硬，结构细密，强度大，纹理直，抗腐力强。野生种自然分布比水杉广，但只有在原产地有小规模栽培试种。这是由于其长期在生长环境中养成的“脾气”所致。植物和人一样，各有各的性格。水杉和银杉都是长期“养在深闺人未识”，一旦“为人识”，性情“豁达”的水杉急于看看外面“精彩的世界”；而银杉“内向”，怕热、耐寒，耐旱、抗风，爱在土壤瘠薄的山区生长，所以在平原地区难以见到它的踪迹。

红杉、巨杉

在美国有一个红杉国家公园，那里生长着大片红杉林。红杉国家公园建立于 1968 年，被列入世界自然遗产名录。

据考证，红杉源于一亿多年前的白垩纪，距今 1200 万年~4000 万年的新第三纪空前繁荣。曾遍及北半球，在阿拉斯加、格陵兰岛、法国和中国都发现过红杉属化石。经过第四

红杉和水杉的叶子很相似,所以水杉也叫“中国的红杉”。

纪冰期，大部分消失，仅有少部分遗存。红杉是高大乔木，通常高 90 米，最高的可达 112.1 米，胸径约 8 米。树干挺直，树皮厚实、耐火，树龄一般在 1000~3000 年。花单性，雌雄同株。球果卵圆形，长 2 厘米~2.5 厘米，内有许多带翅的种子，但能萌芽的很少，1972 年美国前总统尼克松访华时，送给中国一棵红杉树苗，种在杭州植物园。1979 年开始结果。

美国加利福尼亚州中部巨杉国家公园和生物圈保留地，生活着更为高大的巨杉。两亿多年前的侏罗纪时期，巨杉曾广泛分布于北半球，如今生存地仅限于此。通常高约 100 米。以美国南北战争中北军将领谢里曼的姓氏命名的“谢里曼将军”最为高大，高达 140 米，胸径 12 米，树皮厚 61 厘米，已生存了 4000 多年。还有一棵巨杉，因修建公路时阻挡了道路，人们就在树干基部凿通了一个大洞，汽车可从树洞中穿行，而巨杉照样生机盎然。巨杉也叫“世界爷”，寿命最长的一棵已有 4900 多岁。

松

松在中国有特殊的地位，古人认为松尊贵高雅，气质不凡。王安石说：“松为百木之长，犹如公也，故字从公。”“公”为第一等爵位，松与公相联系，称为“木公”、“十八公”、“松大夫”，因此也成为高官厚禄的代称。松树岁寒而不凋，冬夏长青，更是坚贞不屈、高风亮节的象征。

全世界有松科 230 多种，主要分布在北半球，中国有 110 多种。松树不仅种类多，而且往往形成浩瀚的林海，因此有“北半球森林之母”的美誉。松树雌雄同株，雌球花生于新枝顶端，雄球花多在下部。雌球花受精发育成球果，俗称松塔。叶呈针状，常数针一束。树形美观，高大挺拔，不仅有观赏价值，也是栋梁之材。常见的马尾松又叫青松，生命力顽强，生长速度快；金钱松高大挺拔，端庄秀丽；海南松不怕高温和台风侵袭；东北红松能抗严寒，斗风雪，在风雪中傲然挺立。著名的还有白皮松、杜松、油松、落叶松、罗汉松、云杉、银杉、冷杉、铁杉、油杉等。有一种水松，虽名字中有“松”字，却属于杉科。

青松

金钱松

“朝华之草，戒旦零落；松柏之茂，隆冬不衰。”人们常以松柏长青比喻经得起考验、经久不衰的事物。其实松树有四季长青的，也有落叶的。中国冬季落叶的松科植物有落叶松和金钱松。落叶松生长在冬季寒冷的东北三省和新疆北部，以及华北、西北、西南高山地区，为适应环境，以落叶方式度过严冬。但金钱松仅分布于长江中下游气候温暖湿润地区，为什么冬天还落叶呢？

盆栽金钱松

据生物学家推测，一亿多年前的中生代白垩纪，金钱松生活在北极和西伯利亚一带，当时那里气候比较温暖、湿润。后来出现漫长的极昼和极夜，金钱松难以适应漫漫长夜，得不到阳光照射，无法进行光合作用，只得脱落叶子，进入“冬眠”。随着气候越来越冷，金钱松被迫南迁，曾广泛分布于欧洲、北美和亚洲中北部。其他地区的金钱松未能经受第四纪冰川的考验而先后灭绝，只有退到中国华中、华东地区的金钱松幸存了下来，成为孑遗树种，并保留了冬天落叶的习性。

金钱松树干挺拔，枝叶疏密有度，条形叶片放射伸展成圆钱状，秋季呈金黄色，秋风吹拂，如挂在树枝上的古钱，因而得名。通常高 40 米~50 米，胸径 1.5 米左右。球果 10 月上旬成熟，种子有翅，可随风传播。金钱松是重要观赏树种，中国野生天然林主要分布于浙江天目山、安徽九华山、皖南山区以及江苏、福建、江西、湖北、湖南、河南、四川等地。但数量较少，已被列为国家二级重点保护植物。19 世纪 50 年代引种到欧洲、北美，被称为“金色落叶松”。

红桧

中国宝岛台湾，山地众多，森林密布，有许多独有树种，其中树体最大、寿命最长、最著名的当属红桧。

红桧属于裸子植物柏科扁柏属，主要分布于台湾中央山脉、阿里山脉等海拔 1000 米~2000 多米处，那里气候温和湿润，雨量充沛，土壤属酸性黄壤。阿里山的“周山桧”高 53 米，树径 5.3 米，主干基部周长 34.3 米，已经 3000 多岁，被誉为“阿里山神木”，是阿里山的标志。另一棵“眠目大神木”高48米，有4100多岁高龄。台中附近的大雪山有一棵神木高55米，也有2000多岁了。还有一棵“三代木”，老树枯萎而复活，树中有树，三代同堂，实为世间少有。

红桧树形高大，但小枝扁平，球果当年成熟。木材较轻软，边材淡橙色，心才淡黄褐色，有香气和光泽。

柏

柏常称翠柏，与青松并称。王安石《字说》中说：“柏犹伯也，故字从白。”“伯”为第三等爵位，柏也是地位身份的代称。古代有“柏署”、“柏台”，它们都是朝廷御史官署的别称。古人还认为柏为“木之有贞德者”，有坚贞有节、益寿延年的吉祥的深刻内含。

柏 枝

全世界有柏科150多种，中国有40多种。通常我们所说的柏树是侧柏，还有西藏巨柏、南方翠柏、福建柏、桧柏等。柏树是长寿树木。各地古刹寺观、名胜古迹处常可见到参天古柏。陕西黄陵县黄帝陵的古柏高20多米，胸围5米多，传说是轩辕亲手种植。河南登封市嵩阳书院里有两棵周柏，因高大、威武，被汉武帝封为“大将军”和“二将军”。

柳

柳是报春的使者，它生命力顽强，无论在哪里，都能枝繁叶茂，朝气勃勃。

柳树属于杨柳科柳属乔木，是著名风景树、观赏树。大江南北、长城内外，街头、公园、原野、水乡，到处可见柳树的倩影。柳树木质软柔，纹理顺直，是制作家具、农具的良材；柳条纤细柔韧，白晰光滑，是编织筐、篓、箕、包的原料，烧制成炭精，是精致的画笔。柳树可装点园林，绿化环境，是防风、固堤的优良树种。柳树是天然“滤毒器”，可吸收二

氧化碳、二氯化碳等气体，净化空气。

人们爱柳，古人有许多关于柳的佳话。陶渊明在门前栽植五棵柳树，自号“五柳先生”。杜甫草堂柳树环绕，杜甫还留下“枝枝总到地，蕊蕊自开春”的佳句。苏轼为官杭州时，在西湖筑堤，蓄水灌田，堤上栽柳，碧波含烟，为美丽的西湖再添无限风光，人称“苏堤柳”。清代名将左宗棠驻守西北，下令在河西走廊沿途栽柳。后人有诗赞曰：“大将筹边尚未还，湖湘弟子满天山；新栽杨柳三千里，引得春风度玉关”，说的就是著名的“左公柳”。唐代文成公主入藏，从长安带去柳苗，植于拉萨大昭寺周围，以寄托对故乡思念之情。古人诵柳诗枚不胜数，当以贺知章的《柳枝词》为千古绝唱：“碧玉装成一树高，万条垂下绿丝绦。不知细叶谁裁出，二月春风似剪刀。”

杨

杨树是双子叶纲杨柳科落叶乔木，是北半球温带、寒温带的主要树种。叶互生，呈卵形或卵状披针形，较为宽阔，有托叶。花绿白色，或略带微紫色，雌雄异株，苞片边缘常有剪碎状裂片，无花被，有杯状花盘，雄蕊常多数。种子多枚，基部有丝状长毛。由于杨花小而轻，常被风吹得到处飞扬，因此人们便用“水性杨花”来形容一个人的轻浮。但唐代诗人吴融并不这样看，他在《杨花》诗中写到：“不斗秾华不占红，自飞晴野雪蒙蒙。百花长恨风吹落，唯有杨花独爱风。”

杨树叶

杨树天然种类达 100 余种，中国有 50 余种，分布于各地。常见的有响叶杨、银白杨、毛白杨、小叶杨、黑杨、胡杨、银灰杨等等。毛白杨是人们常见的一种杨树，生长较为迅速，可长达 40 米。叶呈三角状卵形，具有不规则的波状齿。早春先开花后长叶，雌雄异株，苞片有不规则缺裂，蒴果两裂。分布于黄河下游地区。

长期以来，杨树被利用的部分主要是树干。为了对木材生产过程中产生的固体污染进行再利用，同时对杨树雌株的飘絮污染和雄株的花粉污染进行防治，人们已经开展了对杨树的树皮、树叶、树芽以及花絮的综合利用。

在西方，人们特别崇拜和尊敬杨树，因为银白杨与希腊神话中的大力神赫克立斯和普西芬尼有关，是杨树治愈了赫克立斯的蛇毒。北美土著居民认为，杨树是一种神奇的药用树种。每年 12 月至次年 2 月，休眠的杨树芽中会产生丰富的芳香类树脂。杨树芽的提取物中含有丰富的抗氧化物，将杨树芽放在动物油中可以防止其腐烂变质。经测定，杨树芽含有丰富的挥发性油，如苹果酸、甘露糖醇等，可以治疗发热头痛等症。

槐

槐树是豆科槐属落叶乔木。枝干光滑，生有奇数羽状复叶，小叶为卵形至卵状披针形。夏季开花，花为黄白色，有蝶形花冠，属圆锥花序。荚果呈圆柱形，肉质，不开裂，在种子间有显著收缩，成念珠状。槐树分布于中国各地，根深喜光，生长较速，是著名的护荫树、绿化树。槐树木材坚硬，有弹性，可供制造船舶、车辆、器具和雕刻之用。

槐 花

槐花和槐实为中药材，有凉血、止血的功效。槐花是槐的花蕾，在中药中又称槐米，其性凉，味苦，主治痣疮、便血、尿血崩漏等症。槐米中所含的芦丁（芸香苷）能增加毛细血管的韧性，适用于毛细血管脆弱的患者。槐实又称槐角或槐豆，其医药性能功效与槐花相似。此外，槐属中的刺槐对大气中的氯气、氯化氢、二氧化硫等有害气体和铅有吸收作用，是净化环境的优良树种。

自古以来槐树就受到人们的尊敬，《山海经》中有：“首山其木多槐，条谷之山其木多槐”的记载。有“福禄树”、“大邦美树”之誉。

竹

竹是禾本科竹亚科多年生植物。茎多为圆柱形，直立，中空，有节，木质化。根扎得很深，有的还有木质化的地下茎，称竹鞭。幼竹芽和嫩茎叫竹笋，是人们喜食的鲜美蔬菜。竹类绝大多数喜暖湿气候环境，分布在南北回归线之间的热带、亚热带季风气候带的平原、丘陵等地，少数耐寒品种分布于高寒地区。

竹

竹的种类繁多，全世界有上千个品种。中国是世界上竹类资源最丰富、利用历史最悠久的国家，被誉为“竹子文明的国度”，已记载的有500余种，主要分布在长江流域及华南、西南各地。竹从生长习性上分，有丛生型的龙竹、刺竹；有散生型的毛竹；有既丛生又散生的复轴型的苦竹、茶秆竹。以秆型特征分，有直立高大的乔木状，如龙竹；有灌木状，如筇竹；有攀援型，如梨藤竹。以秆型分，有秆节突起的佛肚竹

（罗汉竹）、龟甲竹、人面竹；有基本呈方形的方竹。从秆色上分，紫色的紫竹，灰黑色的墨竹，黄色带绿色条纹的黄金间碧玉竹、金镶玉竹，绿色带黄色条纹的碧玉间黄金竹、大滇竹，带紫褐色斑点或斑纹的斑竹等。

竹生长快，用途广，有极高的经济价值。竹材用于建筑、编织、造纸、日常用具、装饰等。先秦时人们在竹片上书写文字，这就是竹简，用于记载民族文化简史和传统精神。竹还被人们用于制药。嫩茎经火炙烤，沥出澄清的液汁，称为竹沥，性寒，味甘，有清热、解毒、去痰的功效，中医用以治疗中风、癫狂、痰阻、咳喘等症。

“未出土时便有节，势凌云处仍虚心”，竹以本固、性直、心空，节贞受到人们的喜爱，赋予它树德、立身、处业、明志的品性象征。北宋诗人苏轼曾说过：“宁可食无肉，不可居无竹。”竹与松、梅并誉为“岁寒三友”，与梅、兰、菊并称为“四君子”。

胡杨

茫茫戈壁，浩瀚沙海，干旱，高温，令人类和生物望而生畏。中国最大的沙漠塔克拉玛干沙漠，年降水量不足 50 毫米，炎夏烈日烘烤，地表温度可达 60°C ~80°C。但沙生植物却能经受住这恶劣条件，顽强地生存着。胡杨就是其中的佼佼者，是阻挡沙漠推移的“绿色卫士”。

胡杨是杨柳科落叶乔木，树高 15 米~30 米。分布于新疆、内蒙古、甘肃、青海、宁夏等省区。根系发达，一棵树能吸取几十平方米内 5 米深处的地下水，甚至可扎根 10 米多深处，老根向侧面伸出数十米。胡杨有非凡的耐盐碱能力。当体内盐分过高时，可通过树干的裂口将盐分排出。树液称“胡杨泪”，蒸发后留下生物碱，主要是碳酸钠，俗称小苏打。一株大胡杨树一年可排出几十千克小苏打，因此有“沙漠中的小化工厂”之称。胡杨的根深而广，抗风沙能力极强，即使被风沙埋住，也能很快从树干上长出大量不定根，在大树周围萌生出新的植株，形成胡杨林。如果水分充足，树叶大而圆；如果水分不足，幼树树叶似柳叶，中年树呈卵形叶，成树有时“一树三叶”，因此又名“异叶杨”。

胡杨的生命力很顽强，俗语称之为“活三千年不死，死三千年不倒，倒三千年不朽”。

胡杨叶子富含蛋白质和盐，是牛、羊、骆驼的饲料，还可药用，对高血压有一定疗效。木材耐水，能抗虫蛀，经久耐用，是建筑和制造家具的上等材料。每年夏初种子成熟，一旦有了落脚之地，就扎根、生芽，不久就是一片新的胡杨林。

菩提树

菩提树是佛教徒心目中的圣树。公元前530年，加毗罗卫国王子乔答摩·悉达多在中印度伽耶城外一棵毕钵罗树下，面向东方，结跏趺坐，闭目静思冥索七天七夜，终于"大彻大悟"，成了"佛陀"。后世将他成佛之地称为菩提伽耶，毕钵罗树称为菩提树。"菩提"意为"觉悟"，菩提树就叫"觉树"。

菩提树属于桑科常绿乔木，是世界上的稀有树种。通常高15米，胸径2米，树干凹凸而光滑，树冠圆形，枝叶扶疏。叶子卵圆形，前端细长，互生而有光泽。叶腋下有隐生小白花，果实扁平球状，紫黑色。菩提树老家在印度，后随佛教传播到了世界各地。现在菩提树在中国生长于广东和云南南部。

菩提树

现在世界上最古老的菩提树在斯里兰卡，高20多米。据史料记载，公元前247年，佛教传入斯里兰卡。当时蒂萨国公主要求出家做比丘尼。印度阿育王派女儿僧伽密多去斯里兰卡为公主受戒。阿育王亲临菩提伽耶，取下一枝菩提，装在金色瓶中，作为礼物带去。蒂萨国王亲临港口，举行隆重的迎接仪式和种植仪式，这根树枝就植于阿努拉达普拉。不久，枝条长出8个新枝，后来分别种植于全岛各地。如今，斯里兰卡1万多个寺庙都有它的子孙。而这棵"大圣树"已历经2200多年风霜雨雪，仍然枝繁叶茂，丰彩多姿，受到人们的顶礼膜拜。

猴面包树

非洲大陆赤道热带雨林两侧，是一眼望不到边的热带疏林草原。在那里时常可以看到棕榈、金合欢等，偶尔也能见到奇特的猴面包树。猴面包树树干高仅20多米，但胸径通常有7米~10米，最大可达25米，三四十人才能围抱，被称为"植物界中的大象"。

猴面包树又名波巴布树，意为“多籽果实”，属于被子植物木棉科。树冠密实，树枝弯曲，好像扭曲、多节的树根，因此也叫“倒栽树”。树叶为掌状复叶。花朵洁白，长 13 厘米~18 厘米。果实长卵形，大小如椰子，果壳上密布蓝色绒毛，白色果实散发着香味，味道鲜美。用干燥后的果肉粉末冲水，就是甜美的饮料。果实成熟后，往往成群的猴子爬上树饱餐一顿方肯离去，因而得名猴面包树。

当地居民不仅食用其果实，也食用花朵、叶子和种子。叶中富含钙质和多种维生素，是当地居民爱吃的蔬菜。据估算，一棵树干体积为 200 立方米的大树，含水量高达 3 万加仑。猴面包树可为干渴的旅行者、探险家提供救命之水，因而也称为“生命之树”。当地的人们还在树干上挖洞，贮存粮食或居住呢。

纳米比亚北部荒原上，有一颗树龄 2000 多年的猴面包树。其胸径有 24 米，基部有一个巨洞。当地人在树洞口砌出 3 层石头台阶，在洞顶悬吊上电灯，洞中摆放上桌凳，就成了一座可容 20 多人的教堂。同属植物在远离非洲大陆的马达加斯加和澳大利亚也有少量分布，这可能是对大陆漂移学说的印证。目前许多国家和地区把它作为珍奇植物引种栽培。我们想一睹其尊容并不难，在我国广州和海南就可以看到，但那只是幼苗。猴面包树生长得很慢，要长成巨树需要几百，乃至上千年。

猴面包树

普陀鹅耳枥

在佛教名山普陀山的佛顶山慧济寺西侧山坡森林中，有一棵不起眼的树。它高 14 米，胸径约 60 厘米，树冠约 12 米。它就是世界仅存一棵的野生普陀鹅耳枥。

鹅耳枥是桦木科落叶乔木，全世界有 40 多种，中国有 22 种，普陀鹅耳枥是其中一种。1930 年，被中国植物学家钟观光教授发现，1932 年由著名科学家郑万钧教授正式命名。20 世纪 50 年代，普陀岛上还有一片普陀鹅耳枥林子。由于不注意保护和繁殖，也不了解它的特殊性，以至于今天仅剩一株。

普陀鹅耳枥叶卵形或椭圆形，基部圆形，前端有短突尖，边缘有锯齿。叶长约 12 厘米，宽约 5 厘米，在鹅耳枥诸种中属于较大的。叶柄和背面叶脉上有绒毛，叶脉不明显。春季开花，果穗长约 8 厘米，有绿色叶状果苞，长约 3 厘米。

果实卵形，下部有毛和腺点。可喜的是，杭州植物园用这棵普陀鹅耳枥的种子已成功培育出数百棵幼苗。

鹅掌楸

中国南方各地和陕西生长着一种奇特的树——鹅掌楸，它是中国特有的树种，已列为中国二级重点保护植物。它通常只有几米高，高大的很少。仅湘西北天平山有千年鹅掌楸，高达 40 多米，需三四个人才能合抱。

鹅掌楸奇在叶子上，其叶子很像鹅掌，也像旧时男人穿在长衫外的短褂，即马褂，所以也叫“马褂木”。叶片有 4 裂，上面 2 裂像袖子，与下面 2 裂的联结处略凹，像马褂的两腰，正面绿色，背面白色，好像双层布料。花朵很美，3 层花被片向内收拢，雄蕊、花药向上直伸，形状似酒杯，如郁金香，国外称其为“中国郁金香”。

鹅掌楸

鹅掌楸属于木兰科鹅掌楸属，与玉兰、含笑、厚朴、香木莲是近亲。大约一亿多年前鹅掌楸已经出现，新生代第三纪有 10 余种，分布在北半球各地。历经地质、气候变迁，如今仅在美国东南部有一个亲兄弟，叫北美鹅掌楸。它们的模样差别较大。20 世纪初，北美鹅掌楸被引入我国。经过园艺师们种间杂交育种试验，已培养出生长速度快、树形美观的亚种。

鹅掌楸叶大荫浓，是很好的园林绿化树种；能抵御二氧化硫污染，适宜在工矿区栽种。材质优良，叶、根、皮均可入药，有祛风寒、强筋骨功效。现在已大面积栽种。

铁木

我国广西壮族自治区容县真武阁建于明万历元年（公元 1573 年），高 13.2 米，为 3 层阁楼式建筑。几百吨重的楼阁，仅由 20 根直径 30 余厘米的木柱托起，近 3000 件构件全部采用木料，无一铁一钉。430 多年来，这里遭到过多次地震和风暴袭击，附近的廊舍、垣墙早已荡然无存，而真武阁却历经劫难安然无恙。建筑技术高超且不说，选料得当，不可否认。它选用的就是坚硬如铁的优质硬木——

铁黎木。

铁黎木又名格木，俗称铁木，属于豆科植物。树高 20 多米，主要生长在广西东南部温暖多雨的丘陵地区。树木红褐色，久之变得乌黑发亮，坚如铁石，入水即沉。纹理典雅，耐水耐腐，不用上油漆。即使深埋地下多年，也不会朽坏，是船舶、桥梁、高档家具的优良用材。种子含格木生物碱，有麻醉作用。

用铁木建成的广西真武阁

铁黎木与蚬木、金丝李、紫荆木合称“广西四大铁木”，但分属 4 个家族。蚬木通常树高 40 多米，基部以上 3 米有板根，属于椴木科，喜欢钙质土壤，木质坚硬，钉子也钉不进去。有红蚬和白蚬两种，以红蚬为优。金丝李属藤黄科，因材心髓线状如金丝，果实类李而得名，每年两次开花、结果，生长在石灰岩山地上，枝条折断或树皮划破后，会流出黄色树液。紫荆木属于山榄科，种子可榨油，供食用或用作工业原料，与属于豆科的海南紫荆都是致密的硬木。蚬木、金丝李、紫荆木的性质和用途与铁黎木相似。这 4 种铁木都被定为国家二级重点保护植物。

红豆

“红豆生南国，春来发几枝？愿君多采撷，此物最相思。”这是唐代诗人王维脍炙人口的名诗。诗中的“红豆”是一种什么植物呢？世界上红豆属植物大约有 100 种，中国就有 26 种，主要分布在广东、广西、云南、贵州、海南和台湾等地。按照这些地方的习惯称呼，红豆当指相思子、相思树和海红豆。

相思子也称“红豆”，属于豆科藤本植物。叶似槐叶，花像皂荚，荚如扁豆，豆粒半截鲜红半截乌黑。青年男女常以相思子作为信物互赠，表示忠贞、纯洁的爱情。相思树又叫红豆树、台湾相思树，属于豆科常绿乔木。分布于南方各地和陕西、甘肃。高 12 米~17 米，胸径 40 厘米~60 厘米。豆粒鲜红而圆润。木质坚韧，花纹美观。树皮含单宁，可提制栲胶。海红豆又叫孔雀树，高 20 多米，因春天羽状复叶伸展如孔雀开屏而得

相思树

名。开黄色或白色小花，荚弯曲，豆粒成熟后弹射出去，传宗接代。红豆晶莹艳丽，但含有毒性，不可食用。

望天树

1975年6月，云南植物学工作者在西双版纳雨林进行考察时，发现了中国最高大的树。这种树一般高50米~65米，最高的超过80米，相当于20多层楼房的高度。当地群众称为“麦朗昂”，意为“伞树”，也叫“望天树”。

望天树是龙脑香科柳桉属常绿乔木，直径1.5米~3米，树干挺拔高直，基部有板状根。叶片互生，叶脉羽状，叶色碧绿，革质。花序顶生或长于叶腋，黄白色，花萼5裂，花瓣5片。果为坚果，长2厘米~3厘米，果实下部有三长两短果翅，可随风飘落。望天树分布在海拔700米~1100米原始密林中。远望如亭亭玉立的高塔，近则只可仰视。后来在广西西南部龙州、巴马、都安、那坡等地又发现一种擎天树，身高、体魄与望天树相似，当初被定为望天树的一个变种。后经进一步研究，确定二者实为同一植物，就取消了“擎天树”的名称。

望天树生长速度快，材质坚硬，耐磨性强，纹理较直，结构均匀，但不利于自然更新和引种栽培。为保护这种数量稀少的珍贵树种，中国政府已把它列为国家一级保护植物。

梓柯树

森林里经常发生火灾，人们都为树担心。然而并非所有的树都怕大火，在漫长的演化过程中，一些植物为适应环境的变化，已能经得起烈火的考验。

非洲西南部的安哥拉生长着一种高达20多米的乔木——梓柯树。如果你在树下点燃篝火，或者点火吸烟，将遭遇十分狼狈的窘境。因为梓柯树一“见到”火光，就会喷射出大量液体，将火扑灭。原来这种树的枝杈间长满了拳头大的节疤，里面储满了液体，内含四氯化碳，有很强的灭火能力。节疤上密布小孔，能立即把液体喷出去，当地人称它为“灭火树”。

梓柯树

中国南方也有一种叫木荷的树，含水量约占

整株的43%以上，油脂含量仅6%。即使大火来临时，也只能把一部分树叶、树枝烤黄或烤焦，第二年还会萌发新的枝叶。木荷树可在山火多发地带普遍栽植，形成防火林带。

旅人蕉

旅人蕉

莫桑比克海峡宽达400多千米，把马达加斯加岛从非洲大陆隔开。独特的地理位置和优越的地理条件，造就了马达加斯加岛封闭独立的生态体系，以及独特的物种。稀树草原上分布的旅人蕉就是这里独有的奇特植物。分类学家绞尽脑汁也寻找不到它的“近亲”，最后把它划入芭蕉科鹤望兰亚科旅人蕉属旅人蕉种，仅此一属一种。

旅人蕉茎干高10多米，不分枝，从茎干顶部长出10多个长长的叶柄，可长达4米~6米。叶柄顶端生出的叶子分列两边，长2米~4米，犹如展开的巨大折扇，又像开屏的孔雀。这种树干像棕榈、叶片像芭蕉的奇特植物特别引人注目。旅人不仅可以欣赏其美丽的树形，而且还可以从中饮水解渴。原来旅人蕉叶柄基部的叶鞘贮满了水分，只要在叶鞘上扎一个孔，便有涓涓细流淌出。人们亲切地称它为“旅行者树”和“水树”。马达加斯加人民喜爱旅人蕉，视之为团结、友谊和进取的象征，奉为国树。中国广东、海南、台湾等省一些植物园已经引种，但因气候、土壤条件不同，长势不好，茎干矮小。

红树林

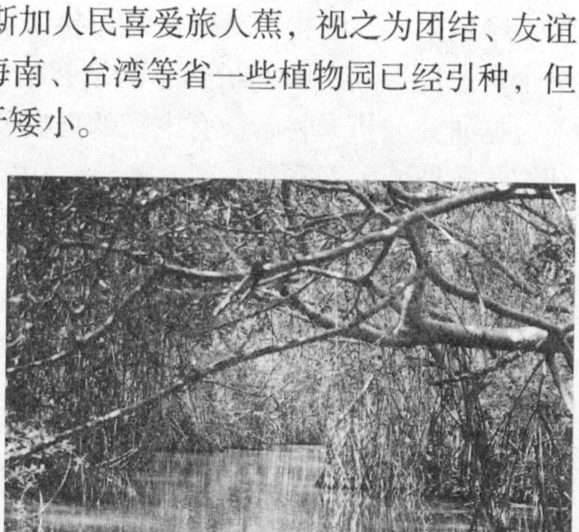

红树林

红树林是一种特殊的常绿林，包括红树、木榄、秋茄等红树科及马鞭草科、海桑科等木本植物40多种。高1米~3米，最高的木榄也不过7米~8米。因木料颜色多为鲜红色而得名。生长在热带风浪较平、淤泥深厚的海湾和海口高潮线以下的

红树科植物木榄

海滩。这些树通常根系发达，树基部膨大，形成板状根、支持根和匍匐状呼吸根，能有效抵御风浪冲击，利于气体交换。革质叶片表面光滑，利于反射强烈阳光，还能排除体内过多盐分。一般植物若浇海水，很快就会死亡，而红树林却以海水为生。

红树采取胎生方式繁殖。种子成熟后并不马上脱离母体，而是在果实中萌发，先后突破种皮、果皮，生长，变粗，和胚根一起形成棒状物。幼苗最后从子叶处断离，像锚一样直插入淤泥中，迅速扎根而成为新的植株；或者被海浪冲起，漂浮于海面上，一遇适宜环境即扎根生长。这是在特殊环境中长期自然选择的结果。

红树林广泛分布于亚洲、非洲、南美洲和大洋洲热带、亚热带海滨泥质海滩。中国分布于浙江、福建、广东、广西、海南、台湾沿海浅滩。像一道道绿色长城，抗拒狂风巨浪对海岸的侵袭，为鸟类、鱼类提供生息繁衍的场所，维持生态平衡，被誉为“海岸卫士”。

蘑菇

菌类在生物分类上，有人把它划归为植物，有人说它们是微生物，也有人把它们和原核生物、原生生物、植物、动物并列为独立界。菌类是个大家族，其中我们最熟悉的是蘑菇。

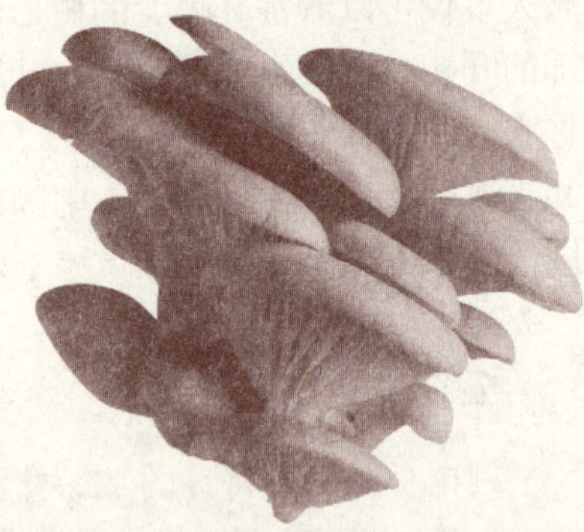
平 菇

据研究分析，蘑菇含有丰富的蛋白质、食物纤维、多种维生素和钙、磷、铁等矿物质，还含有有助于消化的蛋白酶、促进代谢的香菇素。常食蘑菇，可抑制血液中胆固醇的增加，降低血压，能防止儿童因缺乏维生素 D 引发的佝偻病。现代医学研究认为，蘑菇中的多糖体具有明显的防癌活性，能促进抗体形成，是抗癌佳品。

蘑菇中可食用的有香菇、平菇、金针菇、猴头菇等。香菇在欧美各国被誉为“上帝的食品”，以个大、肉厚、菇面平整、气味浓香者为上品。金针菇氨基酸含量高于其他蘑菇一倍以上，锌含量也较高，适于高血压病患者和中老年人，也有益于儿童生长发育。常食用平菇对肥胖症、老年人腰腿病等症有辅助疗效。猴头菇肉质细嫩，味道鲜美，营养全面，可烧制成美味佳肴，中国自古就誉其为“山珍”。

蘑菇虽然好吃，但并非都能食用。全世界有100多种有毒蘑菇，中国发现有20多种，如白毒伞、鹿花菌等。毒蘑菇所含毒素不一，临床表现各异。主要有胃肠型、肝脏型、神经型和溶血型四类毒素。误食后应立即催吐、洗胃、导泻，马上到医院输液排毒。一定要把剩余的蘑菇送检，医生可根据毒蘑菇的类型，选用解毒剂。

鸡枞

我们常见的菌类蘑菇，或长于密林草丛，或生于人工栽培。在中国四川、云南等地却有一种叫鸡枞的菌菇，出自黑翅白蚁的创造。在泰国、印度、斯里兰卡和非洲也有分布。

白蚁是社会性动物，嗜食木材，往往数十万甚至上百万只居住在一起，构成布局完整的“地下都会”。“王宫”、居室、隧道等一应俱全，其中就包括栽培鸡枞的“苗圃”。工蚁培养菌类以奉养蚁后，抚育幼蚁。

鸡 枞

鸡枞又叫鸡宗、鸡枞、伞把菇、肉丝菌、鸡脚菇、鸡肉丝菰等。菌盖像伞，菌柄似鸡腿。肉质细嫩，味道鲜美，可清蒸、凉拌，也可以与鸡、肉类一起炒制成菜肴。含蛋白质、脂肪、粗纤维、水解糖、维生素C和16种氨基酸。煎制的鸡枞油更是调味佳品。

人参

人参是五加科多年生草本植物，古代称为“千草之灵，万药之长”，有“中药之王”的美名。茎高5厘米~8厘米。花呈淡黄色、绿色或紫色，结红色浆果，有5片锯齿状叶子。主根为灰白色或棕色肉质，长成后形如两条叉开大腿的人状，因而得名人参。人参含有人参甙、辛甙、芽香油、配糖体、多种维生素成分，又名神草、地精、土精等。生长在气温低、日照长的深山密林中。主要有中国吉林长白山区的山参、朝鲜的高丽参和加拿大南部的西洋参。大约3000年前，已为人所知，最早的文字记载是《神农本草经》。

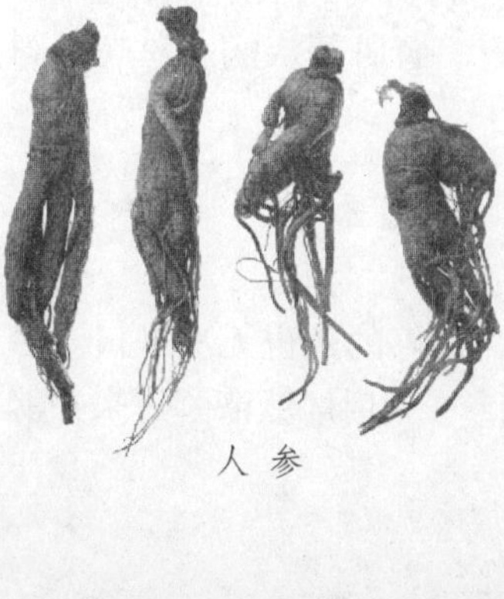
人 参

人参全身都是宝，以肉质主根为主，整株可作药用。有调气固脱、安神养血、健脾益肺、生津利尿等功效。适当服用可除疲劳、降血糖、增强细胞分泌胰岛素、减少脂肪在冠状动脉壁上沉积。对头痛、失眠、疟疾、阳萎、胃炎、感冒、关节炎、抑郁症、健忘症等病症均有疗效。久服可滋补身体、增强人体对疾病的抵抗力。但热性大，过度食用也伤身。野山参生长缓慢，一年只长几厘米，7 年~8 年才长成。生长数十年甚至上百年的老山参很难见到。1981 年在长白山区采到一株山参王，重 287.5 克，长 79.5 厘米。人参现在已大面积人工栽培，从播种到收获，一般需 6 年时间。但效用不如野山参。

人工栽培的人参

灵芝

中国民间传说有《白蛇盗仙草》的故事。为救丈夫许仙，白娘子冒生命危险盗取的仙草就是灵芝。古人认为灵芝有起死回生、长生不老的功效。其实灵芝并非仙丹灵药，和蘑菇一样是一种大型真菌，都分为菌伞和菌柄两部分。不同的是，蘑菇的菌伞多为圆形，菌柄位于正下方；而灵芝的菌伞是半圆形，菌柄长在一侧，菌伞上有瘤状凸起，多为褐色，有的还有光泽。

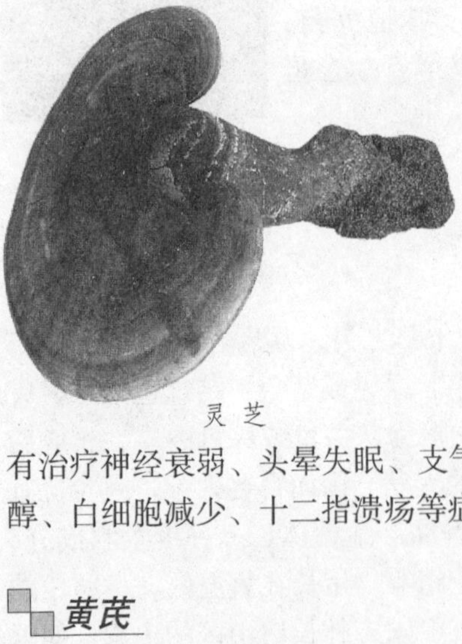

灵 芝

灵芝本体是菌丝，没有叶绿素，不能进行光合作用，寄生在其他有机体上，靠飘散的孢子繁殖。灵芝以干燥子实体入药，是名贵中草药，有滋补、健脑、强身、消炎、益胃作用，有治疗神经衰弱、头晕失眠、支气管哮喘和慢性肝、胃、肾脏等疾病。对高胆固醇、白细胞减少、十二指溃疡等症均有一定疗效。

黄芪

传说陈国柳太后得一怪病，牙关紧闭，人事不省，再好的药也无法进口。名医许胤宗将黄芪防风汤，置太后床下薰蒸，一时药香满室。太后居然清醒过来并能说话了。

黄芪又名黄耆，属于豆科多年生草本植物，原产于中国。李时珍在《本草纲目》中说："耆，长也。黄耆色黄，为补药之长。"有补气壮阳、固表止汗、利尿退肿功能。现代医学研究，黄芪能改善血液循环，增强心肌功能，对心力衰竭有强心作用，是中医常用的25种中草药之一。

黄芪植株高0.5米~1.5米，根圆柱状，棕黄色或深棕色，长40厘米~50厘米。奇数羽状复叶，小叶12片~26片。夏季从叶腋处开淡黄色小花，10朵~25朵。荚果膜质，呈长卵圆形，长约2厘米。以根部入药。主要分布在中国北方，山西浑源是著名产地。黄芪属种类很多，以华北和东北地区的一个变种——内蒙古黄芪功效较好。区别是内蒙古黄芪小叶多，根较短，质地较柔而带粉性。野生黄芪和内蒙古黄芪都被列入国家重点保护植物。

黄 芪

枸杞

枸杞的别名很多，有天精、地仙、仙人杖、却老枝等。主要产地在宁夏、青海、甘肃、陕西等省区。以宁夏所产河西枸杞最有名，当地称为明目子、红果子，是"宁夏五宝"之一。早在春秋时期，人们就采摘枸杞，以根、茎、花、叶当蔬菜。

枸杞是茄科小灌木，生命力很强，即使在盐碱地里也能茁壮成长。它是药中佳品，性平味甘，果实红色，含核黄素、硫胺素、胡萝卜素、甜菜碱、抗坏血酸等成分，主治头昏目眩、腰膝酸痛、肝肾阴虚和糖尿病等症。北方常用其泡酒，南方常将其与猪腰一起煲汤。根、茎、叶、花皆入药。根又名地骨，含甜菜碱、桂皮酸、酚类，可治体虚、肺热、干咳、咯血、高血压等症。叶含多种维生素、氨基酸等，有平肝降火、补虚壮元之功，可治目赤夜盲、烦渴发热、热毒疮等症。中国北方中原地区常以枸杞为菜肴，或热炒、凉拌，或炖鸡汤；西北地区常以阴干枸杞叶冲茶。

枸 杞

红花

红花又称菊红花，属双子叶菊科，是栽培历史悠久的药用植物。公元前1世纪，被张骞从西域带到中原。如今遍及中国各地，以河南、四川、浙江和新疆为主要产区。

红花花色、品种众多，香气诱人，也是重要观赏植物。在中医上，有活血通经、止痛去淤功效，主治闭经、难产、痈肿、褥疮、跌打损伤、慢性肌肉劳损等症，是医治心血管病和妇科病良药。红花含油率高于大豆、棉籽、葵花籽，且亚油酸含量高达70%~80%，有预防和治疗动脉粥样硬化的作用。国外已大力推广和发展红花种植，并开始广泛食用红花油。

乌头

乌 头

乌头又名草乌头、乌喙、鸡毒、奚毒、土附子、独百草、断肠草等，是毛茛科乌头属多年生草本植物。世界上有350种左右，中国产160种，已有400多年的栽培史。乌头株高50厘米~80厘米，侧生肉质、纺锤状块根，表皮褐色，称“附子”。叶片三裂，呈星状；花蓝紫色，顶生，状如拖鞋。中国主要产于四川、陕西、浙江、安徽、湖北、辽宁等地。

乌头是常见中草药。栽种两年后块根可采收，性辛、热，有温里解寒、止痛祛风、消肿回阳等功效，主治风寒湿痹、中风瘫痪、脉微虚脱、破伤风等症。中医常用以治急症、重症、危症，但有剧毒。被人体吸收后能迅速引起神经系统中毒。必须对症下药，遵医嘱服用。

天南星

天南星

在中国四川、云南、贵州、广西、河南等地生长着天南星。天南星是天南星科多年生草本植物，又名虎掌、蛇木芋、蛇包谷等。叶片全裂成小叶片状，花序柄长、厚实，花柱短，中心有2枚~4枚雄花，周围雌花密集。四季常绿。性温、辛，有驱湿化痰、祛风定惊、消肿散淤功能，主治口眼歪斜、癫痫、半身不遂、蛇虫咬伤等病症。块茎含安息香酸、三萜皂甙和多种氨基酸。

在美国佛罗里达森林中，生长着天南星的同宗——印度天南星。有趣的是，它在长达 15 年~20 年的生长期间不断改变性别。当植株弱小时为雄性；植株生长变肥大后，则转变为雌性开化结果，养分大量消耗后，又变成雄性。经研究发现，这是它在长期演化过程中采取的“生存策略”。环境条件好时，大量开花结籽；环境条件坏时，植株就发生变性，这样可以节约营养和能量。经过休整期，植株恢复了“元气”后，再大量繁殖。

天麻

天麻是一种奇特的药用植物，生长在残留的树桩、树根和竹根处。它无根、无叶，不能进行光合作用，也不能吸收水分和无机盐，与一种叫蜜环菌的真菌共生。蜜环菌的菌丝体伸入天麻块茎，天麻分泌出溶菌酶，靠溶解、消化菌丝体而生长。因此天麻是一种寄生食菌植物。平时深入地下，只有初夏时露出细细的红色地上茎，像一支箭。《神农本草经》称之为“赤箭”。等到落谢、结籽后枯萎，又失去了踪迹。

“天麻”之名最早见于《天宝本草》，为兰科植物，块茎像稍弯曲的土豆，长约 3 厘米~12 厘米，宽 2 厘米~6 厘米，厚 1 厘米~3 厘米。呈黄赤色或土黄色，质硬，有角质和环纹。果实如蚕豆大小，内有 2 万~4 万粒种子，3000 粒种子只有一粒芝麻重。味甘微苦，有定惊、止疼、解痉功能。对头昏、耳鸣、失眠、四肢痉挛、麻木、风湿性关节痛和小儿惊风等有显著疗效。与石决明、杜仲、黄岑等配伍，是治疗高血压的良药。

天 麻

天麻分布于中国各地，比较名贵。现在已进行人工栽植，以阔叶树锯末或落叶加沙子为培养料，用柞树、杨树或玉米棒做菌材，采用箱栽技术，45 天左右即可长成。

杜仲

杜仲是中国特有的珍稀植物。经历了第四纪冰川期后，杜仲家族几乎全军覆没，仅一属一种在我国幸存下来。杜仲对研究古代植物的起源有重要意义。如今主要分布在四川、云南、贵州、陕西、河南、河北、山东、湖南、湖北、福建、浙江、北京等省市，资源 300 多万亩。中国占有世界总资源量 99%。

杜仲

杜仲是多年生落叶乔木，高约 20 米，枝叶繁茂，雌雄异株。单叶互生，叶多椭圆形，有叶柄而无把，边缘有锯齿。4 月开花，9 月~10 月果实成熟。以树皮入药，是名贵中药材。两千多年前的《神农本草经》称其为“思仙”，列为上品。《本草纲目》说：“昔有杜仲，服此长生成仙，因此得名……辛平、味甘、无毒。主治腰膝酸痛、补中益气、强筋骨，除阴下湿痒、小便余沥，久服轻身耐症。治肾劳腰脊痛、肾冷、润肝涂，却肝经风虚”。现代药理学研究分析，杜仲含维生素 C 高达 20.9%，还有蛋白质、维生素 E、脂肪、果胶、单宁、桃叶珊瑚甙、多酚氧化酶和多种有机酸，能促进肌体中胶原蛋白的新陈代谢，增强细胞活力，有抗衰老作用。果实、枝、叶、树皮中含杜仲胶，其中果实中含量达 27.3%，是优质橡胶，其经济价值高于普通橡胶，具有绝热、抗酸碱、耐磨擦、高度绝缘等优点，是航空、电器等工业的重要原料。随着茶文化的普及，杜仲已加入茶的行列，已制成杜仲乌龙茶、杜仲速溶茶等，发挥其健身强体、增强免疫功能的作用。

冬虫夏草

清代纪晓岚在《姑妄听之》中说道：“冬虫、夏草，一物也。冬则为虫，夏则为草。虫形似蚕，色微黄；草形似韭叶，较细。入夏，虫以头入地，尾自成草……交冬，草渐萎黄，虫乃出地，蠕蠕而动，其尾尤簌簌然，带草而出。”他所说的冬虫夏草，又叫虫草，是极名贵的中药。不过，纪晓岚认为虫和草是可以互相变化的认识是错误的。1842 年，英国人伯克利经过认真研究，才弄清了冬虫夏草的“庐山真面目”。夏季，一种叫虫草菌的子囊菌，其孢子的菌丝体侵入地下越冬的蝙蝠蛾及鳞翅目幼虫体，以虫体为营养。幼虫死亡，空壳内充满菌丝体。次年春夏之前，菌核生长，从死去幼虫的头部长出一个棒状子座，露出地面。它其实不是草，而是菌，也可以说是昆虫和真菌的结合体。中国产于四川、云南、青海、甘肃、西藏等

冬虫夏草

省区的高山草原地带，江浙、两广也有分布。

目前已发现并鉴定的虫草菌有 100 余种，但只有寄生在蝙蝠蛾及鳞翅目幼虫体上的虫草菌才叫冬虫夏草。中医以子座和虫体入药，性温，味甘，有滋肺补肾、化痰、止血功能，主治咳嗽气喘、腰膝酸疼、阳萎遗精等症。医学专家从冬虫夏草中分离提取出一种能抑制排异反应的物质，制成的药物用于器官移植，其效果很好。

茅膏菜、猪笼草、捕蝇草

茅膏菜

猪笼草

1875 年，达尔文出版《食虫植物》一书，首次对以捕食昆虫为生的植物进行了研究和论述。食虫植物大多生长在气温较高、土质贫瘠的沼泽地区，主要靠变形的叶子捕捉、消化和吸收昆虫和小动物，以得到自身所需的营养。茅膏菜的叶子表面有许多腺毛，腺毛末端膨大成紫红色小球，能分泌透明的带香味的黏液。昆虫触及叶片，腺毛会弯曲，从四面八方裹住昆虫。同时叶片由两边向中间合拢，并分泌大量消化液，将昆虫消化、吸收。大约 10 天后，叶子重新张开，静等下一个猎物。

捕蝇草

猪笼草更为奇特，叶子像一只袋状陷阱。口袋上部有盖子，盖子内侧有蜜腺，能散发出像蜜糖或紫罗兰的香味，可诱惑昆虫。口袋内壁长满向下的刚毛，昆虫一旦滑落，就再也别想爬出来。口袋下部有 1/3 深的黏液，含有毒胺和毒芹碱，能毒杀和淹死昆虫。猪笼草有几十种，最大的一种口袋长达 20 厘米，能捕食青蛙和小老鼠。

捕蝇草的本领也很高。叶子演化为双贝壳状，两侧各有 3 条灵敏的触毛。昆虫一入圈套，两片“贝壳”可在 0.01 秒~0.3 秒内紧紧闭合，并分泌大量消化液。能在几十分钟内将昆虫挪到中央，消化、吸收。一只苍蝇在 5 天~10 天内就化为乌有。目前世界上有 500 多种食虫植物，著名的还有瓶子草、狸藻、挖耳草等。食虫植物以吃昆虫为主，如果一时捕捉不到昆虫，也可以靠绿叶的光合作用制造有机物，维持生存。

跳舞草

冬去春来，花开花落，结子成果。只要没有外力，植物似乎从来就不会动。但是也有一些植物可以靠自身能力运动，尽管范围有限。生活在中国云南、广东、广西、福建、台湾等地的跳舞草就是能翩翩起舞的小草。越南、缅甸、印度等国也有分布。

跳舞草

跳舞草又叫风流草，是一种多年生小灌木，高 1 米~1.5 米，顶部叶子长约 8 厘米，两侧小叶能转动 360°，或做上下摆动，或时开时合。同一株中各叶子彼伏此起，好像不知疲倦的舞蹈家，昼夜不停地跳舞，只是夜间跳得徐缓而已。观察发现，跳舞草对阳光特别敏感，阳光越强烈，舞步越快，一分钟可跳 7 次~8 次。而且还喜欢某些频率的音乐，特别喜欢男中音抒情歌曲，可随着旋律时快时慢地跳，音乐和歌声停止它也随之停跳。跳舞草因何而舞现在仍是一个谜。

马齿苋

马齿苋生命力旺盛，适应性强，山坡、田野、路边随处可见。是人们喜爱的，也是最常见的野生蔬菜。属于马齿苋科马齿苋属一年生草本植物，俗名很多，有马齿菜、长寿菜、长命菜、安康菜、蚂蚁菜、瓜子菜等。茎光滑、肉质多汁，分段成圆柱状。花黄色，叶肥厚如马齿状，因而得名。富含蛋白质、脂肪、碳水化合物、胡萝卜素、维生素 C、维生素 B 及钙、磷、铁等。有清热解毒、凉血消肿功效，对治疗急性痢疾有特效，对糖尿病和心血管疾病也有显著防治作用。

马齿苋

民间吃法多样，可煮沸后挤去水分，与酱油、蒜泥、姜末、香油凉拌；可与肉片炒食；也可与蕃茄、鸡蛋煮汤；将干马齿苋切碎加精肉、调料制馅，包成包子、饺子，味道鲜美。研究发现，马齿苋能使细胞合成的抗炎物前列腺素和血管收缩剂血栓素增多。欧美国家已出现多种马齿苋食品，如马齿苋色拉、马齿苋三明治、马齿苋酱等。中国马齿苋资源极其丰富，大有开发利用前景。

仙人掌

公元 14 世纪，中美洲的阿斯特克人离开久居的峡谷，向南迁移，寻找能安居乐业的富饶土地。部落神指示说，如果见到一只鹰立在一株仙人掌上，并撕吃一条蛇，那里就是你们的乐土。他们果然找到了，并在那里兴建了特诺奇提特兰城，就是今天的墨西哥城。现在，墨西哥的国旗、国徽就是这个图案。

仙人掌是一种生命力极强的植物。全世界仙人掌科有 2000 多种，形状有球状、柱状、掌状等。常见的有仙人球、仙人柱、仙人杖、仙人拳、仙人鞭、量天尺、昙花、令箭荷花、蟹爪兰等。墨西哥素称仙人掌之国，有 1000 多种。仙人掌大多生长在贫瘠荒芜的高原和酷热干旱的沙漠地区。茎部肥厚粗大，含有大量水分；叶子退化成针状，以减少水分蒸发；根系庞大，能扎根于地下深处。中美洲的仙人掌巨型品种多，有直径 2 米~3 米的巨型仙人球，重达几吨；一种巨型仙人柱，最高可达 18 米，重 10 余吨，里面可贮存 1 吨水。仙人掌花色彩鲜艳，有雪白、金黄、大红等。花型大而且多呈喇叭状。中美洲和西印度群岛的量天尺，花冠直径 30 厘米~40 厘米；南美的大花蛇鞭柱，花冠直径有 80 多厘米，花洁白如雪。

仙人掌

仙人掌果实富有营养，糖分占 40%，甜而多汁，是美洲人民喜爱的果品。在墨西哥，仙人掌与洋葱、柿椒、马铃薯、西红柿并称“五大蔬菜”，从街头摊铺到星级宾馆、饭店，到处都有以仙人掌制作的美味佳肴。

胡胡巴

1972 年，一位印第安人在市场销售他用一种沙生植物籽榨出的油。通过化验得知，这是一种高级润滑油，可用于精密仪表和机械，其摩擦力极小，连一般测试仪都测不出来。这种植物就是美国亚利桑那和加利福尼亚，以及墨西哥和南美国家生长的胡胡巴。

胡胡巴生长在干燥炎热的沙漠地区，植株高 3 米，叶片上有一层蜡质薄膜，可防止水分蒸发，根系可扎入地下 10 多米深。属多年生灌木，4 年~5 年开始结籽，9 年~10 年进入结籽高峰期，寿命达 100 年以上。油黄色，无气味，可食用。还可用其制作纺织品、护肤脂、药品等，有很高的经济价值。不少多沙漠国家已看好胡胡巴的经济价值，纷纷引种。

箭毒木

广西南部、广东西部、海南岛和云南西双版纳热带雨林中，生长着箭毒木，又名剪刀树、见血封喉。属国家级重点保护树种，也是世界上已知最毒的树木之一。箭毒木是桑科见血封喉属的一种，该属只 4 种，生长在亚洲和非洲热带地区。是高约 20 米~30 米的常绿乔木，叶片椭圆形，花很小，结红色或紫色果实。除了花、果之外，根、枝、叶、皮都有剧毒。它分泌的白色乳汁一旦进入人或动物身体，可使血液立即凝固，导致中毒而死亡，所以有“见血封喉”这个令人恐怖的名字。古人曾将箭毒木乳汁涂在箭头，用于战争和对付猛兽。马来群岛也有箭毒木。1859 年，加里曼丹的土著居民曾用它反抗英军入侵。现代医学研究发现，箭毒木白色乳汁含有弩箭子毒甙、铃兰毒甙、马来欧甙、伊夫单甙、见血封喉甙等多种有毒物质。由伤口进人动物或人体后，可引起肌肉松弛，心跳减缓，最后导致心脏停跳而死亡。稀释数万倍后注射在兔子和小白鼠身上，兔子和小白鼠可在几秒种内死亡。箭毒木虽有巨毒，但在医药学上有研究和开发的价值。

箭毒木

在南美洲和印度、缅甸、越南及澳大利亚，生长着一种叫马钱子的乔木，结橙黄色浆果，内有盘状种子，种子含马钱子碱和毒本鳖碱，也含有剧毒。印第安人在箭头上涂上马钱子毒液，用吹箭发出，致敌死亡。

像这样有毒的植物还有许多，如西欧的白屈菜、非洲的羊角草，都曾被古代非洲人和比利牛斯山、阿尔卑斯山的山民利用，涂在箭头上作为剧毒性武器。

藻类

任意从池塘或大海中取一滴水，放在显微镜下，你都可以发现许多肉眼看不到的小生物——藻类。藻类是植物王国中庞大而奇异的家族。包括陆生藻类和水生藻类，全世界有 3 万多种，它们是含有色素，能进行光合作用，把无机物转变为有机物的低等自养生物。

藻类没有明显的根、茎、叶，它们不开花、结果，没有种子。有的大型海藻有类似茎、叶、根的固着器、茎状体和叶状体。它们以不同方式繁殖后代，如细胞分裂、孢子、有性繁殖等。陆生藻生存于土壤、岩石和树干上。绝大多数藻类生存于淡水水域和海洋中。海洋藻类通常称海草和海藻。藻类个体极为悬殊，大多要借助显微镜才能看得清，而有些大型海藻如巨藻长达 800 米，重 180 多千克。

地球上最早出现的生物是细菌和蓝藻。细菌属于微生物，而蓝藻是最古老的植物类群，从化石可知，已有 30 多亿年的历史。直到 6 亿年前，藻类仍是地球的唯一植物。现代藻类分为蓝藻、裸藻、甲藻、金藻、绿藻、红藻、褐藻、硅藻、轮藻等门。中国人常食用的发菜、刚毛菜、石莼、海带、裙带菜、鹿角、紫菜、石花菜、麒麟菜、红篱等，分别属于蓝藻、绿藻、褐藻、红藻等门。许多工业原料来自藻类。在农业上，藻类是很好的肥料，也是鱼、虾的饵料。但藻类过度繁殖会形成水华，造成江河、湖泊、水库、内海水域富营养化，能引起水质恶化和近海赤潮。一些藻类含有多种毒素，能引发多种疾病，已成为日益严重的世界性问题。

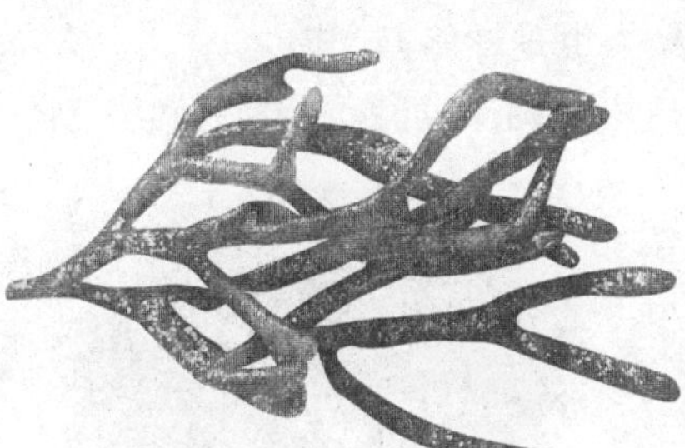

海 藻

蓝藻

在我们地球上生存着无数种植物，正是它们给地球带来了绿色，带来了勃勃生气。那么最早的植物是什么，它是怎样出现的呢？

地球刚刚形成时，还是一片混沌世界，没有生机。大约 34 亿年前，蓝藻出现在大海中。它是最原始的绿色植物，含有叶绿素，能进行光合作用，能自制有机物并放出氧气。水中的氧含量因此而逐渐增加，并释放到大气中，在大气层中形成了臭氧层。臭氧层挡住了具有杀伤作用的紫外线辐射，于是地球上的生物才得以繁衍。因此，蓝藻的出现是地球发展史上的重大事件。

蓝藻生命力顽强，遍布自然界。江河湖泊、大海大洋、岩石土壤、莽莽原野，到处都有它们的踪迹，甚至极地永久冻土中和高温沸泉中它们也能生存。

螺旋藻

1492 年 10 月的一天，哥伦布船队抵达新大陆的墨西哥，水手与当地印第安人发生冲突而受伤。当矛盾缓和后，印第安人拿出一种蓝绿色小饼，让受伤的水手吃，水手吃过后伤口很快就止血、愈合了。这种小饼是用特斯科科湖中的藻类为主原料制成的。400 多年后的 1920 年，德国科学家瓦莫沃在显微镜下发现这种藻类呈丝状螺旋形，定名为螺旋藻，并断言这将是人类又一种蛋白质的来源。20 世纪 60 年代，法国、比利时等国科学家在非洲考察时，看到在乍得共和国加奈姆地区许多市场出售一种软饼子。这种饼子和墨西哥的相似，是用从乍得湖及周围池塘捞取的藻类植物制作的。这种藻类也是螺旋藻。

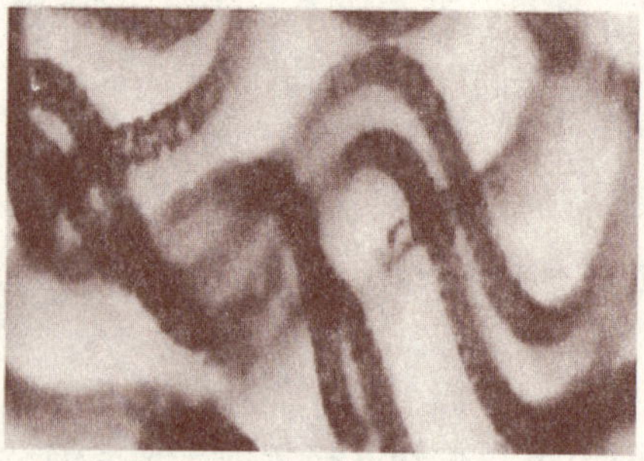

显微镜下的螺旋藻

相隔几个世纪，相距上万千米，人们都在食用螺旋藻食品。特斯科科湖和乍得湖等都是碱性很强的湖泊，其他动植物几乎无法生存，唯有螺旋藻生长旺盛。相同的是，印第安人和非洲人生活的自然环境恶劣，但都身体健壮。据分析，螺旋藻含纯天然植物蛋白 65% 以上，多种氨基酸配比合理，还含有抗衰老活性物质和抗癌基因。如今研制成的螺旋藻营养食品和保健用品已风靡全球。婴幼儿食用，能健康成长；运动员食用，可以提高运动成绩并迅速恢复体力；它还被列入宇航员的太空食品。

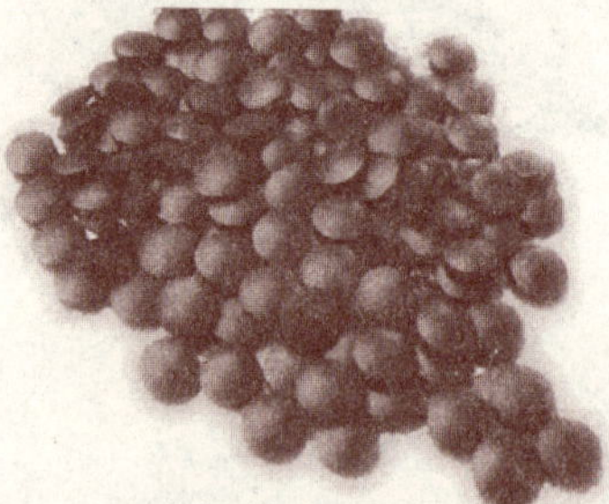

螺旋藻保健品

螺旋藻是蓝藻的一种，在地球上已经存在了 35 亿年，是生命史上最早的单细胞生物。能进行光合作用，产量惊人。在人口增多，世界性粮食危机的今天，大有发展前景。

巨藻

随着世界人口的迅速增长，日益严重的粮食短缺问题摆在人们面前。科学家把目光投向海洋，投向海洋中无处不在的藻类。藻类含有色素，能进行光合作用，能利用光能把无机物合成为有机物，是鱼类的主要饵料。人们已食用的藻类有海带、紫菜、石花菜、螺旋藻等，但藻类多达3万余种，大有开发利用的广阔前景。其中有"海藻王"之称的巨藻，以个体大、生长快特别引人注目。

生长在海底的巨藻

巨藻产于太平洋沿岸，由固着器、柄、叶3部分组成。营养丰富，含大量蛋白质、矿物质、多种维生素及碘、钾、褐藻胶、甘露醇等。不仅是优质食品、饲料，而且发酵后可释放可燃气体甲烷，也是大有希望的能源植物。一般长度20米~40米，最长的可达800米，重180多千克。在适宜环境中，每天可长30厘米~60厘米。而且割去一段后还能再长，像韭菜一样，一年可收割3次~4次。一亩水域一年可收割60多吨。1978年，我国开始引进。经过科研工作者辛勤培育，生长状况良好。也许有一天，巨藻食物就摆放在你的餐桌上了。

中国珍稀濒危保护植物名录(一级重点保护植物)

名称	科名	主要分布地区
桫椤	桫椤科	福建、台湾、广东、海南、广西、四川、云南、贵州
银杉	松科	广西、湖南、四川、贵州
水杉	杉科	湖北、四川、湖南
秃杉	杉科	云南、贵州、湖北
人参	五加科	黑龙江、吉林、辽宁、河北
望天树	龙脑香料	云南、广西
珙桐	蓝果树科	四川、湖南、湖北、贵州、云南、陕西
金花茶	山茶科	广西

千奇百怪的动物

矛尾鱼

1938 年 12 月 22 日，有人在南非外海捕到了一条奇怪的鱼。它体长 1.5 米，重 57 千克，身披带金属光泽的蓝色鳞片，尾巴很宽，像一把扇子。更奇特的是，它的鳍长得宽厚，类似两栖类的四肢。当时没有人知道它是鱼还是兽。英国生物学家史密斯闻讯赶到南非，但它已被人吃掉，连残骨、鳞片也没剩下。于是他到处散发、张贴文告，重金悬赏捕捉这种稀奇古怪的鱼。后来在莫桑比克海峡科摩罗群岛附近又捕了几条，都比原来那条大得多。科学家经过研究、鉴定，将其命名为矛尾鱼，又名拉蒂迈鱼，是远古时代鱼类的“遗民”，属于总鳍鱼的腔棘鱼类。截至 20 世纪 90 年代，在科摩罗群岛和莫桑比克海峡共捕获了 90 多条。

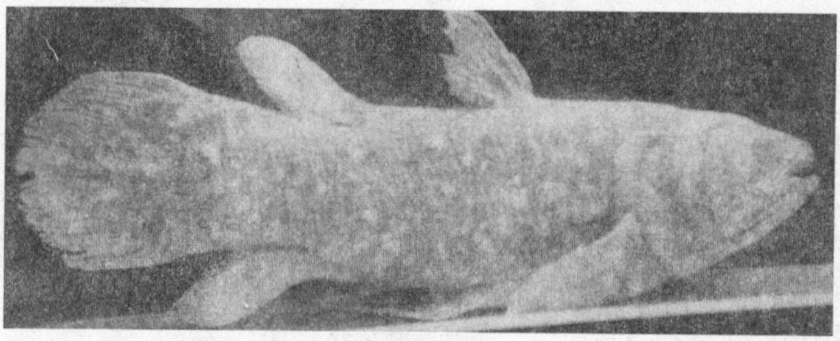

矛尾鱼标本

腔棘鱼生活在距今 3.6 亿年前的古生代泥盆纪，比恐龙古老很多，是鱼类向两栖类进化的过渡类型。有肺，可水外呼吸，是陆生脊椎动物的祖先之一。过去人们认为，在 50 万年前，它就因无法适应多变的环境而渐渐灭绝了。矛尾鱼是总鳍鱼类唯一遗留鱼种，是极其珍贵的活化石。矛尾鱼可游泳，也能在海底爬行，生活在 200 米~400 米深海水中。那里漆黑一片，它们视力退化，因此活动性不强，只能在短距离分散活动，从未发现成群洄游的现象。这是很难见到的主要原因。

四大家鱼

四大家鱼指的是中国人最常养殖和食用的 4 种淡水鱼，它们是青鱼、草鱼、鳙鱼和鲢鱼。这 4 种鱼都属于鲤形目鲤科，与鲤鱼的外形很相似，具有生长快、适应能力和抗病能力强的优点。在人们驯化和养殖的过程中，这 4 种鱼常被放在一个水域里，收到了很好的效果。因为它们分别生活在水体的不同层次，各有各的食物，互不排斥，而能相互和谐相处。其中鲢鱼又称白鲢，因体色近白色而得名，头较小，主要在水的上层活动，吃绿藻和浮游生物。鳙鱼体稍大，背部呈黑色，因头大体小，俗称“胖头鱼”。它生活在水的中上层，以吃浮游小生物为生。草鱼体形较大，体色较浅，生活在中下层，以水草为主要食物。青鱼在 4 种家鱼中个头最大，体色为青灰色，生活在水的底层，主要吃螺蚌等小的软体动物。4 种鱼混养，既可以充分利用水下空间，又可以利用自然界的食物养殖，可谓本小利大。

中国渔民早在唐代之前，就开始混养家鱼。最早的家鱼以鲤鱼最受欢迎，养殖十分普遍。到了唐朝，因为皇家姓李，与“鲤”同音，所以朝廷禁止养殖捕食鲤鱼。渔民便渐渐发明了青草鳙鲢 4 大家鱼的混养，宋代以后已遍及全国各地，养殖、捕捞、优选、贩卖等各环节十分讲究，有一套专业化的技术规范。四大家鱼至今仍是淡水养殖的基础。

鲤鱼

鲤鱼是亚洲原产的温带淡水鱼，栖息在湖泊和河川里，现已分布于全世界。鲤鱼一般体长十几厘米，最长的长达 1 米左右。鲤鱼遍体为青黄色，尾鳍下叶为红色。口下位中有须两对。背鳍、臀鳍均有硬刺，最后一刺的后缘具锯齿。

鲤鱼

鲤鱼喜栖息于淡水的底层，食性杂，生活力强，能耐高温天气和污水，生长迅速。在中国除了西部高原外，各地淡水中均有出产，是重要的野生鱼和人工养殖鱼。品种很多，有镜鲤、草鲤、荷包鲤、红鲤、锦鲤等等。除了肉质鲜美以外，鲤鱼浑身是宝，鳞可制成鱼鳞胶，鳔可制成鱼鳔胶，其内脏和骨可制成鱼粉。鲤鱼含有丰富的蛋白质、脂肪、碳水化合物、维生素等多种营养成分，食之有利尿、消肿、安胎通乳、清热解毒、止咳下气之功效。

鲤鱼在中国已有两千多年的养殖历史，被尊为诸鱼之长或鱼王。在《诗经》就有“岂其食鱼，必河之鲤”的诗句。人们还借用“鲤”和“礼”的谐音，“鱼”和“余”的谐音，把鲤鱼作为吉祥的象征，在许多家具上、墙饰上、柱饰上都有鲤鱼的形象。古人还把“鲤”作为书信的代称，诗人独孤及在《送何员外使湖南》中就曾写到：“王程傥未复，莫遣鲤鱼稀。”

鲫鱼

鲫鱼是鱼纲鲤科中的一种。古时称为鲋。鲫鱼体侧扁，一般长达 20 厘米，比鲤鱼短小。背部为青褐色，腹部为银灰色。背鳍和臀鳍均具硬刺，最后一刺的后缘具锯齿。鲫鱼食性杂，分布广，在中国各地淡水中均有出产。在日本、朝鲜和越南也有出产。

鲫鱼肉味鲜美，是重要的食用鱼类之一。在寒风萧萧、冷气袭人的冬季，鲫鱼肉肥籽多，味尤鲜美，故民间有“冬鲫夏鲇”之说。中国古医籍《本草经疏》也对鲫鱼有极高评价：“诸鱼中唯此可常食。”鲫鱼含有丰富的营养成分，如常食，益体补人。它含有蛋白质、脂肪、糖类、无机盐、维生素 A、B、尼克酸等。据测定，每百克黑鲫鱼中，含脂肪 7 克，含蛋白质高达 20 克，仅次于对虾。

鲫鱼具有较高的药用价值，有和五脏通血脉、下乳、助消化的功能。烹食鲫鱼，方法较多，常见的有红酥鲫鱼和氽鲫鱼汤等。

金鱼

自然界本无金鱼，金鱼是由野生鲫鱼经人工选择、培育、孵化演变而来的。

金鱼形态各异，五彩缤纷，和锦鲤、热带鱼并称三大观赏鱼类。金鱼大致可分为文种、龙种、蛋种和草种四大类。文种体短而圆，头平而窄，嘴尖、眼小、鳍长，体色多为红、粉、紫和五色杂斑等，尾鳍分叉，远远看去，颇像汉字里的“文”字，如“鹅头”、“鹤顶红”、“珍珠鳞”等；龙种头平而宽，眼膨大突出，鳍发达，如“龙睛”、“蝶尾”、“望天”等；蛋种体形似鹅蛋，无背鳍，如“虎头”、“水泡眼”、“丹凤”等；草种体形狭长，眼睛较小，尾鳍单一，如“金鲫”、“草金鱼”等。

金 鱼

中国是金鱼的故乡，《博物志》等古籍有关于金鱼饲养、品种、演变史的详细记载。公元 17 世纪初期，金鱼传入日本，后又传入欧洲，19 世纪传入美国。如今金鱼遍布世界各地，有 150 多个品种。

除鲫鱼外，鲤鱼通过人工培养，也能产生出色彩斑斓的观赏鱼，叫锦鲤。唐代时，锦鲤称为“礼鱼”，是馈赠贵宾的佳品。锦鲤分红白、黄金、白金、大正等13大类，名贵锦鲤身价高达几十万元，被誉为“水中的活宝石”。锦鲤与金鱼可远缘杂交，但它们的后代仍不能构成为金鱼。

鲈鱼

“江上往来人，但知鲈鱼美。君见一叶舟，出没风波里！”宋朝诗人范仲淹的诗，表达了鲈鱼的鲜美和打鱼者的辛苦。鲈鱼肉质细嫩、洁白，没有腥气，营养价值很高，是野生鱼类中最鲜美的，自古以来就被奉为上乘珍肴。

鲈鱼在中国国内分布广泛，朝鲜、日本、菲律宾等地也有。据古书记载，以上海松江出产的最为有名。松江鲈鱼与黄河鲤鱼、松花江鳜鱼、兴凯湖白鱼并称为中国的四大名鱼。中国鲈鱼栖息于东海和黄海近海浅水水域，以及与海相通的江、河、湖泊淡水中。每年11月底，是鲈鱼的繁殖季节，成鱼从淡水河入海，在河口近海区繁殖。次年4月下旬，幼鱼开始溯流而上，到淡水区域生长发育。白天潜伏在水底休息，夜晚出来觅食，性情凶猛，以鱼虾为食。由于过度捕捞以及栖息环境的破坏，现在野生鲈鱼数量已经不多，已被列入国家二级保护动物。我国已有淡水和海水人工养殖。

鳜鱼

鳜 鱼

鳜鱼又叫桂鱼、桂花鱼，是中外驰名的淡水名贵鱼类。鳜鱼身上有暗色斑块花纹，口裂大，牙齿尖锐，鳍有硬棘，鳞片小而圆。生活在江河、湖泊、水库等水域底层，性情凶猛，专门捕食鱼虾。小鳜鱼捕食时主动追击，稍大之后，就改变战术，改为伏击，隐蔽起来，突然袭击。

鳜鱼从来不吃死鱼虾，如发现吞下的猎物是死的，马上就吐出来。它吞吃食物不取决于鱼虾的长短，而是取决于鱼虾的身体高度。只要鱼虾的高度不超过自己的口裂，再长的也能吞下，把鱼虾卷曲在肚子里慢慢享用。鳜鱼每年4月开始活跃，冬天栖息于水底的窝穴里度严冬。

鳜鱼肉多刺少，肉质细嫩，味鲜美，是我国“四大淡水名鱼”之一。

鲇鱼

鲇鱼头大尾小，身体前半部扁平，后半部侧扁，光滑无鳞，身上有许多白色的纹状斑块和黑色斑点，肚皮为白色，体色因生活环境的不同而有差别。除了有腮，鲇鱼还有珊瑚状的辅助呼吸器官，俗称塘虱花，可以直接吸收空气中的氧气。因此，它的耐低氧能力特别强，只要皮肤湿润，长时间离开水也不会死亡。

鲇鱼为底栖性鱼类，白天除了吞咽空气和摄取食物外，很少浮到水面，一般藏在水底洞穴或者阴暗处。晚上，成群结队四处觅食。鲇鱼主要吃肉，也吃植物。它很贪婪，食量大，每次可以吃掉自身体重10%~15%的食物。食物不足时，往往自相残杀。鲇鱼肉质丰富、细嫩，没有乱刺，中医认为有生肌收敛、促进伤口愈合、补血壮阳的功效。

鲇 鱼

大马哈鱼

“少小离家老大回”，说的是人们离开故乡，漂泊在外，总有叶落归根、晚年回归故土的情思。在鱼类中，大马哈鱼有“海外游子”之称。幼年时期，它们在高寒地区河流中生活，长成后，到海洋中觅食、栖息。性成熟后，成群结队回到哺育它们的故乡河流繁衍后代。

大马哈鱼又名大麻哈鱼、鲑鱼。身体扁平，形如纺锤，腹部银白色，鳞片厚实。背部隆起，吻部突出如鸟喙。一般体重 3 千克~5 千克。故乡在黑龙江及其支流乌苏里江、松花江、呼玛尔河。鱼卵直径 7 毫米，孵化脱壳的小鱼约 2 厘米。

大马哈鱼

几个月后长到 5 厘米~6 厘米时就顺着激流游向大海，在鄂霍次克海、白令海等地栖息。大约 4 年后性成熟，8 月~9 月开始回归故乡的漫长旅程。它们进入黑龙江口就开始不吃食物，逆流而上，勇往直前，即使遇到 2 米高的飞瀑，也跃出水面，奋力跳过。沿途被其他动物吃掉，被人类捕捉的不计其数。当千辛万苦、长途跋涉回到故乡后，雄鱼为争偶展开残酷斗争，胜利者拥有雌鱼，交配产卵。3月~4月期间，亲鱼日夜守候，甚至力竭而死。来年春天，幼鱼出壳，又开始了新一轮的轮回。

鳝

鳝

鳝俗称黄鳝，是鱼类中的一员，营养丰富。

黄鳝有几个显著的特点。一是它看起来像蛇，头小尾细，身体圆圆的，光滑无鳞，鳍也退化了。善于钻泥打洞，冬天钻进泥里，在洞穴中度过严寒。二是它常竖起身体，把嘴巴露出水面呼吸空气。这是因为它的腮退化了，不能独立完成水中的呼吸，必须有口腔毛细血管辅助进行气体交换。三是它用自己吐的泡沫作为孵化室，把卵产在里面，借助于泡沫的浮力浮在水面孵化。四是雌变雄。小黄鳝都是雌的，有卵巢，可是产卵之后，卵巢就慢慢变成了精巢，雌黄鳝变成了雄黄鳝，繁殖时排出精子。成为雄黄鳝后，再也变不回雌性了。几乎每只黄鳝一生都经历了雌雄两个阶段，这是动物王国里罕见的性逆转现象。个大的黄鳝，大部分都是雄性的。

沙丁鱼

沙丁鱼

大名鼎鼎的沙丁鱼身体呈圆柱状，无侧线，背部青绿色，腹部和体侧下部银白色。数不清的沙丁鱼集结在一起，长幼有序，年龄大的在下方，小的在上方，保持一定距离，全部朝一个方向前进，同步同速度，犹如训练有素的军队。有时候鱼群宽1000多米，长2000多米，浩浩荡荡的队伍过来，顿时海水改变了颜色，非常威武壮观。沙丁鱼对水温、盐度非常敏感，具有强烈的趋光性，渔民常常用灯光诱捕。

沙丁鱼肉质鲜嫩，有很多骨刺，营养价值很高。含蛋白质64%，脂肪2.7%，还含微量元素硒和维生素 E，有防癌、抗癌功能，还有较多的铁、钙、磷、维生素 B 等。经常食用，可以抗肿瘤，调节身体各个器官功能，有益健康。据说，日本某岛上的居民长寿者很多，主要原因就是他们每天都吃沙丁鱼。沙丁鱼罐头是世界各地常见的鱼类罐头。

鳗鲡

鳗鲡俗称鳗鱼，皮下有黏液腺，可分泌黏液，体表又黏又滑。体形扁圆而长，样子像蛇。背部灰褐色，腹部白色，一般体长不超过 1 米，曾发现一条最长的海鳗有 4.9 米。鳗鲡入冬后在热带海域深处产卵，幼鳗出生后逆游到江河、湖泊里发育生长，性成熟后又千里迢迢到海中产卵，繁殖后代。中国鳗鲡在南海产卵，美洲鳗鲡和欧洲鳗鲡在马尾藻海产卵。其中欧洲鳗鲡一趟旅行历时 3 年，横渡大西洋，行程 3000 海里。时间之长、距离之远是洄游鱼类中少见的。

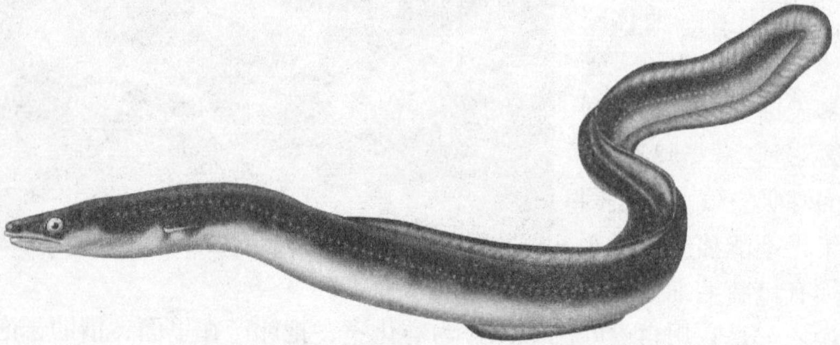

鳗 鲡

鳗鲡是著名海产品，肉质细嫩，美味可口，营养十分丰富，富含蛋白质、脂肪、多种维生素和钙、磷、铁等。不仅可食用，也有一定医药价值。可预防和治疗淋巴结核、肺结核、神经衰弱等症。鳗鲡配黄花菜，加黄酒清炖，对慢性风湿关节炎有较好疗效。

带鱼

带鱼是中国重要的海产资源之一，肉质丰厚，细嫩味美，没有乱刺，营养价值很高，而且容易消化吸收，是餐桌上常见的大众海味。

带 鱼

带鱼的身体像一段皮带，长而侧扁，头小，吻长，口大，牙齿尖利，尾巴很长，后部细如绳子。全身光滑无鳞，有一层银粉。它生活在海洋的中下层，也能上升到上层，通常白天在中下层，夜晚浮游到中上层。带鱼喜欢弱光，渔民常常用灯光诱集鱼群然后捕捞。带鱼的鳍很小，它靠身体做波浪式运动在水中快速前进。带鱼是食肉性鱼类，捕食既贪婪，又凶猛，甚至同类相残。

比目鱼

比目鱼样子很奇怪，身体扁扁的，两只眼睛长在一起。两眼都在左侧的叫鲆，都在右侧的叫鲽。

比目鱼平卧海底，向上的身体一侧颜色较深，较凸出，两眼就在这一边；向下的一面较平坦，体色较浅。口、胸鳍、肢鳍都不对称。喜欢单独潜伏在海底泥沙里，它的颜色能够随着周围环境颜色的变化而变化，与环境混为一体。在海底平躺不动时，就像一堆泥沙，既躲避了敌害，又便于潜伏出击。它还能分泌出一种毒液，杀死周围的小动物，即使凶猛的鲨鱼，见了也要退避三舍。比目鱼除了"守株待兔"，夜间也出来觅食，它靠侧躺的身体和尾巴的上下摆动，以及长长的背鳍和臀鳍的波动缓慢前进。刚出生的小比目鱼眼睛对称地分别长在头的两侧，与父母不一样。大约20天后，开始卧在海底生活，身体从此开始了不平衡发育，下侧的眼睛向上移动，与上面的眼睛并列起来。比目鱼味道鲜美，肝可制造鱼肝油，有的还可入药，是重要的经济鱼类，中国沿海都有分布。

比目鱼

黄花鱼

黄花鱼是中国的特产，又叫黄鱼。黄花鱼肉嫩肥厚，味道鲜美，是常见的一道海鲜。它的身上密密地披着金色的细鳞，头盖骨长得像斜方格子。

我们吃黄花鱼的时候，总是在鱼头中吃出洁白、坚硬的小"石头"，大的可长达23毫米，小的如同米粒大小。它是黄花鱼耳朵里的

黄花鱼

重要结构，叫耳石，由内耳里的细胞分泌凝聚而成，可以感受声波的振动，维持身体的平衡。黄花鱼的鱼鳔很发达，可以制成名贵食品。成千上万的黄花鱼集结成群，鱼鳔伸缩振动发出的声音，几千米以外都能听到。渔民闻声前往，常常大获丰收。

鲨鱼

如果说鹰、雕是天空中的霸主，狮、虎是陆地上的王者，那么海洋里的魔王则非鲨鱼莫属了。世界上有 300 多种鲨鱼，除了鲸鲨、姥鲨等大型鲨以吃浮游生物为主，性情较温和外，都是肉食类鱼，以各种海洋动物为食。其中以大白鲨、双髻鲨、虎鲨、真鲨等最为凶猛、残忍，都有过伤人的记录。

鲸鲨生活在各大洋暖水区域，体型最大。1949 年在印度洋巴巴岛海岸外捕获过一条鲸鲨，长 12.65 米，重 15.24 吨，是世界上最大的鱼。最小的鲨叫灯笼棘鲛，只有 25 厘米长，重几十克。大白鲨一般体长 4 米多，重 500 千克~800 千克，最长的 6.4 米，重 3.3 吨。它们不仅攻击鲸、海象、海豹等哺乳动物，还主动攻击船只、木筏，有“噬人鲨”的恶名。

鲨鱼属软骨鱼类，没有鱼鳔，只能生活在海洋中，因为淡水的比重小，托不起它们的身体。而且除睡鲨外，其他鲨终生都在游动，一旦停下来就意味着死亡。鲨鱼生命力极强，不会患癌症。它们有 4 套感觉器官，能在几百米外嗅出被稀释到百万分之一的血腥味，还能觉察出人类听不见的次声波和微弱的电场。游速极快，能准确无误地发现并袭击猎物。牙齿多为 3 排~6 排，有的多达 15 排，尖利无比，一口能把海豹咬成两段，甚至在疯狂抢食中吞食受伤的同类。

大白鲨

鲨鱼是海洋中的“清洁工”，是生物链中不可或缺的一环，在维护生态平衡中起重要作用。如果没有它们，海洋生物过度繁殖将拥挤不堪。鲨鱼也有天敌，牙齿锋利的虎鲸总是几十只一起出动，可以把鲨鱼撕成碎块吃掉。刺鲀全身长满尖锐的棘刺，吸足了气就成了刺球，鳍上还有毒腺；比目鱼、海蛇和一些水母都有毒液，鲨鱼见了它们也得退避三舍。

弹涂鱼

鱼儿离不开水，因为它们用腮呼吸，在陆地上会因缺氧而窒息。但中国从山东

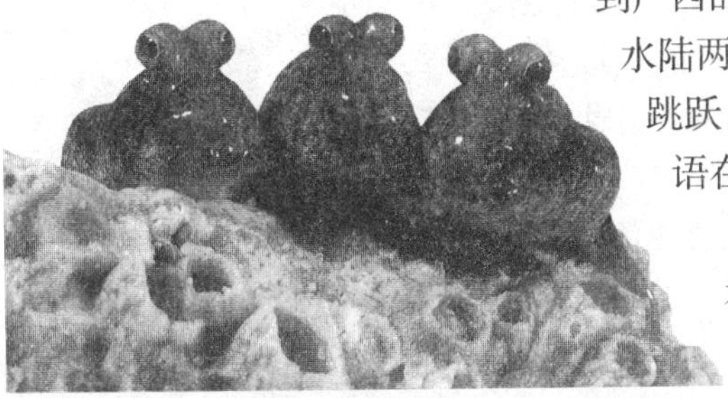
弹涂鱼

到广西的沿海滩涂生活着一种弹涂鱼，却能过水陆两栖的生活。它们在无水的海滩上爬行、跳跃，还能爬到树枝上，“缘木求鱼”的成语在这里成了千真万确的事实。

弹涂鱼俗称跳鱼，体长不到10厘米，体形长圆略侧扁，两眼突起。它离开水怎么活呢？原来它全身上下到处能呼吸：鳃腔很大，鳃盖密封，能贮存大量空气；口中可含水，腔内表皮密布网状血管，起呼吸作用；皮肤上血管也多，能直接从空气中摄取氧气；尾鳍也是附属呼吸器官。弹涂鱼视觉极佳，视野开阔，可以一只眼睛盯住猎物，一只眼睛提防敌害。一遇危险，就跳入水中或钻入洞中，不易捕捉。据考察，弹涂鱼在岸上的时间比在水里的多，可两三天不下水。

射水鱼

在太平洋和印度洋热带浅海沿岸和河流中，生活着一种射水鱼，它有奇特的捕食猎物的本领。它体长不过20厘米，色彩鲜艳，长着一对水泡眼，视力极佳。常在岸边游来游去，或隐藏在岩石后、水草中。一旦发现附近有停在水草上或飞行的昆虫，就悄悄接近目标，突然从嘴里喷射出一股水柱，将昆虫击落，吞而食之。在1米左右射程内，弹无虚发。飞蛾、苍蝇、蚊子、蝴蝶等都逃不出它的“枪口”。原来它的嘴很特别，嘴边上生有一道细槽，舌尖可形成细管状，这就是它的“水枪”。水流可喷射3.米多高。

射水鱼

在印度尼西亚一些岛屿上，人们把射水鱼养在玻璃缸里作为观赏鱼。一次，一个外地游客头靠得太近，射水鱼准确射击，把他的眼镜击落在地。

鲟鱼

鲟鱼又称王鲔、鳇鱼等，是古老珍稀鱼类。其中中国特产的中华鲟又叫苦腊子，吻长而弯曲，口小而长在头腹面，尾鳍歪向一边，上叶有硬鳞。梭形身体上背部中央和两侧有5行长而大的骨板，好像武士身披坚硬的铠甲。头、背、鳍青灰色，腹部白色。生活在长江、黄河、钱塘江和河口近海水域，属底栖鱼类，以小鱼、虾、蟹、软体动物为食。生在江河里，长在海洋中。雄鱼11岁，雌鱼14岁性成熟，2年~3年才产一次卵。秋季沿江河逆流而上，长江上游的金沙江是主要产卵区，但幼鱼成活率极低。中华鲟体型大，重100千克~300千克，最大可超过500千克。寿命可达100多岁。

鲟 鱼

中华鲟的同宗兄弟有达氏鲟，又叫长江鲟、沙腊子。外形与中华鲟相似，但个头较小。主要分布于长江中下游干支流和湖泊中，栖息于水中下层，以无脊椎动物、小鱼、藻类等为食。性成熟较早，习性也与中华鲟相似，春季在长江上游产卵。

中国长江干流和出海河口区还栖息着世界最大的淡水鱼——白鲟，又叫象鼻鱼，与美国的匙吻白鲟同属匙吻鲟科。长而尖的吻部像一把利剑伸出，口大，眼小，全身光滑无鳞，尾鳍形歪。每年3月~4月到长江上游繁殖。性凶猛，善游泳，以鱼、虾、蟹为食。白鲟是低等硬骨鱼的代表，骨骼大多是软骨质。体长2米~3米，重200千克~300千克，最大的长7.5米，重1000千克。

中华鲟、达氏鲟和白鲟都是中国一级保护动物。

鮣鱼

在海洋里常常可以看到，一些大鱼、海兽身上，或者船帮、船底上，附着一些细长的小鱼。原来，它们正随着寄主免费旅行呢。这就是海洋中的“免费旅行家”鮣鱼。

吸附于鲨鱼身上的鮣鱼

鮣鱼又叫印头鱼，头部宽，吻部圆而钝，身体呈流线型，前端扁平，头顶有一椭圆形吸盘，活像布满凹凸不平花纹的胶鞋底。它们不善于游泳，也懒于辛辛苦苦地长途跋涉，于是就把吸盘贴在鲨鱼、鲸、海龟等大型海洋动物的肚皮上。这样既节省体力，也可以借助寄主保护自己。到了食物丰富的水域时，就悄然离去，寻找食物。一旦遇到危险，或有新的需求，就寻找新的寄主，就像搭乘下一次航班，开始新的旅行。鮣鱼体长22厘米~48厘米，也有的长达1米，当然它搭乘的“航船”也要更大些。

鮟鱇

鮟鱇是深海鱼类，外貌非常奇怪。身体柔软无鳞，头大，嘴巴也大，长着一排齿尖向内的利齿。两只眼睛长在头背上，屁股上还有一条小尾巴。它身体笨重，不善于游泳，不爱活动。生活在500米~1000米的海底，是深海优秀的“钓鱼翁”。它的第一背鳍棘长长的，好似钓鱼竿，顶端还有一个肉质的穗，就像鱼饵。在黑暗中，这个诱饵可以随时发出红、蓝、白等多种光。它把身体埋在海底的泥沙中，“钓竿’在水中晃动，引诱小鱼到来。它很贪婪，能够吞入和自己同样大的鱼。

鮟鱇的婚姻是终生相附“娃娃亲”，在整个脊椎动物中是独一无二的。鱼卵一经孵化，小雄鱼马上找“对象”，立刻附着在雌鱼的身上。过了一段时间，雄鱼的唇和内侧就和雌鱼的皮肤长在一起，除了精巢组织继续生长外，其他器官一律停止生长，最后完全退化。从此，雄鱼就成了雌鱼身上的寄生部分，靠雌鱼的血液维持生命。这种奇特的婚配，在深海之中对提高受精率，保证后代的繁衍是很有效的。

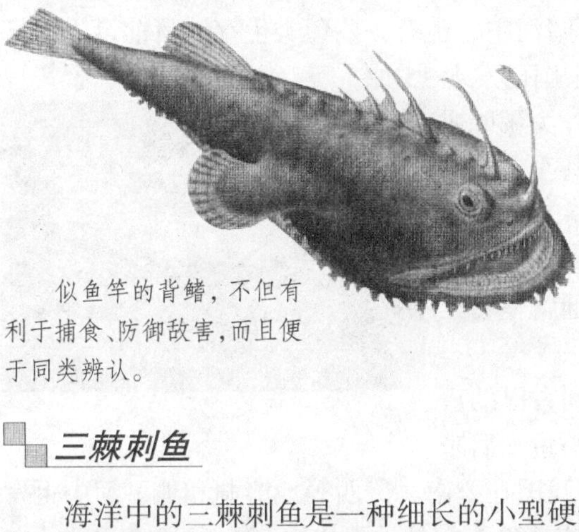

似鱼竿的背鳍，不但有利于捕食、防御敌害，而且便于同类辨认。

三棘刺鱼

海洋中的三棘刺鱼是一种细长的小型硬骨鱼，因背部有三根棘刺而得名。雄鱼在向雌鱼求婚前，总要先设计，然后施工建造一座坚实漂亮的新房。新房地基通常选在岩石地带坑洼处，而且水流不能太急。它四处搜取水草根、茎、叶子和海藻屑，算是备料。然后从体内分泌出黏液，把材料粘接在一起，用嘴把材料弄成满意的巢状。还用身体在巢内外辗转摩擦，算是装修。涂上黏液的新房内外光滑，好像涂上了一层漆。建成后的新房略成椭球状，内部宽敞，

三棘刺鱼

也很结实。下一步就是寻找新娘了。

雄鱼一旦选中雌鱼，就跳起“之”字舞，做出种种复杂的动作，似乎在炫耀它的新房多么舒适、漂亮，引诱新娘来看房。如果雌鱼还不肯进巢，雄鱼就用背上的棘刺逼着雌鱼入洞房，大有抢亲之嫌。新娘也视情绪好坏而产卵，情绪坏的产出数粒或几十粒卵，匆匆“逃婚”游走。雄鱼立即在卵粒上注射精液，然后再次出击，追求下一个新娘。这样进行多次婚配，积累卵粒。从此雄鱼日夜守候在巢边，寸步不离，捍卫领地，保护后代的安全。幼鱼孵出后，在父亲监护下，在巢穴附近活动，直到长大成“人”。三棘刺鱼是鱼类中的杰出工程师，雄鱼也是养儿育女的好父亲。

盲鱼

在阳光照不到的地下洞穴和地下暗河中，也有一些鱼类生存。目前世界上记录在案的地下鱼类有 70 多种，其中中国已发现 15 种。

盲 鱼

有些原来在地表生活的鱼类种群，为了躲避敌害或寻找食物，逐步向洞穴深入，甚至到地下河中，经过漫长的适应过程而生存下来。由于地下黑暗，眼睛逐渐退化，最终成为瞎眼的盲鱼。它们丧失了色体素，而且鳞片消失，通常呈粉红色。

1842 年首次报道了美国的盲鳉和古巴的盲鼬鳚，都是体长 10 厘米~12 厘米的小鱼。后来在亚洲、非洲和巴西都发现有盲鱼。我国在云南、广西等地溶洞和地下河中也发现有盲鱼新种。其中云南盲盘鮈生活在 100 米深处地下水中，体长 30 多毫米，左眼已消失，右眼只剩针尖大小的眼孔，身体半透明，内脏隐约可见。发现于地下 400 米深处的个旧盲条鳅，对灯光没有任何反应，是已知生存最深处的淡水盲鱼。不过不要担心它游动时碰壁，在盲鱼身体两侧有许多小孔排列成的感觉系统侧线，能感受外界环境的振荡波，还可凭发达的触须、皮膜，在伸手不见五指的黑暗中游动自如。

食人鱼

1976 年 11 月的一天，一辆满载乘客的汽车在亚马孙河支流乌卢布河上不慎落入河中。几个小时后，当救援人员赶到现场时，打捞出的只是 38 具累累白骨。

原来他们都丧生于穷凶极恶的食人鱼之口。近年来，我国各地出现了一种叫食人鲳的观赏鱼，已引起媒体和各界高度重视，它就是食人鱼的一种——红腹食人鱼。

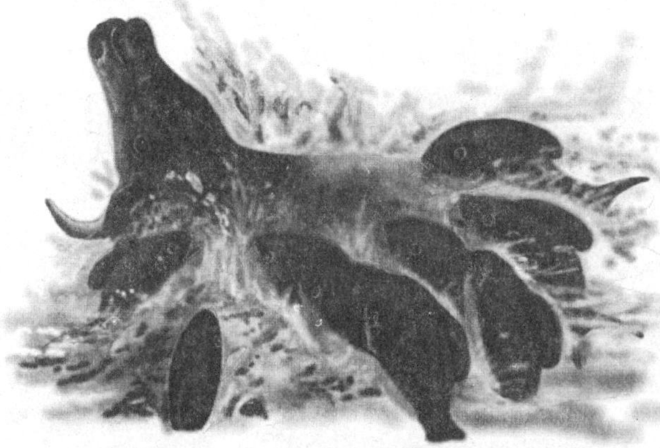
食人鱼在集群攻击

食人鱼又叫比拉鱼或比拉尼亚鱼，意为“牙齿锋利”。曾有人在亚马孙雨林中狩猎，在河里清洗带血的猎物。手刚放入水中，他就发出一声惨叫，原来右手食指已被这种鱼咬掉。当地人叫它“卡利波”，意为“拉丁美洲之害”；也叫它“卡尼巴卢”，就是“食人鱼”的意思。

食人鱼身体扁平，只有10厘米~30厘米长。头大，背部隆起而呈深褐、墨绿、浅绿等色。腹部多为白色夹杂黑色斑点，也有银白色和红色的。下腭前突而坚硬，满口三棱尖牙锋利无比，可咬穿牛皮、木板，咬断钢制鱼钩。对血腥味特别敏感，一片肉、一滴血就能引起鱼群的狂躁骚动。食人鱼成群结队，集体猎食，嗜杀成性，有“水中狼族”之称。连凶猛的鳄鱼也不是它们的对手，一旦遭遇上就仰面朝天，浮出水面，保护腹部。食人鱼咬不透鳄鱼厚厚的角质鳞甲。食人鱼繁殖力极强，雌鱼一次产卵300枚~600枚。受精卵48小时孵化，幼鱼48小时就能游动摄食，不久就加入了“强盗”的行列。食人鱼出没的地区，许多鸟类不敢在附近水域栖息，甚至已经绝迹。

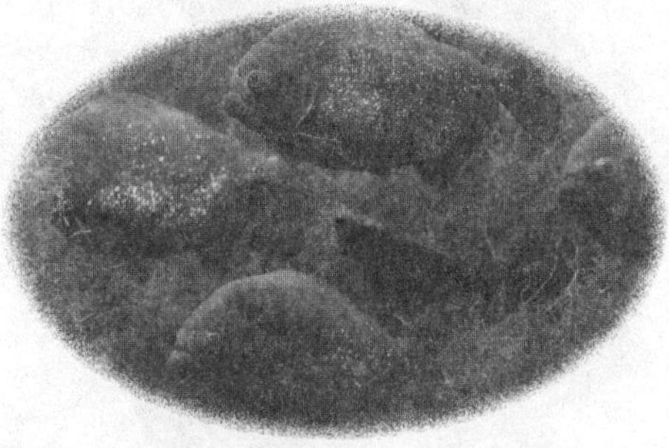
食人鱼群

为了对付食人鱼，亚马孙河流域的一些鱼类在长期生存竞争中练就了特殊本领。如刺鲶浑身长出锐利的尖刺，让食人鱼无法下口；电鳗在紧急时可突然释放高压电流，杀死食人鱼。因此该水域并未成为食人鱼的一统天下。

蝠鲼

在中国南海、台湾海峡航行时，常常可以看到一个蝙蝠状的庞然大物，突然跃水腾空，掠过头顶，越过甲板，向前冲去，落入水中，激起万朵浪花，那是蝠鲼在做腾空跃水表演呢。

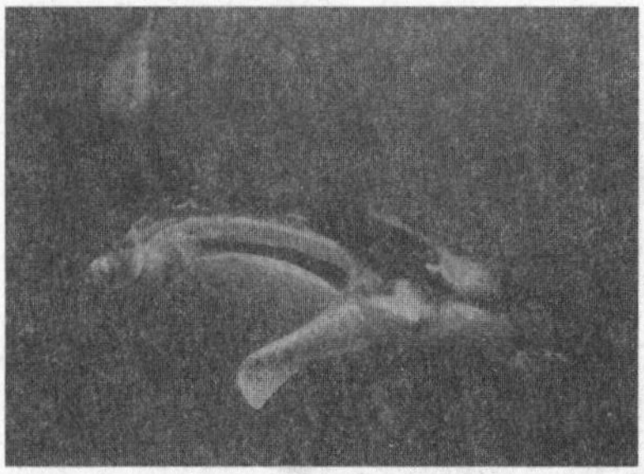
蝠 鲼

蝠鲼是一种大型软骨鱼类，体长可达7米，体重约2000千克。身后拖着一条长长的大尾巴，两个胸鳍扁平宽阔，展开有6米长，上下摆动游泳，好像一只巨大的蝙蝠。它的头上有两个头鳍，好像两只能摆动的角，捕食时伸展到口下，像筷子一样把食物送入口。

蝠鲼栖息于热带和亚热带的海洋中，喜欢群居生活。每当繁殖季节来临，一对对蝠鲼在海面翩翩起舞。然后“砰”的一声巨响，随着无数浪花消失得无影无踪。蝠鲼长相古怪，其实性情温顺、好客，甚至欢迎潜水员骑在它背上游玩。更令人惊奇的是，小蝠鲼竟然是在妈妈的凌空飞行中降生的。

海马

自古以来，在动物界中怀孕生子是雌性的专利，这似乎已是天经地义、不容置疑的事。然而大千世界，无奇不有，雄海马就负担起了孕育后代的责任。不少人以为海马是哺乳动物，其实它们属于鱼类。生活在热带、亚热带浅海水域。世界上约有32种，中国东海和南海分布有海马、斑海马、冠海马、大海马、刺海马、日本海马和克氏海马7种。其中分布于东海和南海的克氏海马较为罕见，为国家二级保护动物。

海马外形奇特，头背部有些像马，但嘴巴细长，没有牙齿。肚子挺起，身体呈棱形，覆盖有骨板，尾巴向前弯曲。体长10厘米~30厘米，竖着身子游动。繁殖期间，雄、雌海马的尾巴缠在一起，共同嬉水，可持续一个小时。雌海马把卵子排放在雄海马腹部的育儿袋里，雄海马排精，受精卵就在育儿袋里吸收营养，开始孵化。15天~20天后，雄海马就“分娩”出几百甚至上千尾幼海马。幼海马一出世就开始独立生活。据统计，在1000个幼海马中，能够长大成“人”的只有5个左右，这在鱼类中还算高成活率。这多亏了海马爸爸。有的雄海马上午刚生完孩子，下午就又“怀孕”了。海马药用价值很高，具有健身、强心、止痛、催生等功效。中国已开始人工养殖。

鹦鹉螺

在热带、亚热带海洋底部，生活着一种古老的头足类软体动物——鹦鹉螺。它们出现于古生代石炭纪初期，已经历了3.5亿年的沧桑巨变。虽然与乌贼、章鱼同宗，但构造有很大的不同。

鹦鹉螺背上有一个像腹足类一样的巨大贝壳。壳上有灰红相间的波浪状条纹，壳内有用弧状隔板分成的30多个小室。小室里贮有空气，可调节空气分量，使身体在海中沉浮。三角形的头顶骨下，是一对大大的眼睛，并伸出70条~90条触手。捕食时触手全部伸出，休息时缩入壳中，其中两条变得很肥厚，合在一起，封住壳口。鹦鹉螺靠喷出水流在海中游动，平时则在海底爬行，也常在平静的海面漂浮。腔室头足纲动物曾遍布世界各海域，如今仅存这一种。生活在西南太平洋，在中国分布于台湾、海南岛和南海诸岛海域。

鹦鹉螺在吞食蟹

文昌鱼

“像鱼不是鱼，像虫不是虫，无头无骨却有嘴，梭形身体半透明。”你猜到它是什么动物了吗？它就是大名鼎鼎的文昌鱼。文昌鱼又叫蛞蝓鱼，两头尖尖像扁担，全身粉红，头与身体不分，更没有眼睛、耳朵、鼻子，是典型的头索动物。头索动物是无脊动物进化到脊椎动物的桥梁。但是，头索动物没有坚硬的内骨骼，不容易形成化石，所以很难从化石中直接找到证据。而从5亿年前生存至今的文昌鱼是头索动物的代表，是研究生物进化不可多得的“活化石”。从内部结构来看，它具有脊椎动物祖先的主要特征——脊索、背神经管和腮裂。现在的脊椎动物中，这些器官只在胚胎或者幼体中出现，到成体就消失或分化成高级器官了。

文昌鱼的消化系统就是一条管子，血液循环系统很原始，只是沿着管壁的血管流往身体各处，甚至还没有分化出心脏，但与脊椎动物中的鱼类已经很相似了。

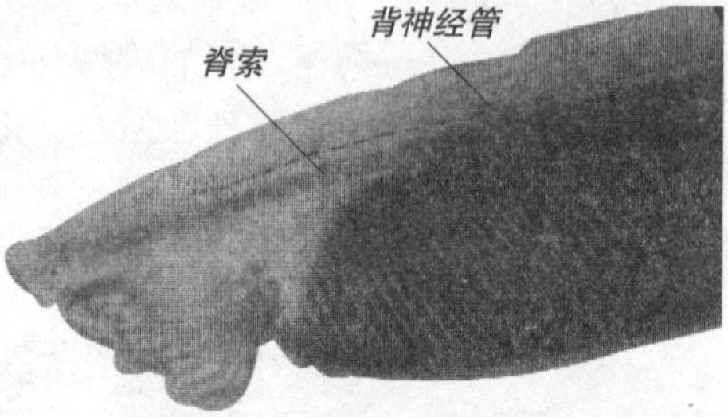

文昌鱼内部结构图

文昌鱼栖息于粗松的砂质海底，不善于游泳。平时把身体埋在砂里，仅露出头部摄食硅藻等食物。一个地方的食物吃光后，借助身体的左右摆动游到另一个地方，钻入砂内，露出头继续摄食。雌体一般每年 6 月和 12 月产卵,卵在水里和精子结合,发育成幼体。

文昌鱼分布于美国、德国、瑞典、英国、法国、日本、印度和中国。中国文昌鱼资源居世界首位，主要产于福建、广东、山东，以及广西、海南、河北等沿海。由于大肆捕捞、近海污染和环境的破坏，近年来文昌鱼数量越来越少。中国已将文昌鱼列为国家二级保护动物，并在厦门建立了文昌鱼自然保护区。

鲎

在我国东南沿海，生活着一种古怪的生物，叫鲎（hōu）。分布于浙江、福建、广东、广西、台湾等省区沿海水域，以福建厦门、同安、平潭和北部湾为主要栖息地。全身由头背甲、腹甲和剑尾三部分组成。头背甲隆起，坚硬如盔甲，上有 3 道纵脊。有 2 对眼，都不会动。中央脊前端有 1 对单眼，两侧纵脊上有 1 对复眼，每只复眼由 100 只小眼组成。腹甲有 6 对附肢，可猎取食物、游水。剑尾呈三棱锥状，长而锋利，是防身的武器。和蟹、牡蛎一样，春末夏初，它们从海中游到潮间带沙滩下产卵，体外受精。幼鲎出卵后没有剑尾，很像三叶虫幼虫，称三叶幼虫期。鲎生活在沙质海底，以贝类和蠕虫为食，性成熟期约为 8 年。

每年到了夏季，月光下会有成群的鲎来到海滩上产卵。

鲎

在动物学上，鲎属于节肢动物门肢口纲剑尾目。全世界只有 2 属 5 种，分布于北美东海岸、墨西哥湾、马来西亚、新加坡、菲律宾、日本等地。我国只有 1 属 1 种，已定名为中国鲎，又名东方鲎、三刺鲎，俗称马蹄蟹。一般雌鲎长 60 多厘米，重 4.5 千克；雄鲎 40 厘米左右，重 2 千克。鲎是古老动物，出现于泥盆纪末期，距今已 3.6 亿年左右，那时恐龙还未出现。古生物学家认为，它们可能是从三叶虫演化而来的，是海洋中的“活化石”。

鲎的血液是蓝色的。科学家从鲎中提取变形细胞的可凝蛋白，制成鲎试剂，用于病人血液、尿液、胸腹水等的内毒素快速检测；还能快速检查水质、食品、药物是否被污染等。有趣的是，抽取 1/3 的血液后，鲎仍然能存活。所以应当对鲎进行保护性利用。

珍珠贝

贝类是软体动物，因大多数具有贝壳而得名，世界上现存 8 万多种。软体动物门仅次于节肢动物门，是动物界第二大门。分为 7 个纲，其中乌贼、章鱼属于头足纲，田螺、海兔、蜗牛等属于腹足纲，双壳纲种类繁多，著名的有扇贝、贻贝、牡蛎、蚌、珍珠贝等。贝类中的蚌、鲍鱼、贻贝、砗磲等都能产生珍珠。但产量最多、质量最好的当属珍珠贝。

珍珠贝

珍珠贝喜欢生活在开敞的内海湾，海水清澈、水流较缓的潮间带至 10 米多深的砾石泥砂底上。正常生活要求的海水温度在 15℃~25℃ 之间，水温低于 13℃ 或高于 30℃ 时，就难以生存。

每年 7 月~8 月，是珍珠贝的繁殖季节。人们将贝壳、棕榈叶、旧渔网片等投入海中，作为附苗器。让小贝附着在上面。小贝稍大就采下放于笼中，视生长情况换孔口合适的笼中养育。在外物刺激下，珍珠贝外套膜分泌出珍珠质，包裹起外物，形成珍珠。常用办法是将蚌等贝壳制成小圆核，植入珍珠贝体内。有时将铝制模型放在贝壳和外套膜之间，让珍珠沿核边缘生长，这样可生成“珍珠佛”、“珍珠菩萨”、“珍珠罗汉”等特殊的珍珠。有时还可以着色，产出彩色珍珠。珍珠的孕育对珍珠贝来说是件痛苦的事。插核的母贝身体受到创伤，待伤口愈合，珍珠就形成了。

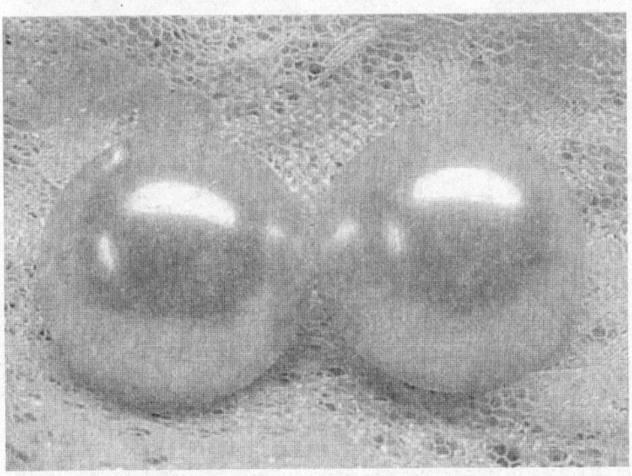

最大的淡水珍珠——珍珠皇后(重 4.464 克)

鲍鱼

鲍鱼不是鱼，是腹足纲鲍科单壳软体动物。鲍鱼只是人们对它的习惯称呼，又称鳆、九孔螺或石决明，也称大鲍、海耳、镜面鱼、明目鱼。鲍鱼生活在海中，外部是坚硬的椭圆形贝壳，低扁而宽，呈耳状，螺旋部只留有痕迹，仅占全壳的极小部分。壳的表面粗糙，边缘有一列呼吸小孔，其内面却呈现出珍珠一般的美丽光泽。头部长有一对细长触角，足部特别发达。鲍鱼栖息于水流很急的海藻丛生处，以浮游生物、褐藻为食。中国沿海到处都有鲍鱼分布，以渤海与黄海间的盘大鲍和南海海耳、杂色鲍最为著名。

鲍鱼味道鲜美，自古以来就被视为海味珍品，是烹制高等宴席必不可少的原料。《中药大辞典》说：鲍鱼有滋阴清热、益精明目、治疗青盲内障的功效，被视为上等补品。鲍鱼一般与海参、鱿鱼、龙虾、鸡肉、蟹肉、冬笋、香菇等搭配烹制。传统菜肴有扒鲍鱼、牡丹鲍鱼、葫芦鲍鱼、菊花鲍鱼、烧蓑衣鲍鱼、秋蟹金钱鲍鱼、龙虾鲍鱼等。鲍鱼的壳可以制作工艺品，在医学中被称为石决明，性平、味咸，具有平肝、潜阳、明目的功效，被用于治疗头痛眩晕、青盲内障、角膜炎、视神经炎等症。

螺

螺是一种具有回旋形贝壳的腹足纲田螺科软体动物。其贝壳多种多样，有锥形的、纺锤形的、扁椭圆形的。主要品种有田螺、海螺、螺蛳等。

田螺的壳呈圆锥形，表面光滑，具有纵走的螺肋。种类很多，常见的有中华圆田螺。这种螺高达 6 厘米，有六七个螺层，层间缝合线很深，壳口呈卵圆形，有角质的厣。螺蛳，常见的有梨形环棱螺和铜锈环棱螺。两者的不同特征是：前者的螺层较为膨大，后者的壳面常呈铜锈色。螺蛳产于中国的长江流域以及华北、东北、云南、广东等地的河流湖泊中，可供人食用，或作为鱼类的饵料。海螺是海里所产螺类的统称，个头一般较大。

螺除供人食用外，由于其贝壳的内面具有闪亮的光泽，常被用于制作首饰和工艺品。人们很早就开始用螺的贝壳切成薄片，制成人物、花草、鸟兽等形象，镶嵌在髹漆品物或雕刻器物上，称作螺钿，用螺钿制作的屏风，是一种极为昂贵的家具。

有一种福寿螺，又名大瓶螺、金宝螺、苹果螺，是一种大型两栖水螺类，属于热带、亚热带种。原产于南美亚马孙河流域，因此又称亚马孙螺。贝壳圆盘形，有六个螺层，体长 4 厘米~6 厘米，栖息于水草丰茂、流水缓慢的河沟、水田。繁殖力特强，一年产卵数千至上万颗。1981 年作为高蛋白食用螺引入中国，作为特种经济动物养殖。20 多年来，由于没有天敌而泛滥成灾。

芋 螺

福寿螺啃吃水稻秧苗，已危害 10 多个省区 10 多万公顷水域，造成水稻产量减少，是危及生态环境的入侵物种之一。

近年来，食用麻辣野味风行，经常出现食用螺中毒事件。2006 年夏天，北京市发生群发广州管圆线虫病事件 160 多例，许多人因生食或加热不彻底的福寿螺后感染此病。

砗磲

你见过多大的贝壳？ 10 厘米？ 20 厘米？在印度尼西亚、菲律宾、澳大利亚近海和中国海南岛、南海水域，有一种巨型双壳贝类——砗磲。最大直径 2 米，重达 300 千克，是贝类中的巨无霸。它的两扇贝壳很厚，外部十分粗糙，有 5 条粗大的放射状筋。壳缘呈瓦楞状，闭合力量很强，据说可以把船锚的铁链轻而易举地咬断。壳内色彩艳丽，有粉红、翠绿、深褐、棕红、孔雀蓝等色，还有清晰的花纹。我国古代把砗磲和金银、琉璃、珊瑚、玛瑙、珍珠、琥珀合称为“七宝”。

砗磲生活在热带浅海珊瑚礁间，有的以坚硬的足丝固着在珊瑚礁上，有的在珊瑚礁上打洞，过穴居的生活。它们生长得很慢，每年增长 3 厘米~5 厘米。要长到足够大，需要几十、上百年，甚至数百年。砗磲进食方式有两种：一种是张开双壳，滤食海水中的浮游生物和有机碎屑。一种是在外套膜边缘种植“庄稼”，这是一种单细胞虫黄藻。虫黄藻呈球状，暗蓝色，肉眼看不到，只有 7 微米。它们与砗磲共生，是砗磲的补充食料。

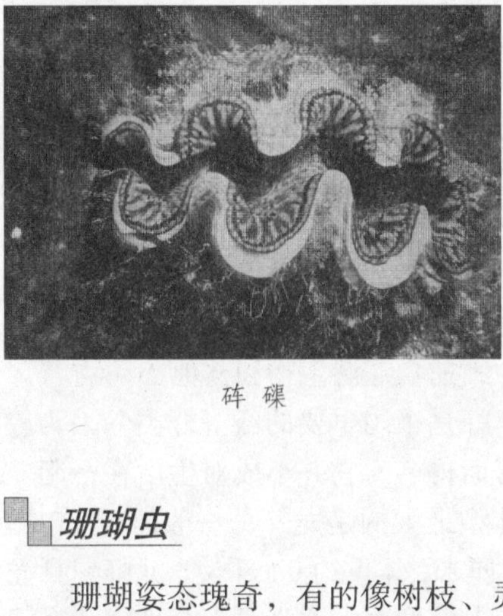

砗 磲

大砗磲数量稀少，已列为国家一级保护动物。

珊瑚虫

珊瑚姿态瑰奇，有的像树枝、灵芝，有的像鹿角、蘑菇……色彩绚丽，有雪白、粉红、橙黄、浅绿、碧蓝、淡紫……不少人认为它是植物，叫它珊瑚树，其实它是由珊瑚虫的骨骼堆积而成的。

珊瑚虫是直径只有几毫米的腔肠动物，生活在热带温暖、清澈、阳光充足的浅海水域。早在2亿年前的古生代就已出现，并开始大量繁殖。身体呈圆筒状，有内外两层胚胎。只有一个口，口的周围有许多线状触角，捕捉浮游生物，吐出不能消化的残渣，并分泌出碳酸钙结晶物。虫体多为群体生活。千千万万个娇小柔弱的珊瑚虫团聚在一起，老的不断死去，新的不断出生。经过漫长的岁月，胶合在一块的石灰质骨骸，连同有孔虫、海绵、藻类等造礁生物共同演变为坚硬的礁块。一层层堆积、加高，出露水面，形成岸礁、堤礁、堡礁、环礁等，统称为珊瑚礁。

珊 瑚

珊瑚礁虽然只占整个海洋生态系统的千分之三，却为四分之一海洋生物种类构建了生息的乐园。珊瑚礁岛屿为热带植物提供了生长的土壤，为鸟、兽和人类创造了活动场所。它们以生命为代价，建筑了中国的南海诸岛，还有闻名于世的大堡礁等，不愧为伟大的建筑师。

虾

虾属于节肢动物门甲壳纲十足目。头胸包裹在甲壳里，腹部由7节组成，尾节和尾肢构成尾扇。头部2对附肢成为触鞭，胸部3对附肢称颚足，后5对附肢称步足。近海和江河、湖泊、池塘等都有它们的踪影。它们喜欢栖息于水底的草丛、石缝中，捕食浮游生物和其他小动物。

虾

对虾是中国重要的经济虾类，因为成对出售而得名，它并不成对生活在一起。虾中体型最大的是龙虾，一般体长20厘米~40厘米，体重约0.5千克。龙虾包括龙虾和螯龙虾两个大类。龙虾全部生活在温暖海洋的多岩礁浅水地带。它们行动缓慢，白天常潜伏在岩礁缝隙里，夜晚出来觅食。而螯龙虾生活在大海里，有的生活在淡水里。螯龙虾的幼体和成体差不多，而龙虾的幼体像一片树叶，叫“叶状幼体”，在海洋中漂浮半年以上，经过多次蜕皮后才成为龙虾的模样。中国有 8 种龙虾，其中一种锦绣龙虾可达 5 千克重。1934 年，在北美深海捕到一只螯龙虾，连大螯在内长达 1.22 米，体重 19 千克，现在陈列在美国波士顿科学馆里。

数量最多的虾是磷虾，又称鳞虾、南极虾。它们广泛分布于南极水域，吃浮游生物，是鲸的主要食物。

蟹

蟹和虾是同目堂兄弟，是十足目短尾次目的统称，海洋、淡水都有出产。主要不同是，蟹腹部扁平呈片状，向前弯折贴在头胸部下，无尾肢，有一对钳子样大大的螯足，它是横着走路的。

中国的梭子蟹是著名的海产食用蟹，大闸蟹学名叫中华绒螯蟹，是著名的河蟹。世界上最大的蟹是生活在海洋中的高脚蟹，外貌颇似蜘蛛，头胸甲长 40 厘米左右，宽约 33 厘米，一对螯足特别细长，雄的有 2 米多，雌的也近 1 米，号称“蟹王”。英国豆蟹头胸甲长 6.3 毫米，大小如黄豆；最小的日本豆蟹头胸甲只有 3.8 毫米，叫它“米蟹”才名副其实。

另外，瓷蟹、椰子蟹、寄居蟹等在分类系统上不属于蟹类，尽管名字称蟹。

蟹

章鱼

章鱼外形丑陋可怕，卵圆形的身体褶皱不平，两只巨大的眼睛呆滞冷漠，头上直接伸出 8 条触手，触手下部整齐排列着吸盘。栖息于礁岩、浅海软泥底或砂砾中，用触手上的吸盘捕食甲壳类、瓣腮类动物。它通过头部下边的弯管吸入水中的氧气，能向外喷出强大水流，朝相反方向快速移动。遇到敌害，会立即胀大身体，改变颜色，迷惑对方；或者从体内的墨囊中喷出黑色液汁，染黑周围海水，

章鱼是海洋中最大的无脊椎动物

迅速逃走。章鱼有很多种，个体差异很大。小的只有 10 多厘米，大的可达 10 米~15 米，常主动袭击人。1957 年在大西洋捕获一只章鱼，重达 272 千克。

章鱼是聪明的动物，能在为它专门设置的曲折迷宫里，迅速摸清路径，找到藏着的食物。有人做过实验，把大龙虾放在玻璃瓶中，瓶口用软木塞紧紧塞住。它几经试探，就用触手拔出软木塞，享受新鲜的大龙虾肉。雌章鱼一次可产卵 20 万枚。孵化期间不吃不喝，精心照料卵。子女出世后，妈妈往往力竭而死。小章鱼天敌很多，很少能长成。

乌贼

乌贼又叫墨鱼，它有一套施放烟幕的绝技，体内有一个墨囊，其中的墨腺能够分泌墨汁。遇到危险，墨囊收缩，放出墨汁。霎时间，海水中一片漆黑，乌贼自己则趁机溜之大吉。墨汁中的毒素还能麻醉小动物，助它捕食。乌贼生活在远洋深海里，每年春季从深水游到沿海水域产卵繁殖，产卵后的乌贼在近海死亡。

乌贼是海洋中游泳冠军，时速可达 15 米/秒。

乌贼不是鱼，而是一种软体动物。它的身体好像一个橡皮袋子，内脏器官生长在袋子里。两眼发达，在头的两侧。嘴长在头顶上，口内有角质腭，可以撕咬食物。10 条足也长在头顶，所以在动物分类学中属于头足类。乌贼有枪乌贼、手乌贼、帆乌贼等多种，是中国四大水产之一。乌贼的两条长足活动自如，前端内侧有吸盘，叫触腕；另 8 条较短，内侧密密麻麻长满吸盘，叫腕。腕和触腕是乌贼的作战武器和捕食工具。乌贼头部还有一个漏斗，不仅是生殖、排泄和墨汁的出口，还是重要的运动器官。当它紧缩身体，口袋状身体里的水就能从漏斗中疾速喷出，借助反作用力迅速前进。由于漏斗平时总是指向前方，所以乌贼后退就是前进。

大王乌贼

1946年，挪威一艘长150米，载重1.5万吨的油轮正行进在从夏威夷群岛至萨摩亚群岛途中。突然，一只20多米长的大王乌贼蹿出水面，迅速追上油轮，绕到前面，用粗大的腕手抱着船身，有几只腕手已伸到甲板上。终因油轮太大，乌贼向船尾滑去，碰在螺旋桨上，受到重伤，才不得不离去。如果海员或渔民一旦被它缠上，就很难逃脱它的"毒手"。

大王乌贼

大王乌贼除了在抹香鲸肚子里被发现以及被发现漂泊在海面、海岸的尸体或残骸外，至今尚未被捕获过一只活的。大王乌贼由早已灭绝的箭石进化而来，有8腕和10腕两目。身体呈袋状，背腹略扁平，头大，眼睛是世界之最，直径最大可达38厘米。腕手长15米，上面排满数百个吸盘。腹内有墨囊和毒腺，喷出的墨汁，在水中经久不散，可乘机逃避强敌；能喷出毒液，杀死猎物。大王乌贼与抹香鲸是一对死敌，它们一旦遇上，就是一场惊心动魄的厮杀。抹香鲸死死咬住大王乌贼的身体；大王乌贼则缠住抹鱼鲸，并堵住它的气孔。据记载，生死搏斗大多以抹香鲸胜利而告终，但抹香鲸也伤痕累累。

海蛇

海 蛇

中生代晚期，两栖类蛇一部分彻底告别了大海，到陆地上定居，从而进化成爬行类的蛇。还有一部分依恋故乡大海，成了今天的海蛇。在全世界2700多种蛇中，海蛇只有49种。不同于陆蛇的是，海蛇除极少种外，几乎都有剧毒。它们长有小而细的毒牙，青环海蛇和斑海蛇比眼镜蛇毒性还强。生活在澳大利亚近海的艾基特海蛇被列为世界上10种毒性最强的动物之一。小头海蛇和钩嘴海蛇毒液毒性比氰化钠分别强160倍和80倍。

海蛇身体呈圆柱状，尾巴扁平，是生活在海洋里的爬行动物。善于游泳，以鳗鲡、海鳝和小鱼为食，主要天敌是海鹰等肉食海鸟。海蛇喜欢栖息于大陆架和海岛周围浅水区，以澳大利亚北部与南洋群岛之间最多。陆蛇大多是卵生，而海蛇大多是卵胎生，通常一胎生 6 条。幼蛇一出生就可以游动，这样有利于在海洋残酷的竞争环境中生存。有些种类的海蛇也有在海面上大规模集群的习性。广东沿海地区渔民常见到成千上万条海蛇追捕鱼群的场面。1932 年 5 月 4 日，马六甲海峡出现过壮观的海蛇长阵，宽约 3 米，长达 110 米。

海兔

在热带、亚热带浅海水域，生活着海兔。海兔是一种贝类软体动物，不过它的贝壳早已退化成薄薄透明的角质层，外表看不出来，裸露出柔软的躯体。头上有两对触角，前对是触觉器官，较长；后对是嗅觉器官。体长从几厘米到一米多不等，半透明，体表有美丽的花纹。爬得比乌龟还慢，停下来时一对长触角竖着，看上去活像竖起耳朵的小兔，因此而得名，其实与陆地上的兔子毫不相干。

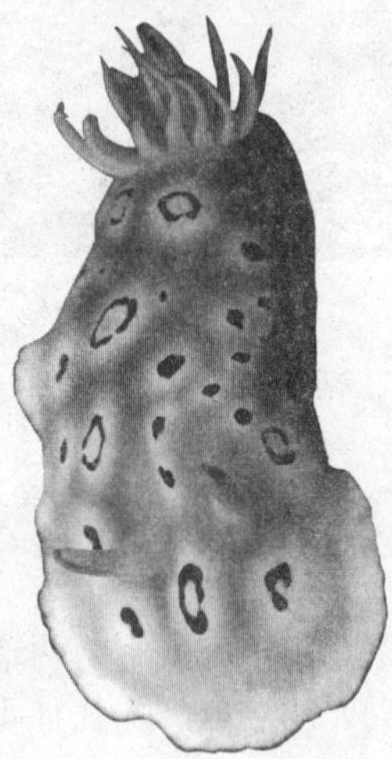
海兔

海兔以各种藻类为食物，体内有色斑素，海藻是什么颜色，它的身体就呈什么颜色；还可根据环境随时改变体色。皮肤表层有紫汁腺，能分泌紫色液体，遇到危险时放出，把周围海水染成一片紫色，趁机逃掉。还能分泌一种毒液，有难闻的气味，借以杀伤小型动物或躲避敌害，保护自己。

海兔雌雄同体，交尾方式很特别，通常五六只到十几只联成一串。每一只海兔的前面是雌体，后面是雄体；或者说它是前面海兔的雄体，后面海兔的雌体。产卵很多，但成体的很少。海兔种类很多，中国东南沿海各省区广泛分布。

水母

水母是一种极其古老的腔肠动物。早在 5 亿年前就漂浮在寒武纪时代的原始海洋中。水母种类很多，一般把小型的称为水螅水母，大型的称为钵水母，常见的有银水母、帆水母、伞水母、霞水母、桃花水母等，遍布于世界各大海洋。海月水母最常见，分布最广，无色透明，直径约 30 厘米，有 4 枚马蹄形肉红色生殖腺，有无性生殖和有性生殖交相更迭的现象。

水母的外形酷似一把伞，伞缘有许多触须，伞盖下面有长口管和长口腕，还有几根柄状物，上有许多称为“听石”的小球，能感知每秒震动 20 次以下的次声

水 母

波。风暴来临前 10 个小时左右，水母就听到风声，及时下潜，渔民见此景就会驱船回港躲避。水母的触须大多布满无数含有毒素的刺细胞，这是一种杀伤力很大的神经毒素，人一旦接触它，皮肤立即显出道道红痕，伴以灼烧般疼痛。澳大利亚北部水域的箱水母，有足球大小，60 多条带状触须中含数十亿个毒囊和毒针，被称为海洋黄蜂，故名海黄蜂水母。人若被它蜇伤，严重时几分钟就会窒息死亡。据有人统计每年致人死亡的三大致命动物依次是蚊子、亚洲眼镜蛇、箱水母。

2005 年下半年，日本沿海出现大量巨型水母，直径约 2 米，重约 200 千克，叫越前水母。它不仅有剧毒，还撕破渔网，压死、毒死网中的鱼，给日本渔业造成很大损失。2006 年夏天，大批毒水母光顾西班牙、挪威、法国、日本、韩国和美国夏威夷、北非等沿海地区，许多海滨浴场被迫关闭。中国大连浴场也出现数起水母伤人事件。所以看到美丽的水母千万不要惹它。

海蜇

海蜇是腔肠动物门钵水母纲的一属。上部有一个漂亮的透明伞盖，下面长有许多触手，能伸曲自如；能射出刺丝，刺死或麻痹小动物，然后送到嘴里充饥。它有 8 个口腕，但没有眼睛。我们吃的海蜇皮是用“伞盖”腌制的，海蜇头是用口腕腌制的。

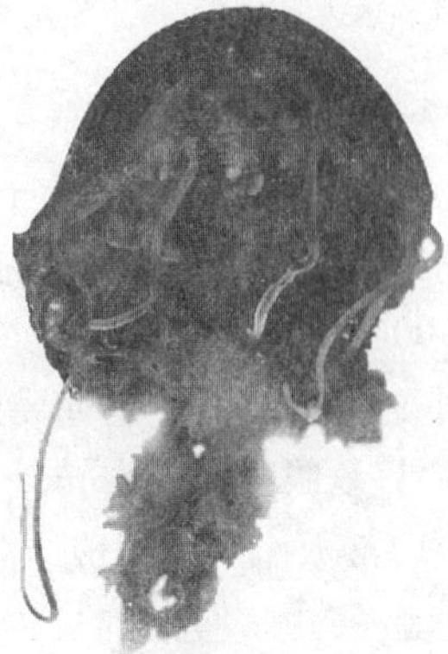

又软又长的触手是海蜇的武器

海蜇在大海里随波漂流，依靠伞体下部的环状肌肉收缩，压出体腔中的水，推动身体前进。伞盖四周常常栖息着一些小虾，有敌害接近时，小虾受惊而四散逃离。而海蜇由此得到情报，立即下沉躲避。海上风暴来临之前 10 个小时~15 个小时时，水中会传播频率为 8 赫兹~10 赫兹的低音波，海蜇能感知这种低音波，会下沉海底。出海的渔民看到这种现象，就开始收网返航了。

海参

海参是生活在深层海底的一种棘皮动物。长圆筒状，暗褐色，体壁柔韧，肉质厚实、脆嫩，活像带刺的黄瓜，所以又称“海黄瓜”。它以浮游生物、硅藻等为食，还常吞食泥沙帮助消化。如果水温超过20°C，它就会向深海转移，藏身于岩石间进入夏眠。水温下降后，才开始苏醒，爬向浅水觅食。海参种类很多，全世界有1100多种，中国约120种，其中20多种可食用，如刺参、梅花参、乌元参、黄玉参等都是名贵海产。梅花参个头最大，长60厘米~70厘米，梅花参最大的体长可达120厘米。

海参行动迟缓，又没有尖利的牙齿和坚硬外壳，在到处都有食肉动物的海洋里，怎么保护自己呢？原来它自有妙方。如遇敌害难以脱身，就收缩身体，把消化道、生殖腺等内脏从肛门排出体外，来个金蝉脱壳，乘机逃之夭夭。不要为它担心，几个星期到几个月后，它还会长出新的内脏。有些海参还能放出毒素，伤害对方；或者分泌出长长的黏丝，缠住对方，然后逃脱。科学家做过一个实验：把一只海参切成三段，放回海水中。半年后，每一段都长成了一个有新内脏的完整海参。海绵、海蜇、海星、乌贼等海洋动物都有程度不同的再生能力。

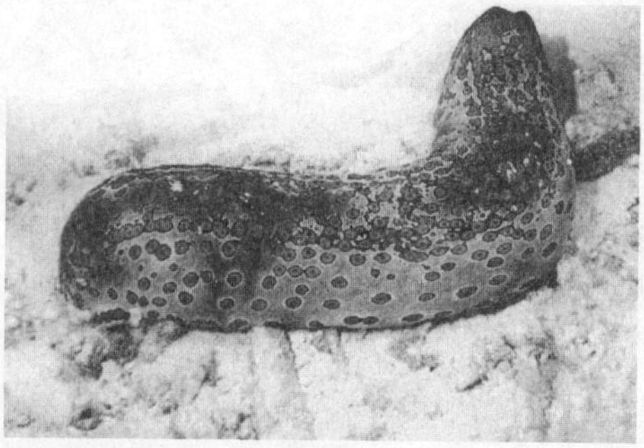

海 参

蜻蜓

蜻蜓专门捕食蚊子、苍蝇、稻飞虱、蛾类等害虫，是人类的好朋友。有人观察到，一只蜻蜓一小时吃了840只蚊子，是名副其实的“灭蚊专家”。世界上有5000多种蜻蜓，我国约有350种，一般分为蜻蜓和豆娘两大类。休息时蜻蜓翅膀平放两侧，而豆娘翅膀竖立在背上。蜻蜓头大而灵活，口内有一对强有力的大颚。两只复眼可以左右转动180°，上下转动110°，由约1.2万个小眼组成，在疾飞中能清晰地看到9米远的飞虫。腹部细长，呈圆筒状或扁状。有6只足，足上长有锋利钩刺，可凌空捕捉食物。蜻蜓是出色的飞行家，可垂直升降，疾飞中突然停顿，做180°急转弯，倒着飞。我们看到的蜻蜓点水，实际上是雌蜻蜓在产卵。卵在水中孵化，幼虫爱吃蚊子的幼虫孑孓。经过10次以上蜕皮，沿水生植物枝条爬出水面，羽化后成虫。

蜻 蜓

蜻蜓是称职的气象预报员。“蜻蜓飞得低，出门带蓑衣”，这说明天要下雨了。这是因为空气中水汽多，飞虫翅膀湿，飞不高，正是蜻蜓捕食蚊虫等的好时机。

蜜蜂

蜜蜂是辛勤的劳动者，也是动物中卓越的建筑大师。几乎所有的蜂巢都是由几千甚至几万间蜂房组成。蜂房是大小相等的六棱柱体，底面由 3 个全等的菱形面封闭起来，菱形的锐角都是 70°31'44"，容积几乎全是 0.25 立方厘米。每排蜂房平行排列，互相嵌接，精密无比。这种结构十分符合几何学原理和建筑原则，用材最少而容积最大，真是巧夺天工。

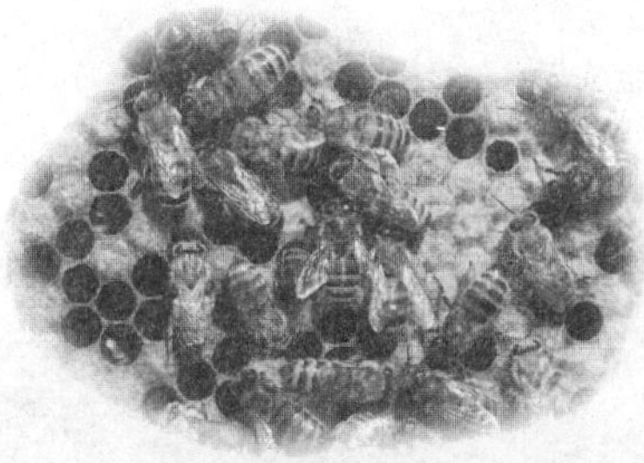
蜜蜂在修筑蜂房

蜜蜂是社会性昆虫，群体是母系社会，由一个蜂王、600 只~800 只雄蜂和约 7 万~8 万只工蜂组成。肥胖硕大的蜂王只管交配产卵；雄蜂什么活也不干，它唯一的职责就是和蜂王交配。

工蜂侍奉蜂王、哺育幼蜂、修建蜂房、清理垃圾、采花酿蜜、守卫家园等，辛辛苦苦勤勤恳恳地负担着整个大家庭的全部劳动。有人计算过，酿成 500 克蜂蜜，必须在上百万的花朵上采集花粉和花蜜，在蜂房和花丛之间往返飞行十几万趟，飞行 20 多万千米！一只蜜蜂找到蜜源植物后，通过“舞蹈语言”告诉同伴。如果头向上直飞，表示蜜源植物在太阳方向；如果飞圆形舞，表示蜜源植物就在附近；如果跳“∞”字舞，表示距离很远。负责酿蜜的工蜂们把花粉吃进然后吐出，相互吞吐达 100 次~240 次。工蜂用翅膀扇去花蜜中 85% 的水分，蜂蜜才算完成。蜂巢是用蜂蜡建成的。幼蜂长到 12 天~18 天后，腹部的 4 对蜡腺已经发育完全，它们先饱餐一顿蜂蜜，然后开始分泌蜂蜡，建筑蜂房。蜜蜂采取花蜜时，身上会粘上许多花粉，可为植物传粉。酿成的蜂蜜和蜂王浆以及蜂蜡是良好的滋补品。

蜜 蜂

七星瓢虫

七星瓢虫是瓢虫的一种，俗称“花大姐”。体长 5 毫米~6 毫米，腹部扁平，背部隆起成半圆球状。头部、胸部黑色，两瓣红橙色鞘翅上有 7 个圆形黑斑，因而得名。

瓢 虫

春天万物复苏，一派生机。七星瓢虫从冬眠中醒来，活跃在麦田、稻田、茶园、果园，吃各种蚜虫、粉虱、叶螨等农业害虫。特别爱吃蚜虫，是灭蚜能手。每只七星瓢虫每天要捕食 100 多只蚜虫。有趣的是雌性七星瓢只有吃蚜虫才能产卵，繁殖后代。

七星瓢虫喜温怕热，盛夏时常成群结队飞到海岸边避暑。

蝴蝶

蝴 蝶

蝴蝶五彩缤纷，婀娜多姿，是大自然造就的一道亮丽风景线。蝴蝶是历史悠久、分布最广的昆虫之一。在距今 2400 万年前的地层中，曾发现 40 多种古蝶化石。从赤道到两极圈附近，从海平面到海拔 5000 米高山雪线，都有它们的踪迹。

截至 1998 年，全世界已发现了 1.68 万多种蝴蝶，分为 17 科，1400 多个属。中国有 11 科，1480 多种，是世界上蝶种最多的国家之一。有雍容华贵的凤蝶、文雅秀逸的绢蝶，还有小巧玲珑的灰蝶、活泼可爱的蛱蝶，以及斑蝶、粉蝶、环蝶、眼蝶等等。台湾是著名的蝴蝶产地，有 400 余种。云南大理三月街有闻名遐迩的蝴蝶泉，每年 3 月，各地蝴蝶不远千里来到这里聚会，堪称世界一绝。在蝴蝶大家族中，最大的是巴布亚新几内亚和所罗门群岛的大鸟翼蝶，展翅时可达 24 厘米，最小的是中国云南西双版纳的蓝灰蝶，翼展只有 1.6 厘米，中国最大的中华凤蝶翼展有 15 厘米。中国的《野生动物保护法》规定，4 种凤蝶和1种绢蝶为保护动物。其中金斑喙凤蝶最为珍稀，被专家誉为“梦幻之蝶”，和大熊猫、金丝猴、藏羚羊一样，被列为国家一级保护动物。世界上蝴蝶最大的冬季栖息地，当属墨西哥米却肯州中部山区的蝴蝶谷。每年 11 月初，美洲王蝶从加拿大东部和美国东

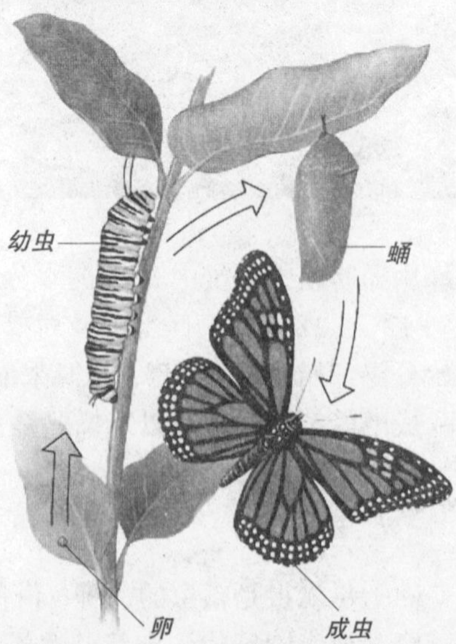

北部，长途飞行5000多千米，到这里过冬，并繁殖后代。专家估计，蝴蝶谷方圆1万多公顷山林中，有2.5亿只蝴蝶之多。

蝴蝶翅膀上有数以千计的细小鳞片，在阳光照耀下，从不同角度折射出各种色彩。蝴蝶扇动色彩斑斓的翅膀，在花间轻盈地穿梭起舞，给人们带来许多如梦如幻的遐想。梁山伯和祝英台化蝶双飞，被看作忠贞爱情的象征。实际蝴蝶恋情短暂，一经交配，雌蝶就再也不理丈夫，蝴蝶双飞恰恰是爱情的终结。

萤火虫

“银烛秋光冷画屏，轻罗小扇扑流萤。”杜牧《秋夕》诗说的流萤，就是萤火虫。古代穷书生车胤点不起油灯，便捉来一些萤火虫，放在白布口袋里，用来夜晚照明看书。“囊萤夜读”传为佳话。

夏天夜晚，水塘边、草地上、树丛中，常闪烁着无数亮光。那不是天上的星星，而是萤火虫发出的光芒。萤火虫是一类小型甲虫，又称“夜照”。古希腊人叫它“拉恩比卢”，意为“提着灯笼的小虫”。雌虫无翅，静卧在草丛中以荧光招引雌虫；雄虫飞来飞去，也发出求偶信号，寻找“意中人”。一经联络上就落下来交配，繁殖后代。萤火虫的光来自于腹部最后两节，那里有一层透明角质表皮，下面排列着几千个含荧光素和荧光酶的发光细胞。在荧光酶作用下，荧光素经氧化，就发出了荧光。世界上有大约1000种萤火虫，能发出形形色色的荧光，有淡蓝、浅绿色，有橘红、橙黄色。发光的长短间隔不相同，表示不同的“灯语”，传递不同的信息。有的能发两种光，头上发红光，表示平安无事；尾端放绿光，表示有危险，向同伴发出警报。

萤火虫幼虫专吃钉螺和蜗牛，钉螺是血吸虫的宿主，蜗牛祸害农作物，所以萤火虫是益虫。萤灭虫的进食饶有趣味：先用一对尖颚刺进钉螺或蜗牛体内，注入一种毒素，起麻醉作用；再注入一种液体，使猎物的肉变成流质；再用管状嘴吸食。荧光暴露了它们的行踪，不怕招来敌害吗？不用担心，萤火虫体内有一种物质，会令捕食者心脏紧张，恶心呕吐。鸟类等吃过这种亏，受过这种罪，就再也不敢惹它们了。

萤火虫

20世纪40年代，人们根据萤

火虫的发光原理，仿制出光线柔和、不散发热量、特别省电的日光灯。后来又成功分离出纯荧光素和荧光酶，人工合成了冷光源，广泛应用于工农业生产和军事中。

蚯蚓

《西游记》中孙悟空保护唐僧去西天取经途中，遇到了妖怪。在斗法中，孙悟空被砍掉了脑袋，马上又从身体中长出一个来。在动物世界中就有一种不起眼的环节动物，被拦腰切成两段后，体内会产生一种似胚胎的间叶细胞，能够分化成各种组织，不久，前半段便长出尾巴，后半段便长出头来，成为两个完整的个体。这就是蚯蚓。

蚯蚓

蚯蚓又名地龙、蛐蟮，身体呈圆柱状，通常 10 厘米~20 厘米长。我国最大的巨环蚯蚓体长 70 厘米，澳大利亚的巨蚯蚓体 1.23 米，新西兰的卡渥岛上发现了一条巨无霸蚯蚓，头部直径 3.75 厘米，长达 1.57 米。多数蚯蚓体节生有刚毛，可协助身体运动。蚯蚓生活在 10 厘米~30 厘米深的潮湿、疏松土壤里，以含有有机物的腐殖土、落叶为食，其粪便是高级有机肥料。它没有眼睛，但触觉器官能灵敏地感觉震动、声音和光线。蚯蚓繁殖力极强，能疏松土壤，利于作物生长；富含蛋白质，是家禽的饲料和鱼类的饵料；有解热定惊、降压平喘、行经通络功效，是常见中药材。但蚯蚓也有危害，可破坏河岸，造成河道淤塞、溃堤；损害幼苗，造成农作物减产；是猪肺线虫与家禽绦虫的宿主，对猪和家禽的生长发育有不利影响。

一个蚯蚓养殖厂可以处理 100 万人口的城市生活垃圾和商业垃圾。

蚯蚓能处理有机废物，消除一些环境污染。日本一家工厂养殖 12 亿条蚯蚓，每天可处理 50 吨造纸废液，并得到 2.5 吨粪便。2000 年悉尼奥运会期间，奥运村的生活垃圾就是靠 160 万条蚯蚓处理的。现在蚯蚓养殖趋向商业化，国际上每年蚯蚓贸易额达几十亿美元。

白蚁

人们常把白蚁和蚂蚁混为一谈，其实它们没有亲缘关系。蚂蚁属于膜翅目，与蜜蜂亲缘近，要通过蛹期才能变成成虫。白蚁属于等翅目，与蟑螂亲缘相近。幼蚁经过几次蜕皮变为成虫，没有蛹期。白蚁喜欢吃木质纤维，破坏建筑，是世界性害虫。至少2亿年前白蚁就生活在热带、亚热带地区，而蚂蚁在7000万前才出现。另外体色也不一样：白蚁多为乳白色或灰白色，而蚂蚁多数为黄色、褐色、黑色或橘红色。

白 蚁

白蚁是社会性昆虫，蚁王和蚁后只管交配产卵，蚁后个体比其他白蚁大几十倍，一生可产卵5亿枚。兵蚁勇猛善斗，负责站岗放哨，保卫家园。工蚁担负蛀蚀木材，运送食物，照料幼虫，修筑巢穴的使命。白蚁的巢穴结构复杂。主巢建有蚁王和蚁后的王宫，周围巢片居住着忠实的兵蚁，蜂窝状副巢中居住数以万计的工蚁。有无数弯弯曲曲的宽畅隧道，总长数百米。有的食菌类白蚁还在巢内建几个至几十个菌圃，培养菌类以供食用。非洲和大洋洲的白蚁巢是高耸于地上的蚁塔，有圆锥、圆柱、金字塔等形状，一般高3米~5米，最高的可达7米以上，占地100多平方米。蚁塔外层是工蚁用土粒、动物粪便和唾液粘连的保护层，厚50厘米，像石头一样坚固，能经受风雨侵袭。

白蚁嗜食木材，严重破坏房屋建筑、铁路桥梁，危害农作物和园林树木，还能使河岸、堤坝溃于一旦。由于白蚁活动隐蔽，不易被察觉，常造成突发性灾害。

蜣螂

蜣螂是油黑发亮的甲虫，以粪便、垃圾为食，有个不好听的名字，叫屎壳郎。在田野上常常可以见到它们在忙忙碌碌地推粪球，那可不是在玩耍，而是给未来的宝宝准备食物。一旦发现粪便，它们便头顶、足拍，打成球状，然后又推又拉，把它滚到合适的地点，用土埋起来。雌蜣螂把卵产在粪球里，直到孵出幼虫、成蛹。

蜣 螂

蜣螂是大地的清洁工，除了南极洲外，分布于世界各地。中国常见的有北方蜣螂、神农蜣螂、黑扁蜣螂、大蜣螂等。它们还曾远渡重洋，为澳大利亚畜牧业和环境治理做出过卓越贡献。澳大利亚畜牧业发达，几千万头牛羊每天排出10万吨粪便，压住了牧草，造成草场退化，草原面积缩小，饲草不足；还造成苍蝇、灌木蝇孳生，病害蔓延，环境污染。当地蜣螂只吃袋鼠粪便，对牛羊粪不感兴趣。澳大利亚后来从中国引进10万只蜣螂，放养在草原上。这些“蟋螂移民”不辞劳苦，勤奋工作，不久草原又恢复了生机。

苍蝇

苍蝇令人讨厌，一只苍蝇能携带700多万个病菌，像一架乱丢病菌炸弹的轰炸机，到处乱飞，传播伤寒、霍乱、痢疾、结核等疾病。中国常见的有家蝇、绿绳、麻蝇等。苍蝇闻香逐臭，哪里肮脏哪里就有它的踪影。刚从垃圾箱里吃过腐烂发臭的东西，又落到食物上爬来爬去，又是搓“手”，又是吐唾液，把病菌散播到饭菜中。吃了它叮过的食物，很容易得病。

苍蝇有一对大而圆的复眼，由4000多个单眼组成。头上触角是灵敏的嗅觉器。前翅发达，后翅退化成一对平衡棒。“平衡棒”与眼睛相连，起陀螺仪一样的作用。视觉系统比人的眼睛反应快得多，日光灯每秒钟闪烁60次，人无法察觉，苍蝇可以毫不费力地看出来，这就是很难拍打到它的原因。

苍 蝇

苍蝇繁殖极快，从卵到成虫只有8天~13天。在适宜条件下，一对家蝇5个月可产生1.9万亿亿只后代。粪便是蝇蛆主要孳生地，垃圾是成虫重要活动场所，搞好环境卫生是消灭苍蝇的主要途径。

蚊子

蚊子不仅讨厌，而且可恶，通过吸食人和动物的血液传播疾病。世界上有3300多种蚊子，中国有记载的有350多种。能传播疾病的有3类：按蚊俗称疟蚊，体呈灰色，翅膀上有黑色花纹，主要传播疟疾；伊蚊俗称花蚊，体呈黑色或棕色，多有白斑，主要传播乙型脑炎和登革热；库蚊黄棕色，无花斑，主要传播乙型脑炎和丝虫病。雄蚊吃素，以植物花蜜和茎、叶、果实的汁液为食；雌蚊吸血，促使卵巢发育。

蚊子触须和足上长满了毛，能感知人体发出的二氧化碳和汗液中的化学成分。雌蚊找到吸血目标后，便将针尖般的尖嘴刺入目标的皮肤和毛细血管，注入含抗凝素的唾液，吐出隔夜未消化的陈血，吮吸新鲜血液。雌蚊把卵产在水中，幼虫叫孑孓，经蛹到羽化成蚊，完成一代仅需10天~12天。一年可繁殖7代~8代。

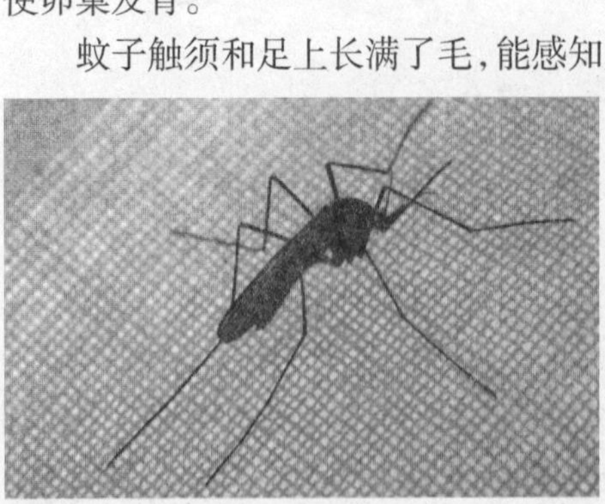

蚊 子

蚊子害怕阳光和高温，死水沟、死水潭、池塘是其主要孳生地。搞好环境卫生，清除房前庭后积水，是消灭蚊子的有效办法。蝙蝠、蜻蜓、青蛙、燕子等是蚊子的天敌。

蟑螂

蟑 螂

蟑螂是令人厌恶的害虫。它们俨然以主人自居，出没于卧室、客厅、厨房、洗手间，污染食物，咬坏书籍、衣物，传染多种疾病。蟑螂至少在地球上生活了2.9亿年，目堵了许多生物的相继灭绝。蟑螂之所以能顽强地生存到今天，是因为它有一套能适应自然变迁的“特异”功能。头上一对触须能嗅出浓度为百万分之一的物质分子的气味。屁股上的一对尾须能测知地面极微弱的震动。体表能分泌一种特殊的气味，以吸引同伙，共同“作案”。

蟑螂属蜚蠊目昆虫，有3600多种。在人类住所定居的有20多种，其中常见的，也是造成最大危害的是红棕蟑螂和黑蟑螂。它们白天躲在洞里，夜晚出来活动。而且繁殖力极强，一只雌蟑螂一次可产卵4000多个。即使是卫生设备条件较好的城市社区，也很难根除。可根据它的习性，如爱吃甜香油腻食物，可用空瓶装一些诱捕；喜暖怕寒，在−5℃时一分钟就能冻死，可放冷气杀死。

蜘蛛

很多人误认为蜘蛛是昆虫家族的成员，其实它不是昆虫。蜘蛛和昆虫都属于节肢动物，但蜘蛛独立成蜘蛛纲。区别蜘蛛和昆虫并不难，昆虫有6条腿，而蜘蛛有8条腿、1对螯肢和1对脚须；蜘蛛身体有头胸部和腹部，8条腿与头胸部相连；昆虫身体有头部、胸部和腹部3部分，6条腿从胸部长出来，有的昆虫还有一对或两对翅膀。

蜘 蛛

全世界已知约有 3.5 万种蜘蛛，中国大约有1000种。大部分蜘蛛的一对螯肢能分泌毒液，毒液通过螯牙注入被捕动物体内。一种红带蛛能致人畜于死地。

蜘蛛腹内有纺织腺，分泌的液体流出，遇空气凝固成细丝。由很多细丝结成的蛛丝，比家蚕丝还细很多，不怕热，不怕潮，弹性极好。雌蜘蛛用蛛丝织成孵化卵的房子，蛛丝网也是飞虫的陷阱。蜘蛛残酷而贪吃，往往先在猎物体内注射毒液，再慢慢吸吮体液，丢弃残骸。蛛丝主要成分是蛋白质，如果蛛网被损坏了，它们就把蛛网吃掉，消化后又成了造丝材料。

食鸟蛛

一只美丽的金翅雀被困在白色蛛网密布的树枝上。它拼命挣扎，但最终也没摆脱死亡的命运，成了八脚怪物的晚餐。这种八脚怪物就是生活在亚马孙热带雨林中的一种巨型蜘蛛——食鸟蛛。食鸟蛛体长 8 厘米~15 厘米，8 只脚展开来足有 25 厘米。食鸟蛛是技法高明的猎手，能编织既结实又黏的网，等待猎物自投罗网。

食鸟蛛有两类：一类居住在地下洞穴里，主要吃青蛙、蜥蜴、蛇类和老鼠；一类居住在树上，个体较大，以小鸟为主要食物，也吃其他小动物。食鸟蛛有 2 个气囊、4 个吐丝孔、8 只眼睛。身体和附肢长满橙红色粗毛，腹部毛较细。长有一双强有力的螯牙，牙根连着毒腺，可分泌毒液。猎物一旦被网着，它就迅速爬过去，先毒死猎物，再慢慢食用。食鸟蛛喜欢独居，多在白天休息，夜晚活动。在墨西哥和西印度群岛也有分布。

青蛙

“黄梅时节家家雨，青草池塘处处蛙。”这首诗描写了江南夏季雨后群蛙齐鸣的景象。蛙是现存两栖动物中种类繁多、分布最广的，而青蛙是最常见的蛙。中国有 70 多种青蛙，著名的有黑斑蛙、金线蛙、泽蛙等。它大大的嘴巴，长长的舌头前端分叉，上有黏液，能迅速射出，粘住猎物，卷入口中。圆而突起的眼睛，只对运动的物体敏感，即使面对高楼大厦它也视而不见，视力范围仅限于 10 米，但眼前 2 厘米~3 厘米是它的盲点。背部一般为褐色或绿色，腹部白色，有两条纵行肤褶和横列黑色斑纹。前肢短小，后肢健壮有力，一下能跃出 1 米开外。皮肤腺发达，能分泌黏液，保持皮肤湿润。皮肤可与外界进行气体交换，是第二呼吸器官。雄蛙有一对鸣囊，有扩音作用，所以叫声特别响亮。青蛙还是游泳好手，人类的蛙泳就是向它学习的。

青 蛙

青蛙是著名的捕虫能手，主要捕食苍蝇、蚊子、螟蛾、蚜虫、蝼蛄、金龟子、稻苞虫等，被誉为“庄稼的忠诚卫士”。据统计，一只青蛙一年能消灭1.5万只害虫。它的幼虫叫蝌蚪，无腿，有尾巴，长大后尾巴就消失了。蝌蚪专门吃蚊子幼虫孑孓。青蛙是人类的朋友，必须加强保护，采取切实可行的措施，严禁捕杀食用。

大鲵

大鲵俗称“娃娃鱼”，据说是因为它的叫声像小孩啼哭而得名。它是中国特产的珍贵动物，分布在湖南、湖北、陕西、河南、山西、四川、贵州、安徽、浙江、江苏、福建、广东、广西、河北、甘肃、青海等地。是现存两栖类中个头最大的，体长一般60厘米~70厘米，体重20千克~25千克。最大的可达1.8米~2米，重达50千克以上。它相貌古怪，大大的头上有许多疙瘩，大嘴，小眼，小鼻孔。体色棕褐色，没有鳞片，皮肤湿润而光滑。4条腿又短又胖，拖着一条大尾巴。

大鲵生活在海拔1200米以下山区水流湍急而清澈的溪流中，住在山溪岩下水草繁茂、阴暗渗水的洞穴里。它的眼睛怕光，白天一般待在洞里，晚上出来觅食。喜欢吃鱼、蟹、蛙和蛇。没有咀嚼功能，吞咽下食物后只好在胃里慢慢消化，因此耐饥能力很强。大鲵比较懒，即使在觅食时也很少主动出击，常常会张开大嘴，一动不动，等待猎物自已送到嘴里来。每年的6月~8月繁殖季节，雌鲵体外受精产300多个卵。卵外面有一层透明的胶质，像一条条串珠附着在洞内缓流处的石头上，21天左右自然孵化。幼体生长缓慢，3年才长到20厘米，体重不到100克。由于人们的大量捕杀食用，目前它的数量已大大减少，有的产地已经很难见到。大鲵已经被列为国家二级保护动物。

龟

龟是爬行动物，背腹有硬甲，一般头、尾巴和四肢都能缩进甲内，没有牙齿。龟既会游泳，也能爬行，生命力很强，可以几个月不吃东西，以长寿闻名。有的龟生活在海洋里，如海龟，包括蠵龟、丽龟、玳瑁、棱皮龟等；有的生活在江河湖泊里，如乌龟、鳄龟；还有生活在陆地的巨龟、旱龟等。海龟生活在热带、亚热带海洋里，全身披着坚实的角板甲壳，背甲隆起，4只脚像船桨一样，在大海里游弋。繁殖季节，雌海龟爬上岸到沙滩产卵。它会挖几个洞，但只选择一个洞下蛋，其他的洞是为了迷惑敌害的。海龟每年能产200枚~300枚乒乓球样的软壳蛋。它边产蛋边流泪，不是伤心，而是为了排泄多余的盐分。下过蛋后把蛋掩埋好，绕一个“8”字形的弯道，游向大海，让晒热的沙子帮它孵卵。小海龟一出壳，马上急急忙忙地爬向大海。海蟹和海边的禽类爱吃海龟蛋和幼海龟，即使幼龟爬进海洋，还要受到大鱼的威胁，所以能“长大成人”的不足1%。

龟

中国常见的乌龟有金龟、花龟、水龟等。它们头上没有鳞片，吻尖，背甲有纵棱和明显的凸起，四肢粗壮。冬天冬眠，夏季每天要睡12小时以上，一生中一半以上的时间在睡觉。当它不动的时候，耗氧量极低，在水中或者泥里，通过布满毛细血管的咽喉和泄殖腔黏膜摄取的少量氧气就能满足需要。这是它长寿的主要原因之一。在美洲江河湖泊中栖息的鳄龟，是最大的淡水龟，体长75厘米，重量超过100千克。与其他龟不同的是，它的头和脚不能缩进壳内。鳄龟性情凶猛，长相奇特，嘴巴前端上下颌呈钩状，好像鹰嘴，因而也叫鹰喙龟。它以鱼、虾、蛤、螺、鸟类、蛇类为食，数量稀少。

棱皮龟

世界现存的龟类中，棱皮龟以个头大而被称为“龟中之王”，有巨龟之称的象龟在它面前也只能屈居亚军。1981年6月，浙江镇海县渔民在东海近海水域，捕获一只棱皮龟，身长2米，胸宽0.9米，重量175千克。这还不是最大的，据说最大的有2.5米长，800千克重。棱皮龟的头、四肢以及全身都有厚厚的革质皮肤，背上有7条或9条纵行棱起，因而得名。头特别大，但不能缩进。嘴巴呈钩状，没有牙，食道中的角质皮刺能像牙一样磨碎食物。喜欢吃海蜇、鱼、虾、螺、蛤、蟹、海参、海星、海藻等。它的四肢巨大，呈桨状，是游泳健将。1970年，在中国长江口捕获一只棱皮龟，身上的标记证明它是从英国投放到海里的。

棱皮龟

棱皮龟每年5月~6月产卵，一次产90枚~150枚。幼龟约6厘米长，一出生就直奔大海。在中国，棱皮龟广泛分布于从广东到辽宁沿海地带。中国已把它列为国家二级保护动物。

象龟(巨龟)

象龟又叫巨龟，是世界上最大的陆龟，以背甲和腹甲与众不同而闻名。1535年，西班牙探险家德贝尔兰在太平洋东部赤道附近加拉帕戈斯群岛上，发现了许多象龟。最大的背甲超过2米，高1米多，重375千克，能驮着两个人爬行。世界各地的旅行家、探险家、海盗、科学家纷至沓来，或捕食，或研究，几百年间被捕杀的有几百万只之多。直到20世纪60年代，捕杀象龟的野蛮行径才终于停止。

大约1亿年前，象龟曾广泛分布于亚、欧、美洲各地，后来先后灭绝。只有在与外界隔绝的加拉帕戈斯群岛、印度洋中一些岛屿还有一些。据记载，加拉帕戈斯群岛原有15个亚种，如今只剩下8个亚种，其中平塔象龟和胡德象龟已面临绝种。胡德岛主要因为外来的羊几乎吃光了该岛的植物，致使大量胡德象龟饿死。平塔岛老鼠成灾，专吃龟蛋和毫无反抗能力的幼龟，温顺、笨拙的巨龟哪里是它们的对手。1978年，加拉帕戈斯群岛被联合国教科文组织宣布为人类自然遗产，厄瓜多尔政府在此建立起国家公园和生物试验站，采取有效措施保护象龟。但群岛各岛残留的象龟已不足700只。

2002年，澳大利亚为一只名叫“哈里特”的雌性象龟举办了172岁生日仪式。据说1835年，达尔文把它从加拉帕戈斯群岛带到英国，当时它只有5岁，辗转到过许多动物园。后来，达尔文的朋友把它带到了澳大利亚。另外，在印度洋西部塞舌尔群岛附近水域也有象龟分布，并与当地人友好相处。

象 龟

鼋

鳖又叫甲鱼，还有个难听的名字“王八”。它外形像龟，但没有龟那样的角质盾片，背腹甲外面都披以柔软的革质皮肤。在鳖科家族里，个头最大的要数鼋了。鼋一般体长50厘米~80厘米，体重约50千克，据说最大的可超过100千克。它头上常有疣状突起，所以还叫癞头鼋。鼋生活在缓流江河、湖泊中，喜欢栖息在水底，主要吃螺、蚌、鱼、虾等。它一次进食可以达到体重的3%~5%，还可以连续20天不吃东西。

鼋曾广泛分布于云南、江苏、浙江、福建、广东和广西的江河、湖泊中，后来由于人类长期大肆捕杀，加上生存环境的恶化，数量急剧减少。目前在浙江省瓯江还有少量生存，其他地区已十分罕见。中国已将它列为国家一级保护动物，加以挽救。

鳖

扬子鳄

在中国安徽、浙江的长江下游南岸河流、湖泊、沼泽地带，栖息着中国独有的温带鳄——扬子鳄。早在 3500 年前的商代，甲骨文中就有它的记载。它又名鼍、土龙、猪婆龙、中华鼍。体长 2 米左右，重 20 千克~30 千克。脖颈和四肢短粗，全身覆盖厚厚的角质鳞甲。走起路来摆着巨大的尾巴，显得迟钝、笨拙，但一到水中则灵活地游来游去。白天它们常常在岸边草丛中晒太阳，有时也浮在水面上露出一段脊背，好像一段枯木，吸引麻痹大意的猎物。晚上觅食，捕捉几乎所有的水生动物，如螺、蛤、虾、蟹、蛙、鱼等，也袭击鸟、兔、鼠等。一般 10 月下旬至次年 4 月初冬眠。7 月~8 月产卵，一般一窝可产卵 15 枚~40 枚。孵化期 70 天左右。由于长相丑陋，面目凶恶，以及皮肤珍贵，长期以来被视为危险动物而遭到人类捕杀。

19 世纪初，扬子鳄广泛分布于洞庭湖、鄱阳湖、太湖、钱塘江流域和杭州湾等地。20 世纪 80 年代，湖北、湖南、江西等地已经绝迹，野生的不足 600 条。2001 年调查时，已不足 150 条，是现存 25 种鳄中最珍稀的一种，已列为国家一级保护动物。在安徽宣州和浙江长兴成立了扬子鳄自然保护区和人工养殖场，加强了保护措施。1973 年，联合国教科文组织把扬子鳄定为世界级保护和禁运的濒危动物。2001 年 6 月，仅安徽宣州自然保护区扬子鳄总数就超过了 9000 条，并逐步分批投放到了野生环境中。

扬子鳄

扬子鳄有吞食石块的习性。原来它用锋利的牙齿咬死猎物后并不咀嚼，而是吞食，必须靠吃进石块帮助磨碎骨头和甲壳。鳄鱼吃相很凶，吃饱后常常流泪。“鳄鱼的眼泪”成了凶残的伪善者的代名词。其实它肾脏已经退化，流眼泪是排泄体内多余的盐分。

除了扬子鳄外，其他鳄类都生活在热带，著名的有密西西比鳄、尼罗鳄、恒河鳄、马来鳄、湾鳄等。

湾鳄

鳄是大型爬行动物，已生存了 2 亿多年，6500 万年以前是它们的繁盛时期。后来因环境变化，鳄类大部分相继灭绝，只有少数幸存下来。在世界现存的 25 种鳄类中，个头最大而又最凶残的是湾鳄。早在 1.4 亿年前的白垩纪，湾鳄就生存于世界各地。它目睹了恐龙和许多大型古爬行类、两栖类动物的灭绝，历经沧桑，至今仍顽强地生活在东南亚沿海、澳大利亚北部海岸、巴布亚新几内亚、非洲和南美等地。唐朝时，曾生存于中国华南地区沿海一带和内陆河流中。潮州恶溪（今韩江）的湾鳄危害当地人民生命财产，韩愈的《祭鳄鱼文》就是写它的。明朝时绝迹。非洲和南美的湾鳄长 3 米~4 米，东南亚和澳大利亚湾鳄一般体长 6 米~8 米，19 世纪在菲律宾猎获一只，长达 10 米多。现在鳄类绝大多数生活在淡水河流、湖泊、沼泽地带，湾鳄是鳄类家族中唯一生活在海洋中的，又称咸水鳄。湾鳄因生性凶猛、残暴，常主动袭击人，又有一个可怕的名字——“食人鳄”。

湾 鳄

非洲尼罗河上游的尼罗鳄，又叫非洲鳄，也是吃人鳄。个头仅次于湾鳄，体长 4 米~5 米，最长的达 8 米，重 1 吨，同样凶残。因广泛生活在内陆，所以受害人更多。

蜥蜴

蜥蜴外形与壁虎相似，不同之处主要是，蜥蜴的趾端侧扁，不膨大，头上有大型成对的鳞甲，眼睛有能动的眼睑。它们不像壁虎能够在墙壁和天花板上行走自如，只能利用四肢在地面、树上爬行。蜥蜴大部分生活在陆地上，但也有水栖、树栖或地下穴居的。

蜥蜴家族大，种类多，分布广。其中有会变色的，中国常见的是变色树蜥，大大的脑袋呈四棱椎形，长长的细尾巴几乎占了整个体长的 3/4，颈背有一行直立的鬣鳞，发怒时就竖立起来，所以又叫“马鬃蛇”。大名鼎鼎的避役，又叫变色龙，主要分布于非洲，欧洲和亚洲南部也有少量存在。它不但能随着环境的改变随时改变身体的颜色，还有一双奇特的鼓眼睛，左右眼睛能够各自独立活动。左眼向上看的同时，右眼可以向前看，可以同时眼观八方。它的长尾巴缠绕自如，相当于第五只爪子，还有20厘米长的舌头，能够闪电般地冲出来把昆虫牢牢地粘住，几乎百发百中。遇到危险，它会扩张肺，膨大身体吓唬对方。

变色龙

巨蜥(科摩多龙)

还未出现就让人闻到一股恶臭，令人窒息。一身粗糙的皱皮如同厚厚的盔甲，四肢粗壮，一双眼睛很冷酷，黄色分叉舌头长达30多厘米。张开血盆大口，锯齿状的牙齿长达2.5厘米，嘴角垂着剧毒的唾液，张牙舞爪扑过来……这既不是科幻电影中的虚拟场面，也不是西方古代传说中吃人恶龙的描述，它就是现存的世界上最大的蜥蜴——巨蜥。

我们对巨蜥认识不到100年，1912年才知道有这种大型蜥蜴，1926年才获得标本和活体。巨蜥生活在印度尼西亚的科摩多岛上，因而也叫科摩多龙。附近的几个小岛也发现了它的踪影。巨蜥身长2.5米~3米，体重可达136千克。最大的个体4米左右，体重超过400千克。它运动速度快，舌头能够捕捉远处空气中的信息，通常采用偷袭的方式，突然进攻猎物。巨大的腭可以像蛇腭一样张大，吞下大块的食物。它十分凶猛，能杀死数倍于自身体重的野水牛，一次能够吃掉自身体重80%的食物。它最喜欢吃野猪、野鹿，同时不放过任何遇到的动物，甚至同类。

巨 蜥

巨蜥每年5月交配，9月产卵，幼巨蜥孵出时体重不到0.1千克，长度不到0.4米，常常被掠食者吞吃，同伴间也互相残杀。它们通常生活在树上，捕食昆虫，1岁后才开始下地。

科摩多巨蜥已经生存了6000多万年，模样没有发生什么变化。由于人类的捕捉和自相残杀，数量越来越少。印度尼西亚政府已把科摩多岛和附近两个小岛列为重点自然保护区，为巨蜥提供食物，并严禁外运出国，以保护这种稀有动物。

蛇

中国上古时代就有蛇的图腾崇拜，伏羲和女娲就是人面蛇身形象。美丽的白蛇娘子和许仙的故事是对忠贞爱情的赞颂。但它又与凶残的虎、狼等并称为危害弱小的“毒蛇猛兽”。现实中的蛇也有两面性。它是捕食鼠类、保护庄稼的能手，皮、肉、胆、血，甚至骨头和粪便都是很好的药材。尤其是从蛇毒中分离出的蛋白质基因，应用基因重组技术能合成一种毒素，可杀死部分癌细胞，给人类造福。但它那蠕动着的身躯，阴冷的眼睛，不时吐出的可怕的舌头，更有能致人死命的毒牙，无不令人望而生畏。

全世界2700多种蛇中，分无毒的和有毒的两类，毒蛇大约占1/4。蛇的牙齿不能咀嚼，只会囫囵吞食。下颌由韧带连接两块骨头，能纵横拉开，自由下垂。眼睛只对近处活动的物体敏感，只要静止不动，它就视而不见。蛇没有外耳和鼓膜，但内耳紧贴地面能感觉震动。捕食和识别敌害主要靠舌头，分叉的舌头不停地伸缩摆动，探测气味。蛇无脚，靠灵活的肌肉、骨骼及腹部鳞片与地面磨擦，左弯右曲，蜿蜒前进。

眼镜蛇

蛇是冷血动物，寒冷地带的蛇冬季冬眠，4月~5月交配，大多数卵生，少数胎生，一年要蜕几次皮。蛇的形体大小非常悬殊。最大的蟒蛇可长达10米以上，体重上百千克。最小的一种盲蛇只有10多厘米，体重只有几克。著名的无毒蛇有灰鼠蛇、玉斑锦蛇、黑眉锦蛇、颈棱蛇等；毒蛇有眼镜蛇、眼镜王蛇、响尾蛇、蝮蛇、金环蛇、银环蛇、五步蛇（蕲蛇）、烙铁头、竹叶青等。另外，生存于海洋的海蛇是陆蛇的近亲，以毒蛇居多。

蟒

“贪心不足蛇吞象”，是讥讽那些野心太大、贪得无厌的人。即使是刚出生的小象，也有120千克，所以“蛇吞象”只是文学的比喻而已。但蛇类中的巨无霸

——蟒，吞食鸡、羊、猪、鹿等的事例时有发生。蟒属于蛇目蟒蛇科，常见的一种大蟒蛇又称蚺蛇、琴蛇、南蛇，分布于南亚、东南亚的热带和亚热带森林、小溪附近，我国广西、广东、云南、贵州、福建等地也有其踪迹。一般体长 5 米~7 米，重约 60 千克。它身躯粗大，浑身覆盖细小鳞片，有暗褐色多边形斑纹。头不大，下颌骨左右两半不固定，由韧带相连，不直接长在头骨上。所以嘴巴可张开 130 度以上，左右还能充分扩张，好像一个大口袋。蟒能吞食比它的头大许多倍的猎物。吞食前把猎物缠挤成长条状，慢慢送进肚子里，然后找地方休息，需要许多天进行消化。蟒喜欢阴湿环境，常缠绕在树上，善游泳，无毒。蟒进食后行动不便，容易捕捉。每年 6 月产 100 枚左右的卵，目前数量极少，已由原来的国家三级保护动物提升为国家一级保护动物。

巨大的绿蟒

生活在南美的水蟒，又叫森蚺，是世界上最大的蟒。一般体长 8 米~9 米。水蟒身体绿褐色，背部有两排交错排列的椭圆形斑纹，腹部白色，杂有黑色斑点。水蟒与大蟒蛇不同的是没有牙齿。

鸡

鸡是禽类，是人类最早驯养的动物之一。早在 5000 多年前的仰韶文化和龙山文化时期，人们就饲养了家鸡。商周时期，家鸡又名赤雉、向雉、泽雉、雉鸡等，已有多个品种。如今家鸡遍布全球，有 300 多种，主要分为肉用鸡和蛋用鸡两类。中国著名的品种有九斤黄、江苏狼山鸡、浙江萧山鸡、河南固始鸡、上海浦东鸡、湖南桃源鸡、辽宁大骨鸡、山东寿光鸡、广东惠阳鸡等。外国良种鸡有意大利的莱航鸡、英国的浅花鸡、美国的澳洲黑鸡和洛岛红鸡等。另外还有药用的乌鸡，玩赏用的长尾鸡、球冠鸡、斗鸡等。

母 鸡

家鸡的祖先是原鸡，又名红色野鸡。在云南西南部、广西西南边境、海南岛灌木丛和竹林中，以及印度一些地方，还可以见到原鸡。原鸡个体较家鸡小，羽毛也不如家鸡漂亮，但翅膀大而有力，善于飞翔。海南岛的雄原鸡啼叫声不是“喔喔——喔——”，而像喊“茶花——两朵”，所以当地人叫它茶花鸡。雌原鸡每年产蛋两次，每次 8 枚~12 枚。当地人有时拾到原鸡蛋，让家鸡孵化，出壳的雏原鸡和家鸡一起生活，但晚上飞到树上睡觉。看来还是基因起一定作用，它们还一直保持着原鸡的特性。

鸭

鸭，属雁形目鸭科，鸟类。鸭是古老的动物，现代鸭则主要有野鸭和家鸭两大类。家鸭是由野鸭驯化而来的。野鸭家族有绿头鸭、斑嘴鸭、花脸鸭、罗纹鸭、绒鸭、鹊鸭等。其中绿头鸭和斑嘴鸭就是家鸭的祖先。绿头鸭又叫大麻鸭，在中国北方繁殖，在长江流域及华南地区越冬，结群活动，生活在水草期茂盛的河、湖、池、沼等浅水区，生活习性及鸣叫声与家鸭相似。有时，绿头鸭也与家鸭交配，并繁衍后代。

家鸭有 3000 多年的驯化史。头大而圆，喙扁而平，民间俗称“扁嘴”。体为船形，尾巴短，脚较矮，羽毛丰满，趾间有蹼，喜游水，因人工饲养不愁吃喝、个体比野鸭肥胖而失去飞翔能力。家鸭生性胆小，喜合群。母鸭叫声宏亮，公鸭叫声嘶哑难听，故“公鸭嗓”成为形容音质不佳的贬义词。

野 鸭

按经济性能家鸭可分为蛋用、肉用和肉蛋兼用三种类型。肉用型以北京鸭为代表，是制作北京烤鸭的主要品种，已有 600 多年的历史。优良品种还有高邮鸭、巢湖鸭等。

鹅

鹅属鸟纲鸭科。形近似鸭，但比鸭体大而壮，是雁类驯化而成。喙扁阔，前额有肉瘤，颈长，体躯宽壮，龙骨长，胸部丰满，尾短，脚大有蹼。鹅的羽毛一般为白色，也有灰褐色的。喙、脚以及头上的肉瘤均为黄色或黑褐色。

鹅喜食青草，生长快，好喂养。所以一般是家养的，具合群性、耐寒、抗病力强等优点，寿命较其他家禽为长。鹅的体重一般在四五千克左右，大的可长至 15 千克。鹅的产蛋率不多，年产蛋少的数十个，多的百十个。但单个蛋较大，约在 150 克至 200 克之间。鹅蛋一般为白色和淡青色。在中国的华东、华南地区，喂养鹅的较多。

鹅的性情高傲，走起路来总是昂首挺胸，一副旁若无人的样子。鹅不但不怕人，有时还咬人，因此可以让它看家。无论在中国还是在外国，都有许多关于鹅的故事。勇敢的“骑鹅少年”就是这样一则深受儿童们欢迎的童话。唐代骆宾王的《咏鹅》诗更是妇孺皆知。据说，书圣王羲之特别喜欢鹅，“黄庭换白鹅”成为一段千古流传的佳话。

鹅

大雁

“仰看云中雁，禽鸟亦有行”，杜甫的诗说的是大雁也懂得排成行列飞行。每当中秋前后，常常可以看到雁群在空中排成“一”字或“人”字，从北向南飞去。这是它们从中国东北、内蒙古以及西伯利亚，到长江流域和珠江流域越冬。大雁属于雁形目鸭科，全世界有 14 种，只分布在北半球。大雁又称鸿雁，中国常见的是灰雁和豆雁，体型较大，外表像鹅，家鹅就是由大雁驯化而成的。它腹部扁平，好像船底，两脚有蹼，如同船桨，善于游泳和飞行。嘴巴扁而坚硬，呈锯齿状，可以像锯一样切割植物的茎、叶，淘食水生植物的块根和种子。羽毛紧密，羽绒厚实，尾部可分泌油脂，休息时常用嘴抹涂在羽毛上，既可保持色泽又可避免被水濡湿。大雁过集体生活，常常几十只甚至几百只在一起，栖息在沼泽、湖泊、河湾的浅滩水草丛中。春、夏在北方产卵育雏，秋天飞往南方越冬。

大雁是典型的候鸟。迁飞时纪律严明，行动统一。由经验丰富的头雁在前面领航，小雁和体弱者排在中间，老雁压阵，总是排成“一”字或“人”字队形。头雁扇动翅膀，产生上升气流，后面的可借助这股气流飞翔，既能提高全队的速度，又能节省体力。在漫长的旅途中，它们不断发出高亢的鸣叫，前呼后应，选择湖泊、水塘、河流、沼泽地休息、觅食。睡觉时都有哨兵站岗放哨，一有情况就嘎嘎大叫，群雁立即展翅高飞。

雁

燕子

燕 子

中国人自古以来就喜欢燕子。燕子善良、勤劳，还留恋故居，在人家屋檐或房梁上筑成半碗形的窝，只要房屋不拆迁，可住好多年，与人类和睦相处。

燕子嘴巴宽扁，腿短而爪利，翅膀尖长如镰刀，尾巴分叉像剪刀，身体轻盈，快飞如箭。每年春分前后离开南方越冬地，夜间迁飞，白天觅食、休息，无论路途多远，都能重返故乡。燕子夫妻“回家”的第一件事就是衔来泥土、羽毛、柔软的干草，混入唾液，修补旧巢。燕子每年繁殖两窝，每窝产卵 4 枚~6 枚。刚出壳的雏燕黄毛未干，还张不开眼睛，但一天到晚张着嘴巴要吃的。燕子父母不停地进进出出，捕虫喂食。据观察，一对燕子育雏期间大约能捕食 25 万只昆虫。秋天来了，天气渐渐凉了，小燕子也长大了，它们便成群结队，飞往印度、南洋群岛、澳大利亚等地越冬。

喜鹊

人们常把喜鹊当做吉祥鸟，民间有“喜鹊叫，喜事到”的俗语，认为听到喜鹊叫是好兆头。当然这只是人们美好的愿望罢了，其实喜鹊并不能未卜先知。喜鹊的叫声倒是和气候有关。若叫声婉转悦耳，边叫边跳，就是晴天的征兆；若叫声嘈杂零乱、参差不齐，那就预示阴雨天气就要来临了。

喜 鹊

喜鹊黑黑的脑袋，尖尖的嘴，身披黑白相间的体羽，白白的肚皮，长长的尾巴喜欢上下翘动，体态潇洒，常欢快地跳跃、鸣叫，十分惹人喜爱。喜鹊广泛分布于平原地区，喜欢栖于乡村、城市的树丛中，把巢建在高大的树上。以昆虫为食，蝗虫、蝼蛄、夜蛾、松毛虫等几乎所有害虫，都是它的美食，因此喜鹊被誉为“农林卫士”。

乌鸦

乌鸦广泛分布于世界各地。长相难看，一身黑毛，叫声粗而嘶哑。在童话故事里，乌鸦常常和老巫婆在一起，被看作不吉利的象征。不少地方流传“乌鸦叫，祸事到”的说法；如果谁说了丧气话，就被斥为“乌鸦嘴”。其实乌鸦并不能给人带来晦气。它吃许多害虫，如螟蛾、蛴螬、金龟子、鼠类，但也吃成熟的谷物。总体来说，功大于过，是益鸟。乌鸦很警觉，如一只乌鸦发现敌情，就大声惊叫，群鸦便哇哇聒噪着一哄而散。有人录下它们的叫声，在播种期间，播放惊恐声驱赶它们；果园出现虫害时播放欢聚的“啾啾”声，招引它们灭害虫。

乌 鸦

乌鸦是鸟类中最孝敬父母的，当亲鸟受伤，或体衰力竭时，小辈乌鸦就到处寻找食物，宁可自己挨饿，也要把食物送到老鸟嘴边。它性情活泼，常搞恶作剧：叼走狗的肉骨头；突然大叫惊醒猫的美梦，偷走野猪好不容易捉到的田鼠，飞到空中，吃完后就幸灾乐祸地哇哇大叫；它还喜欢闪闪发亮的东西，钥匙、手表、项链、玻璃片等都是它收集的对象，这也是人们讨厌它的缘故之一。

乌鸦也是最聪明的鸟。找到硬壳果实和贝类时，会先在石头上敲打，打破后再吃；或者叼起，抛在公路上，让过往汽车帮它碾碎。有一只雌性乌鸦“贝蒂”能将铁丝弄弯成一个钩子，从试管中钩取食物。牛津大学研究人员做了 10 次试验，贝蒂成功了 9 次。一只雄性乌鸦抢走它的“劳动工具”后，贝蒂又做了一个。

鸽子

鸽子分为原鸽、家鸽和岩鸽。原鸽又名野鸽，分布于世界各地。我国不仅有栖息在岩石上的岩鸽，也有栖息在树枝上的林鸽。岩鸽多见于东北和西北，在岩缝间筑巢。家鸽由原鸽驯化而来，品种极多，一般分为信鸽、肉用鸽和玩赏鸽 3 种。鸽子善于飞行，时速可达 100 多千米，瞬间最快时速近 300 千米，在鸟类中仅次于游隼。1971 年有一只信鸽从德国汉诺威飞往澳大利亚昆士兰，飞行了 1.6 万千米。

鸽子还有许多非凡的能力：头部有一块突出的磁骨，能感觉地球磁场的轻微变化，帮助导航，无论飞多远也不会迷失方向；视神经由 100 多万根视神经纤维组成，视网膜有复杂的特殊功能，能看到人们看不到的光波；听觉极其敏锐，能听到几百千米外的低频音。

鸽 子

麻雀

麻 雀

麻雀到处可见。它喜欢和人生活在一起，随便在屋檐下、墙缝隙、废旧的烟囱里找个地方，衔点羽毛，铺点杂草就算安了家，所以又叫家雀。它两只翅膀又短又小，飞得不高不快也不远。它还是有名的夜盲眼，天一黑什么也看不见了。它白天“喊喊喳喳”，忙忙碌碌，既不尊贵，又缺乏风度，是个猛禽都欺侮它。它喜吃谷物、蔬菜，常常轰走不久又卷土重来。20 世纪 50 年代中后期，麻雀曾与苍蝇、蚊子、老鼠并列为四害。

其实这是个冤案。麻雀虽说有时会偷吃些庄稼，但它也吃害虫，夜蛾、蝗虫、菜青虫、稻螟虫等都是它的美味佳肴，一天能吃 30 条~40 条。对农业来说，利大于弊。麻雀繁殖能力极强，是一种可爱的小生灵，应加以保护。

丹顶鹤

目前世界上有鹤类 15 种。中国有丹顶鹤、白鹤、白头鹤、赤颈鹤、灰鹤、黑颈鹤、蓑羽鹤白枕鹤和沙丘鹤 9 种。其中个头最大的是赤颈鹤，个头最小的是蓑羽鹤，最常见的和数量最多的是灰鹤，而名声最大的是丹顶鹤。丹顶鹤通常身体是白色的，翅尖为黑色，面部和颈部为暗褐色，头顶皮肤裸露，有鲜红色肉冠。体态秀逸，举止文雅，颇具仙风道骨，又称之为仙鹤。

丹顶鹤是驰名世界的珍贵涉禽，分布于中国、日本和俄罗斯。身长 1.2 米左右，栖息于沼泽和沿海浅滩。画家常画“松鹤图”，寓意长寿不老。其实丹顶鹤与松树无缘。丹顶鹤以鱼、虫、虾、蟹、蛙类和贝类为食，也吃青草和谷物。《诗经 · 小雅 · 鹤鸣》有“鹤鸣于九皋，声闻于天”，九皋指深泽，意思是说它的鸣叫声音特别宏亮。

春天繁殖季节，雄鹤轻舒两翼，围绕雌鹤旋转，跳起优美的求婚舞。雌鹤羞答答地观望，有时也对舞对唱。然后它们用蒲草、芦苇等筑起粗大的爱巢。丹顶鹤实行“一夫一妻”制，一旦结合，便厮守终

丹顶鹤

生。雌鹤每次下两枚卵，夫妻轮流孵卵。一个月后雏鹤出壳，几天后就会自己找食，3个月后学会飞翔。丹顶鹤是候鸟，在中国内蒙古呼伦贝尔、黑龙江三江平原和扎龙，以及吉林白城地区是它们的繁殖大本营。其中扎龙自然保护区现有丹顶鹤300余只，而全世界大约不足2000只。深秋时节，它们离开故乡南迁，到长江下游东南各省越冬，次年春天返回老家。

黑颈鹤

黑颈鹤产于中国，故乡在青藏高原和四川北部海拔5000米以下、2000米以上的高原湖泊、草甸和沼泽地带，是唯一生活在高原上的鹤。它腿长身高，个体较大，长1.5米，重6千克~8千克；体态优美，头、颈、翅、尾和腿部黑色，其余均为灰白色；头顶朱红，但没有丹顶鹤的那么大而鲜艳；喜欢结群，常和灰鹤，甚至灰雁、斑头雁、赤麻鸭在一起生活，大群可达上千只。黑颈鹤每年3月养儿育女，主食是鱼、虾、蟹、蛙、昆虫，也吃植物。9月底10月初迁徙到云贵高原越冬，在湖泊、沼泽地飞来飞去，觅食嬉戏，悠然自得。高兴时就成双作对，翩翩起舞；晚上则独脚站立，把头藏入翅下休息。黑颈鹤爱情专一，伴侣死后，另一只就终生独居。

黑颈鹤

灰鹤

灰鹤体长1.3米~1.4米，重4千克~5千克，广泛分布于亚洲、欧洲和非洲。在中国，分布于新疆天山和内蒙古呼伦池，越冬地在黄河以南除西藏外各地。无论是森林、草原、沙滩，还是平原、山地、丘陵，到处都有它们的足迹。因体羽大多为灰色而得名。喜群居，小群30只~50只，大群200只~300只。灰鹤鸣声嘹亮如同喇叭。飞翔时排成人字形阵，觅食、休息时，总有一两只站岗放哨。灰鹤的食性很杂，昆虫、鱼、虾、蟹、蛙、鼠、鸟等都是它的美味佳肴，各种水草、谷粒、花生、麦、豆、玉米等也通吃不拒。休息时单腿独立，头转向后，嘴巴插在背羽间，小睡半小时就足够了。有趣的是，灰鹤从来不落在树上。

灰鹤

天鹅

天鹅身体颀长，羽毛洁白，姿态优雅。天鹅保持着“终身伴侣制”，一旦结合，终生厮守，如果一只死亡，另一只就不再找伴侣。在人们的心目中，天鹅是美好、纯洁、真诚、善良的象征。柴可夫斯基的舞剧《天鹅湖》、圣桑的名曲《天鹅之死》、国内外许多城市的天鹅雕塑、艺术画廊中数不清的各种天鹅的绘画，都是人们对天鹅的赞美与讴歌。

世界上有5种天鹅，除了澳大利亚的黑天鹅、南美的黑颈天鹅，中国有大天鹅、小天鹅和疣鼻天鹅3种。大天鹅又叫白天鹅，体长约1.5米，体重可达十几千克，嘴巴多为黑色，头颈约占体长的一半，游泳时脖子伸直，两翅贴伏。小天鹅又叫短嘴天鹅，体长约1.1米，体重5千克~7千克，颈稍短，性格活泼。疣鼻天鹅鸣声低沉、沙哑，故又叫哑天鹅，个头与大天鹅差不多，嘴赤红色，前额有黑色疣突，游泳时粗状的颈呈S形，两翅向上半展。天鹅栖息于湖泊、池塘、水库、沼泽地带，主要以水生植物、软体动物、昆虫、鱼、虾为食。在中国，天鹅生息繁殖于北部和西北，每年9月中旬南迁，在华中和东南沿海越冬，次年3月~4月北迁。大天鹅和小天鹅有时混群迁徙，但取食和休息时分开。过夜时总有一两只担任放哨守卫的工作。

黑天鹅

在新疆巴音布鲁克和静县建有中国第一个天鹅自然保护区，在江西鄱阳湖和山东长岛，天鹅也得到有效保护。

白鹳

白鹳和火烈鸟是同族兄弟。它嘴长、颈长、腿长，脚趾也又细又长，前3趾有蹼相连，后趾发达，4趾在一个平面上。伫立时脖子呈S形，飞起来伸直。除了飞羽是黑色的，其他羽毛纯白，颈部下的羽毛特别长，显得优雅、舒展。喜欢结成小群，在池塘、沼泽、河流、湖泊浅水区觅食，捕捉鱼、虾、蛙类、鼠类和昆虫。它们捕食蝗虫时，四面包抄，围而歼之，吃饱了还不停地捕杀。白鹳食道膨大，可暂时贮存大量食物，然后吐出来喂养幼雏。

白鹳广泛分布于亚欧大陆北部。在欧洲一些农村，村民以白鹳在自家屋顶筑巢为吉祥，所以把破箩筐、旧车箍等放在屋顶，以招引白鹳。在德国、奥地利、荷兰都有一些远近闻名的“白鹳村”。德国还把它定为国鸟。在中国，白鹳繁殖于东北和新疆西部，冬天来临之前飞往东南沿海各地。它们性情宁静、安祥，互相谦让，从不争斗、抢食，大有君子之风。它们也很机警，时时观察四周动静，一旦发现危险，立即飞走。白鹳还重视家的建设，在水域附近的松树和橡树上筑巢，年年精心翻修、加固，不断扩大，以至于巢窝可以达到1.5米，高2米，重达1吨，可以说是鸟类中最大的家了。

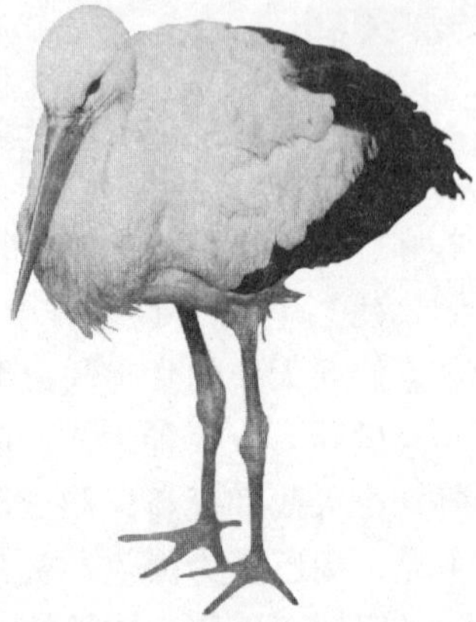

白 鹳

如今白鹳自然种群已经十分稀少，在欧洲许多国家已经绝迹。中国已将它列为国家一级保护动物，“国际濒危动物公约”也把它列为一级保护动物。

朱鹮

朱鹮被誉为“东方宝石”，又名朱鹭，是目前世界上最稀少的鸟。朱鹮体长70厘米~80厘米，重1.5千克~2千克。全身雪白，只有面部和额顶裸露呈朱红色，头部、翅膀粉红色。颈后有漂亮的柳叶状长形冠羽，长长的嘴巴向下弯曲。在水田、沼泽、池塘、河滩、溪流附近活动，栖止于高大乔木上。以蟹、蛙、田螺、小鱼、泥鳅、甲虫等为食。5、6月繁殖期间在松树、白杨上筑巢，一窝产青绿色卵2枚~4枚。雌雄鸟轮流孵卵，共同照顾雏鸟。

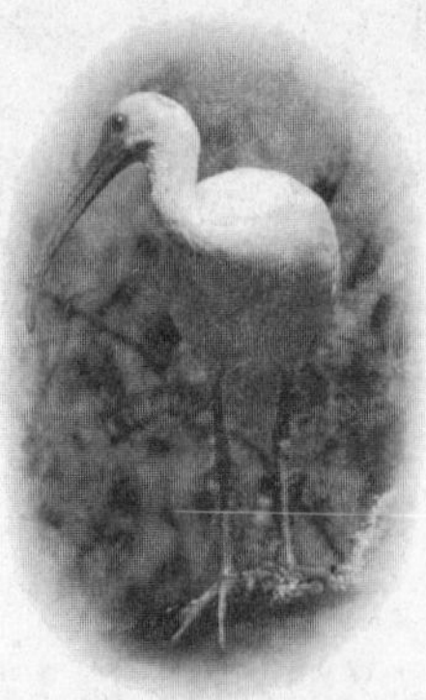

朱 鹮

20世纪40年代，朱鹮曾广泛分布于西伯利亚、朝鲜半岛、日本列岛和中国，50年代以后却神秘消失了。1960年第12届国际鸟类保护协会年会上把它定为国际保护鸟类。1965年和1980年，日本先后发现11只，后来只喂活了1只。中国先后赠送日本4只，才使得朱鹮在日本未遭到绝种的命运。1978年，中国科学院动物研究所的专家在陕西洋县发现了7只。1986年，在这里成立了保护观察站，采取在巢区附近山林拉上铁丝网，严禁农田施放农药、化肥，禁伐树木，人工野外投食等保护措施。功夫不负有心人，90年代初人工繁殖40余只。21世纪初，命运多舛的朱鹮家族成员超过300只，但野生的极少。

长期在人类的呵护下，人工养殖的朱鹮很难适应野外环境。科学家正在试验让形体、习性相似的白鹮逐步带朱鹮回归大自然。不过还有很多难题，比如朱鹮喜欢在稻田活动，而现在稻田几乎找不到不施农药、化肥的，搞不好就会出现“放生就是杀生”的不幸。

白鹭

鹭的个头和外形与鹤相似，都是嘴长、腿长、脖子长、尾巴短，都是涉禽，喜欢吃鱼、虾。不同的是，鹭的前、后趾在一个平面上，而鹤不是这样；飞行时，鹭总是缩着脖子弓着背，不像鹤的头、颈、腿伸得挺直那样潇洒。白鹭是鹭科最常见，也是最美丽的一种。李白的诗句“白鹭下秋水，孤飞如坠霜”、“白鹭行时散飞去，又如雪点青山云”，就是对它的赞美。杜甫诗中的“一行白鹭上青天”，更是人人皆知的佳句。

白鹭

白鹭身形纤秀，羽翼雪白，体态优雅。生殖季节，胸和背披上丝线般的蓑羽，头后有两条辫子一样细长、柔软的冠羽，格外漂亮动人。白鹭常常三五成群，在江河、湖沼、海边徘徊觅食。喜欢在高大树木上用树枝搭扁阔的窝，一棵树上往往有 10 只~40 只窝。雌鸟一次产 3 枚~6 枚蓝绿色的卵，夫妻共同孵化。广东新会江门的天马河心有一棵近 300 年的大榕树独木成林，吸引了成千上万的鸟儿，是举世闻名的“小鸟天堂”，白鹭就是这里的主要居民。

孔雀

蓝孔雀

一提起云南，人们就会想起西双版纳的秀丽风光和优美的孔雀舞，还有传说中美丽、善良的孔雀公主。其实，色彩绚烂、华艳夺目的是孔雀小伙子。雄孔雀尾羽上的覆羽像镶着黑边的翠玉、蓝宝石，中间有一个半椭圆形青铜色斑纹，末梢环抱着金光闪闪的圆纹。开屏时在阳光照耀下反射出金属般的光泽，头上还有一簇直立的长长冠羽。而孔雀姑娘却相形见绌，貌不出众。

世界上只有两种孔雀：一种是产于印度和斯里兰卡的蓝孔雀，一种是产于东南亚和中国云南森林中的绿孔雀。它们是同胞兄弟姐妹，外貌也极相似。主要不同是：蓝孔雀个头较大，冠羽像扇子，尾羽以宝蓝色闪辉为主；绿孔雀稍小，冠羽似镰刀，尾羽以翠绿色为主。至于动物园中常见的羽毛全白的的白孔雀，是蓝孔雀和绿孔雀的变种。

孔雀栖息于疏林、草原、竹林和灌木丛中，生性机敏，喜欢吃野果、谷物、昆虫、蜥蜴和蛙类。爱疾走，不善飞行，鸣声亮，但不好听。繁殖季节，雄孔雀开屏，屏如同巨大的扇子，并快速抖动屏，跳起求爱舞。近年来，鸟类学家提出，孔雀开屏还有迷惑敌害的作用。雌孔雀每次产卵 5 枚~6 枚，孵化 28 天后幼雏出世，两年后成熟。

长尾雉

在戏剧舞台上，武将的头盔上插有两根长长的羽饰，看起来威风凛凛。那是用长尾雉的尾羽做的。世界上有 5 种长尾雉，但尾巴真正长的叫白冠长尾雉。它非常漂亮，头颈雪白，前额到脑后有一道黑色条纹，身披黑褐色镶边的棕黄羽毛。中央两对最长的尾羽以银白色为底，上有黑色和栗色并列的横纹。尾羽一般都在1 米以上，长的可达 1.5 米。白冠长尾雉是中国特产的珍贵禽鸟，广泛分布于河北、山西、河南、陕西、安徽、湖北、湖南、四川、贵州等省，栖息在海拔 500 米~2000 米山地茂密树林里。它们以吃植物嫩叶和昆虫为主，也吃麦苗、油菜等农作物。飞翔能力较强，还能在快速飞行时骤然停止，垂直急降。每年 3 月~5 月繁殖。中国已把它列为国家二级保护动物。

白冠长尾雉

白颈长尾雉、黑长尾雉和黑颈长尾雉，也是中国名贵的观赏鸟类。因生存范围较窄，更为稀少，均被列为国家一级保护动物。黑长尾雉仅产于台湾，黑颈长尾雉分布于广西、云南等地，被列入世界濒危鸟类红皮书，必须严加保护。

鸳鸯

鸳鸯是我们在动物园里经常可以看到的水禽。雄鸳鸯红红的嘴巴，头后披一丛金黄、碧绿、雪白各色羽毛组成的冠羽，眼睛两侧有长长的白色眉纹，翅膀上的扇形饰羽像两面小黄旗在身体两侧扬起，全身五颜六色，鲜艳夺目，可以说是最漂亮的鸟类之一了。可是，它身边的“妻子”却和“丈夫”一点也不般配，披着一身灰褐色羽毛，就像一只丑小鸭。这并非大自然厚彼薄此，而是自然选择的结果：雄鸟色彩艳丽利于吸引配偶，雌鸟朴素的外衣可以保护它伏窝孵卵，不易被敌害发现。

在中国，鸳鸯主要分布在黑龙江、吉林、内蒙古等地，栖息于溪流、湖泊、沼泽地区，吃鱼虾、蛙类、昆虫、野果、稻谷等，在那里成双配对，生儿育女。它们会游水，善行走，也能飞。秋天集结成群，到南方越冬。吉林省头道白河是著名的鸳鸯繁殖地，人称鸳鸯河。福建省屏南县白岩溪是它们著名的越冬地，人称鸳鸯溪，每年有上千只鸳鸯来这里，现在已划为“鸳鸯自然保护区”。

鸳鸯

在文学作品中，常把鸳鸯描写成忠实于爱情的楷模。它们成双作对，游则并肩，飞则比翼，睡则交颈，形影不离。实际上，鸳鸯平时没有固定的配偶，更谈不上白头到老、生死不渝了。那种形影不离、柔情缠绵只是交配期的短暂表现，交配后就各奔东西。往往在雌鸟承担孵化和抚育雏鸟重任时，雄鸟又另寻新欢了。

鹦鹉

鹦鹉是聪明的鸟，能模仿人说简单的词语，甚至简短的句子。鹦鹉虽能模仿人的声音，但并不了解所说话的意思。它先天条件好，鸣管比其他鸟类发达得多。尤其是鸣肌可以有节奏地伸缩，调节鸣音，舌头肉质很厚，舌端相当圆滑，耳朵和支配听觉的中枢神经特别灵敏，反应也非常快。

鹦鹉也是漂亮的鸟，无论哪一种，羽毛都绚丽夺目，红、橙、绿、黄、白，或者五颜六色。中国最常见而且数量最多的是绯胸鹦鹉，俗称鹦哥，民间广泛饲养。野生种类与八哥、鸦类混群。鹦鹉嘴巴弯曲如钩，强健有力，可啄食硬果。脚爪有力，善于攀援。易驯养，是常见的观赏鸟。经过训练，鹦鹉还可以为盲人引路，它站在盲人肩上，可以发出“前进”、“止步”、“转弯”、“红灯”、“绿灯”等指令。

鹦鹉

八哥

八哥头上有明显的冠子，全身羽毛黑色，翅膀下有白色的羽毛，展翅飞翔时，

八哥

白色呈现八字形状，因而得名。八哥之所以善于模仿人类说话，主要是它们有一条与众不同的舌头。它们的舌头肉质很厚，又圆滑又灵活。人们先把它们的舌头捻圆，然后进行训练，它们就能够发出两个音节，学会说“你好”、“再见”等双音词了。八哥的叫声悦耳，易于驯养，是很好的笼养鸟，能给我们的生活增添不少乐趣。

八哥喜欢吃虫子，金龟子、蝼蛄、蚱蜢、白蚁等害虫都是它们的美餐。野生八哥常常十几只一群，啄食害虫和牛身上的牛螨，人们叫它“牛医生”。

还有一种鹩哥，也能说话，回答提问，比八哥还活泼。

黄鹂、百灵、画眉

“两个黄鹂鸣翠柳”，自古黄鹂就是人们喜爱的歌唱家。它又名黄莺，身被鲜艳夺目的金黄色羽毛，翅膀和尾巴以黄色为主，黑黄相间，眼睛前后有两道黑纹。它们喜欢三五成群地在树枝上欢快地歌唱，歌声清脆悦耳，清爽流利，富有韵味，类似笛音。它不仅是鸟类中的歌星，还是消灭害虫的好手，爱吃蝗虫、天蛾、金龟子、毛虫和蝇类，一只成鸟一天能吃 100 条~200 条害虫，是农作物的保护神。以中国、日本分布得最多。

黄鹂

百灵又叫云雀，在中国它生活在内蒙古大草原上，喜欢笔直地冲天而起，在高空纵情鸣叫。它音域宽广，响彻云霄，动人心弦，被誉为“空中歌手”。它还是优秀的口技演员，能模仿黄鹂、杜鹃、麻雀，甚至鸡、鸭、猫、狗的叫声，惟妙惟肖，几可乱真。还能将各种鸟类的鸣叫串在一起表演，边歌边舞，是出色的模仿者。

百灵鸟

画眉也是鸣禽，身材小巧，羽毛松散，多为棕褐色和棕黄色，白色眼圈向头后延伸，宛如古代盛装美女的娥眉，因而得名。生活在山地、丘陵丛林中，捕食松毛虫、蜗牛等。喜欢在午后、黄昏引吭高歌，清新流畅，婉转动听，有时也学母鸡下蛋后的“咯咯”声。

啄木鸟

在温带森林里，栖息着终生与树木相伴的啄木鸟。它们免费为树木治病，是不带听诊器的“森林医生”、“模范医务工作者”。

啄木鸟嘴直而有力，像锥子和凿子；翅膀短而圆，飞不快也飞不远；腿短而强健，两趾向前，两趾向后，可牢牢地攀抓树干；楔形尾羽硬而富有弹性，起支撑身体的作用。它在树枝上一面攀援，一面用嘴“笃笃”地叩击，通过声音判断树干里面是否有虫窝。一旦发现，就啄破树皮，吃掉虫子。它的嘴上有道凹槽，舌头细长而柔软，能伸出口外14厘米，好像弹簧一样伸缩自如。舌尖生有倒刺，能分泌出黏液，害虫及虫卵无论隐藏多深，都逃不脱它的口舌。中国有近1200种鸟，除了一些狩猎鸟外，绝大多数为食虫鸟。啄木鸟是消灭害虫的冠军。育雏期间，一对啄木鸟20多天就能消灭4000多只天牛。据统计，躲在树木中越冬的害虫，啄木鸟能够消灭95%以上。中国有28种啄木鸟，其中被列为国家二级保护动物的白腹黑啄木鸟数量稀少，分布于四川、云南、福建等地。

啄木鸟

啄木鸟每天敲击树干大约600次，它头部和嘴做一前一后的运动，速度很快，而它竟不会得脑震荡。原来啄木鸟头骨细密而松软，头部肌肉厚实而有弹性。科学家根据其构造和运动方式，设计了一种防震安全帽，效果极好。

杜鹃

杜鹃又名布谷鸟、子规。早春的山野田间，常常可以听到它响亮的叫声：“布谷，布谷，快快布谷”，给人们带来春的讯息，提醒农民春耕时间到了，别忘了播种。它专吃害虫，特别爱吃松毛虫，一个小时能吃掉上百只，是护林卫士。

但它品行恶劣，为人不齿。它不筑巢、不孵卵、不育雏。繁殖季节不像别的鸟那样雌雄生活在一起，交配完雄鸟就飞走了。雌鸟早就物色好黄莺、云雀等的鸟巢，趁主人离开时，赶快在人家窝里下蛋，而且蛋的大小、颜色、斑点足可乱真，还把主人下的蛋衔走吃掉。小杜鹃往往先出世，把巢里“养母”下的蛋推出巢外。可怜养母还不知道自己的子女惨遭不幸，仍精心照料着“独生子”。小杜鹃羽毛丰满后就不辞而别，一飞了之。

杜 鹃

鸟类学家曾跟踪观察过，一只雌杜鹃把蛋下在篱雀窝里，聪明的篱雀妈妈端详了半天，生出疑心，就用树叶把陌生的蛋盖在下面，然后把自己的蛋放在上面，后来小篱雀破壳而出，而杜鹃蛋却根本没有变化。在观察到的寄存在别人窝里的23个杜鹃蛋中，侥幸存活的只有3只小杜鹃。可见杜鹃在动物世界中也已经臭名远扬了。

海鸥

海 鸥

在世界各地的海边，几乎都能看到海鸥。在大海中航行，也可以见到它们跟着船飞翔。不要以为它们是特地欢迎你的到来，那是因为螺旋桨激起的浪花把鱼翻了上来，为了吃鱼，海鸥才追随船只而行。海鸥也许是最贪吃的鸟了，一天到晚都在找食物，似乎从来没吃饱过。在海上吃小鱼和其他水生动物；在海滨，吃人们丢弃的土豆皮、香肠、面包屑等；在陆地，吃田鼠、昆虫等。长期漂泊的海员把海鸥当朋友，出海捕鱼的渔民可根据它们的动向探知鱼群。

海鸥上体深灰色，下体白色，体长约45厘米。飞得不快，但游泳本领很强，在长途飞行中累了，就漂浮在水面上休息。有人在诗文中歌颂暴风雨中的海鸥，其实暴风雨到来之前，它们就躲在岸上岩石缝隙里了。它们翅膀上的空心羽管，好像微型气压表，能感知天气的变化。海鸥很聪明，吃贝类时并不为那紧闭的硬壳发愁，它们叼起贝飞向高空，看准地面的石块，松开口，将贝摔裂，然后从容地啄食贝肉。

遗鸥

在全球来说，这是一种稀有鸟类，现存5000余只。但在中国内蒙古鄂尔多斯高原却有繁殖群体。20世纪20年代，瑞典探险家就在额济纳旗发现了它，1931年确定为一个新种。70年代作为中国有分布记录的鸟种出现于鸟类学专著。80年代又被列入国家一级保护野生动物名录。但到了90年代，国人对它还知之甚少。

遗 鸥

遗鸥头羽呈黑色，嘴巴和双脚呈红色，通体羽毛雪白，体长约45厘米。繁殖地在亚洲中部、西伯利亚南部和蒙古国东部，越冬地不详，迁徙路途有记录的有河北北戴河、北京和香港。2001年8月8日，一个科学考察组在内蒙古伊克昭盟，捡到一只受伤的遗鸥，送到北京市野生动物救治中心。经过半年多的精心照料和医治，它还是死了。

鹰

我们平时说的鹰，泛指所有昼行性食肉猛禽。种类很多，名称多样，包括鹰、鹫、雕、隼、鸶等。几乎所有的小型动物都是它们的捕食对象，空中飞行的各种鸟类，水中游动的各种鱼、虾，地上奔跑的鸡、鼠、兔、蛇，甚至个体较大的鹿、羊、狐、貂、狼等，都是它们的美食。有的也吃腐肉。鹰体态雄健，性情凶猛，大多在白天活动。嘴巴坚硬，弯如铁钩；脚爪长，锋利如刀；翅膀宽大、强健，可利用上升气流在高空翱翔、盘旋；眼睛很大，中央凹处有灵敏度极高的感受器，视野宽阔。即使在1000多米的高处也能分辨出草丛中的猎物，疾速俯冲而下，几乎百发百中。

鹰

最常见的是秃鹫，又叫秃鹰、坐山雕。体长100厘米~128厘米，两翅展开有2米以上，重7千克~9千克。头上光秃秃的，铅黑灰色的脖颈裸露着，只有稀稀拉拉几根毛。眼睛阴冷，栖息于海拔2000米~4500米高原、山地。主要吃腐肉。兀鹫体形稍大，捕食各种小动物，也吃腐肉，和秃鹫都是大自然的清道夫。雕有蛇雕、海雕、林雕、草原雕等。蛇雕和蛇是生死对头，蛇雕主动攻击蛇，蛇也不甘示弱，要么雕吃掉蛇，要么蛇毒死雕，有时也两败俱伤。海雕也叫渔雕，以鱼为主食，锐利的脚爪能把鱼身扎透，再黏滑的鱼也难以逃身。隼是中型猛禽，专食各种鸟类，飞行迅速，瞬间俯冲速度可达每秒80米~100米，有“空中猎豹”之称。

白头海雕

白头海雕又叫美洲雕，头颈和尾部羽毛雪白，其余羽毛暗褐色。足趾长约15厘米，3个在前，1个在后，足趾顶端的利爪长而弯曲，锋利如刀，能紧紧抓住黏滑的鱼。其视力极佳，能从几百米高空分辨浅层水域的猎物，俯冲袭击时疾如闪电，有“空中猛狮”之称。和大多种猛禽一样，雌雕个头比雄雕大，翼展可达2.3米，而雄雕只有1.8米。这是因为雌雕块头大能更好守护蛋、雏雕和巢穴；雄雕

白头海雕

体小便于翱翔，巡视地盘。白头海雕骨架中空，羽毛丰满，尾部能分泌一种油状液腺，通过梳理羽毛，保持羽毛整洁。白头海雕平时忙于筑巢哺育雏雕，冬季常群居在食物丰盛的海岛、河畔水域，这时也是年轻成年雕寻偶的时机。雌雕每次产卵 1 枚~4 枚，每枚重 110 克~130 克。夫妻轮流孵卵，32 天~35 天小雕出壳，重约 70 克~100 克，3 周后重约 2.3 千克。10 周~12 周与成雕体重差不多，达到 5 千克，羽毛渐丰，开始学飞。再过 6 周~10 周左右，就离开父母，开始闯荡世界独立生活了。

1782 年 6 月 20 日，美国国会号召国民树立保护鸟类的意识，确定白头海雕为国鸟。这是第一个通过立法形式确定的国鸟。

猫头鹰

猫头鹰是大家熟悉的名字，它的学名叫鸮，是一类夜行性猛禽。猫头鹰头大而圆，两只炯炯有神的大眼睛位于正前方，不像其他的鸟类长在两侧。眼睛的视网膜里有许多圆柱状感光细胞，夜间的感光度是人眼睛的 100 倍。眼睛四周的羽毛呈放射状，形似猫脸。周身羽毛稠密细软，飞行时悄无声息。听觉极其灵敏，能察觉到每秒震荡 8500 次以上的高频音波。鼠类活动时发出的声响，恰好在这个范围内。一只猫头鹰一个夏天能捕杀上千只野鼠，为人类保护 1000 千克粮食，是农业、林业的忠诚卫士，是人类的好朋友。

猫头鹰

中国有 27 种鸮，其中最常见的是仓鸮和草鸮。仓鸮叫猴面鹰，草鸮又叫夜猫子。平时我们所说的猫头鹰，主要就是指这两种鸮。体型最大的是雕鸮，体长约 66 厘米，重约 4 千克；体型最小的叫鸺鹠，体长仅 15 厘米左右。还有羽冠向左右伸出像两只角的角鸮，全身披着白色羽毛的雪鸮，耳羽竖立好似两只耳朵的耳鸮，叫声凄厉恐怖的鬼鸮等。它们都以吃鼠类为主，也吃小鸟、蛇、昆虫、蜥蜴等，都是国家二级保护动物。猫头鹰白天睡大觉，夜间出来觅食，再加上长相怪异，叫声难听，长期以来被视为不吉利的动物，实在是冤枉。我们不仅要为它正名，还要认真做好保护工作。

白鹇

李白平生爱鸟，一次游黄山时在一胡姓老人家中见到一对白鹇。老人见他喜爱，就送给了他，条件是赋诗一首回赠。李白欣然挥笔写下："请以双白璧，贾君双白鹇。白鹇如白练，白雪耻容颜。照影玉潭里，刷毛琪树间。夜栖寒月静，朝步落花间。我愿得此鸟，玩之坐碧山。胡公能辄赠，笼寄野人还。"

白 鹇

白鹇又叫银雉、寒鸡、越禽等，性情温和，姿态优美。雄鸟红脸，绿嘴，头上有深蓝色羽冠，两翅白色，布满 V 形黑色细纹，尾羽雪白而长，胸腹部蓝色。雌鸟通体棕褐色，羽冠黑色，其他同雄鸟。分布在中国南方各省以及东南亚一带，以浙江、安徽最多，栖息于山地竹林、灌木丛中，以浆果、嫩叶、种子、昆虫等为食。午间休息，早晨和黄昏觅食，在树上筑巢。4 月繁殖，实行"一夫多妻制"，每窝产卵 5 枚~10 枚。分布虽广，但数量较少，已列为国家二级保护动物。18 世纪传入欧洲，是著名观赏鸟类。

信天翁

远洋航行的海员，常常可以看到一种大型海鸟——信天翁。它们喜欢追逐轮船，成群地滑行，在桅杆上方悠闲地盘旋，像护航的机群，即使追随数千里也不离去。

信天翁体长 1 米多，翅膀又窄又长，翼展 2 米~3 米，最长可达 3.63 米。洁白的羽毛，玫瑰红色的喙，飞起来姿态轻盈、优美。越是狂风巨浪的天气，越能充分利用气流飞行；风平浪静时，靠翅膀无法支撑沉重的躯体，只好浮在海面上。信天翁以鱼、虾、鱿鱼、浮游生物为食，也吃海员抛下来的食物。它们大半生在海洋上度过，只是在繁殖时才飞到陆地、海岛。雌鸟每次只产一枚卵，重约 400 克，夫妻俩共同孵化、哺育。雏鸟出世后吃得多，成长得慢，一般 10 个月后羽毛才丰满，开始学飞。通常漂泊 8 年~10 年后，才像父母一样飞到陆地或海岛生儿育女。

信天翁

世界上现存信天翁 14 种，最常见的是北太平洋的短尾信天翁，分布于北美太平洋沿岸、白令海、堪察加半岛、日本和中国沿海。还有南美南端和新西兰的王信天翁、北大西洋的黑肩信天翁和南大西洋靠近南极圈附近的漂泊信天翁。

鹈鹕

鹈鹕

鹈鹕是一种大型游禽，长长的大嘴下，有一个与众不同的大皮口袋，叫喉囊，是它捕鱼的“渔网”。捕食时它先用大翅膀拍水，引出鱼，把鱼赶到浅滩。然后张开“渔网”吞进鱼和水，大嘴一闭，喉囊收缩，挤出水来，吞下鱼。在空中飞翔，发现水中有鱼时，能以每秒 40 米的速度，突然像箭一样直插水中，因为它皮下有许多气泡，在与水面撞击时能起缓冲作用。鹈鹕性情温顺，彼此和睦相处。有时捕食时，几只鹈鹕布成半圆形阵，围攻包抄，分享猎物。

美国南部和拉丁美洲鹈鹕很多，澳大利亚约克角附近有个不大的小岛，曾有鹈鹕 10 万只之多。中国有 2 种，数量较少。白鹈鹕分布于新疆、青海、河南和福建，体长可达 2 米，羽毛淡粉色，胸前有一束淡黄色的羽毛，嘴巴铅蓝色。喜群居，栖息于沿海、湖沼、河流、水库，筑巢于堤岸树上。每天吃约 2 千克鱼虾。多余的食物能贮存在喉囊中，分几天食用。斑嘴鹈鹕又称塘鹅，体长 1.5 米左右，嘴巴呈浅橙色，喉囊暗紫色，上体灰褐色，下体白色，在中国，分布于东南各省，捕食方法同白鹈鹕，还吃甲壳动物、小型两栖动物和鸟类。

企鹅

冰天雪地的南极大陆和附近海域海岛上，气候恶劣，滴水成冰，令许多动物望而生畏。然而企鹅却悠闲地生活在这里。这种可爱的动物身体肥胖，双翅演化成鳍状，两只脚短而粗壮，黑色或深灰色的头、背与纯白的肚皮相映成趣。不能飞翔，可直立身体，走起来摇摇摆摆，晃头晃脑，笨拙而可笑。虽然走得慢，遇到

企鹅

危险却逃得决，肚皮贴地，用脚和鳍肢推撑地面，在冰雪上滑行，时速可达 30 千米。企鹅善游泳和潜水，时速约 36 千米，以鱼、虾、乌贼、甲壳动物为食。喜欢扎堆聚群，好奇心强，当有科学考察队来时，会成群结队迎接客人。

世界上有 18 种企鹅，以阿德里企鹅和帝企鹅数量最多。5、6 月份繁殖季节来临，企鹅夫妻开始筑巢，丈夫负责寻找小圆石。由于企鹅太多，小圆石供不应求，一些企鹅就偷邻居的，一旦被发现就会厮打起来。这样，你偷我的，我偷它的，乱作一团，甚至大打出手。等大家都筋疲力尽了，才渐渐安静下来。雌企鹅一般只生一两枚卵，因生卵体能消耗太大，生完卵后就游向大海觅食，孵卵的任务先交给了雄企鹅。雄企鹅把卵放在脚上，用腹部皱褶覆盖起来。雌企鹅回来后再接班。它们这样轮流孵卵，短则 30 天~40 天，长则 60 天~70 天。等小企鹅出世时，父母可能损失 40%的体重。小企鹅出生后眼睛还睁不开，需要父母喂食，大约半年后，才能独立生活。企鹅爱情专一，基本上实行一夫一妻制。曾有人用十几年时间观察上千只企鹅，发现始终维持原配的达 82%。

鸵鸟

鸵鸟是世界上现存最大的鸟，身高 2.5 米~2.8 米，身长 2 米左右，最大体重可达 172 千克。头小而头羽稀疏，长长的脖子光秃秃的，两翼退化，隆骨骨突不发达，不能飞翔。眼睛大而有神，两条长腿粗壮有力。脚上有两趾，全部向前，这是现代鸟类中独一无二的。脚上有厚厚的肉垫，善走，在沙漠里奔跑，不会被热沙烫伤。步子大，一跨就有 3 米左右，奔跑起来一跨步有七八米。能以时速 50 千米连续奔跑 1 个小时，据说最高时速可达 90 千米。奔跑是鸵鸟逃避敌害最有效的手段。万不得已时就用长腿蹬踢，有时可把狮子、豹子蹬出两三米开外。主要食物是植物果实、种子、茎、叶等，也吃昆虫、蜥蜴、鼠类等。

鸵 鸟

雄鸵鸟是模范丈夫和慈祥父亲，担当孵卵、保护雌鸟和幼鸟的任务。鸵鸟卵一般 1.5 千克左右，最大的重达 2.85 千克，是世界上最大的鸟卵。传说鸵鸟遇到强敌时，就把脑袋钻进沙子里，以为这样人家就看不见自己，这种顾头不顾腚的做法被称为“鸵鸟政策”。事实并非如此，真实情况是鸵鸟把头伏在地面上，同时身体蜷曲，以缩小目标，蓬松的尾羽看上去好像灌木丛，这是一种长期形成的“拟态”战术。有时它把头贴在地面上，是听远方的动静，有时是为了让滚烫的沙土杀死体表的寄生虫。在非洲不少国家，人们驯养鸵鸟作为运输工具。它还会放羊，能把离群的羊赶回来；会看家，发现窃贼就高声鸣叫，又啄又踢；还会在脖子上挂着邮包送信；还能作为“运动员”，参加拉车比赛。

我们平常说的鸵鸟，是指生活在非洲沙漠、草原的非洲鸵鸟。在中南美和澳大利亚还有它的两个兄弟，美洲鸵鸟和鸸鹋。

鸸鹋

在澳大利亚国徽上，左边是一只袋鼠，右边是一只鸸鹋，可见澳大利亚人对鸸鹋的喜爱。鸸鹋是除了非洲鸵鸟、食火鸡以外世界上现存的第三大鸟。身高1.5米~1.7米，体重50千克~60千克，也叫澳洲鸵鸟。它高兴的时候，发出“而苗——而苗”的叫声，因而得名。仔细观察可以发现鸸鹋与鸵鸟的不同之处：鸸鹋个头比鸵鸟小；颈部羽毛丰富，不像鸵鸟几乎是光秃秃的；毛色比鸵鸟的浅，由灰、褐色羽毛相间构成，比较松散；腿也很长，但比鸵鸟短些。相同的地方是：翅膀退化，不能飞翔；两腿粗壮，善于奔跑，跑得甚至比鸵鸟还快，时速可达80千米~100千米，有“高速长跑运动健将”的美称。

鸸鹋生活在澳洲大陆和塔斯马尼亚岛的草原、丛林和半沙漠地区，以野果、树叶、杂草为食，有时也捕食昆虫。雄鸟是模范丈夫和慈祥父亲，承担筑巢、孵卵的艰巨任务，而雌鸟什么都不管。58天~61天孵卵期间，雄鸟不吃任何东西，直到雏鸟出壳。鸸鹋性情温顺，是著名的观赏动物。在鸸鹋栖息地的公路上，它们会将长脖子伸进车窗，对游客表示欢迎，并享用游客的食物。

鸸 鹋

19世纪中期以前，澳大利亚袋鼠岛上还生存过一种小鸸鹋，样子和现代鸸鹋差不多，但身高只有0.6米~0.8米，重20千克~25千克，所以又叫矮鸸鹋。后来由于人类的闯入，破坏了它们的生存环境和大肆捕杀，已于1832年灭绝了。

食火鸡

食火鸡又叫鹤鸵，是世界上现存的第二大鸟。身高约 1.8 米，重约 80 千克，翅膀退化不能飞，但两腿矫健，善于奔走。传说它能吞食火炭，因而得名。头上有一个大而扁的角质冠，像一顶头盔，长长的脖子上羽毛稀少，喉下有红色肉坠，非常醒目。浑身长着黑粗的羽毛。

食火鸡

食火鸡栖息于澳大利亚、新几内亚和附近岛屿热带雨林中，白天一般不出窝，早晨和傍晚外出觅食，吃植物幼芽、果实和昆虫。奔跑起来时速可达 30 千米。它性情暴躁、凶猛，无论谁招惹了它，它都要狠狠反击。它的绝招是“空中连环腿”——“呼”地一下跳起，用强有力的双腿还击对方，所以人和其他动物都远远地躲着它。

火烈鸟

火烈鸟除了飞羽是黑色的，几乎全身都是红色的，也叫红鹳、焰鹳和火鹤。喜欢群居，集体行动，大群的火烈鸟在空中飞行好像一片红霞，降落地面好像一片红色的海洋，光耀夺目。火烈鸟是大型涉禽，小小的脑袋，长长的脚、腿和脖子，站立时头颈弯曲成 S 形，飞行时伸直。嘴巴形状奇特，基部高，中间急剧向下弯曲，上嘴片小，下嘴片较高。捕食时先把嘴伸入水中，再侧转头部使嘴翻过来，然后有节奏地运动头部，从嘴边流出水和泥，留下鱼虾和水草。

火烈鸟

火烈鸟分布于热带、亚热带温暖地区，以非洲和美洲巴哈马群岛最多，巴哈马联邦定其为国鸟。火烈鸟有结集大群繁殖的习性。有人在东非盐湖附近看到集群营巢的火烈鸟有 300 万只之多。雌鸟一般产 2 枚卵，雌雄鸟轮流孵化，30 天左右雏鸟出壳。雏鸟嘴直腿短，浑身绒毛呈白色或灰色，10 天后才开始像父母的模样，经过 65 天~70 天的哺育，才独立觅食。

犀鸟

大嘴像奇特的犀牛角，这是它得名“犀鸟”的原因。

犀鸟是珍稀的热带观赏鸟，长着一个与身体不相称的大嘴，其上方有蜡黄色角质盔状突起。体羽多以黑色为主，腹部白色。也有的色彩斑斓，十分美丽。别看犀鸟样子显得呆笨，其实相当灵敏机警。停在树枝时，总是东张西望，一有风吹草动就立即飞走。栖息于人烟稀少的密林深处，平时难以接近。犀鸟鸣声宏亮，时常发出“嘎克——嘎克”的叫声。起飞时先鼓动翅膀，向前滑翔，再鼓翅、滑翔才能升入高空。以植物果实为主要食物，也吃昆虫。喜过群居生活，在树洞和岩洞中筑巢。孵卵期间，雄鸟先衔泥封住洞口，仅留一个小孔，然后四处觅食，饲喂被封在洞中的雌鸟。雏鸟出世后，雄鸟更为忙碌，觅食次数更加频繁。直到雏鸟长好羽毛后，才打开洞口，这时雄鸟已明显消瘦许多。

生物学家曾观察到一幕感人的场面：一只犀鸟飞来飞去，不断衔来食物，喂另一只犀鸟。当时正是严冬，不是哺育幼鸟和求偶季节，究竟是怎么回事呢？他用望远镜才看清楚，原来被喂食的是一只老犀鸟，不知什么原因，它的喙断掉了一块，无法觅食，

犀鸟科有 45 种，分布于亚洲和非洲热带森林。中国仅有双角犀鸟、棕颈犀鸟、冠斑犀鸟和白喉犀鸟 4 种，分布于云南、广西和西藏少数地区。它们数量稀少，均被列为国家二级保护动物。

琴鸟

琴鸟

澳大利亚东南部和塔斯马尼亚岛热带森林里，栖息着一种稀有珍禽。雄鸟有 16 根很漂亮的尾羽，外侧一对尾羽长达 60 厘米~75 厘米，鲜艳夺目，五彩斑斓。尾羽竖起展开时，好像七弦竖琴，故名琴鸟。繁殖季节，雄鸟唱着动听的歌声，抖动着漂亮的尾羽，跳起优美的舞蹈，频频向雌鸟求爱。交配后，雌鸟开始筑巢产卵，每次一枚。35 天~50 天幼雏鸟

破壳出世，经过母亲 8 个月的喂食后，开始独立生活。成年琴鸟体长约 80 厘米，嘴巴直，两腿强健，奔走能力强于飞翔能力。琴鸟很爱唱歌，也爱模仿其他鸟的鸣叫，还能模仿许多乐器发出的声音，甚至能发出劈柴的声音和汽车喇叭声。琴鸟实行“一夫多妻制”，群体活动区域大约 6 万~8 万平方米。以昆虫和草籽为食。

澳大利亚有许多特产珍禽，由于琴鸟能歌善舞，性格活泼，特别受到澳大利亚人民的喜爱，被定为国鸟。

极乐鸟

在巴布亚新几内亚、印度尼西亚马鲁古群岛和新西兰一些岛屿，栖息着极其美丽的极乐鸟。它头部前端翠绿色，后端金黄色，披一身五彩斑斓的羽毛，一对长长的尾羽迎风飘扬。1522 年，当麦哲伦船队的海员将它带到西班牙时，国王查理一世惊呼其为从天堂里飞来的鸟，赐名为极乐鸟。

极乐鸟

极乐岛又名天堂鸟、太阳鸟、风鸟和雾鸟。世界上有 43 种，个头差异很大，大的身长 1 米左右，小的只有约 16 厘米。被茂密热带雨林覆盖的巴布亚新几内亚得天独厚，有 30 种，真的是天堂鸟的天堂和乐园。这个 1975 年才独立的国家，以极乐鸟作为国家的象征，在国旗、国徽和各种纪念品上都能见到极乐鸟。

雄极乐鸟华丽的衣装，是为了吸引雌鸟交配，繁育后代。雌鸟也有爱美之心，总想挑选健康漂亮的丈夫。以美国鸟类学家威尔逊姓氏命名的威尔逊极乐鸟仅分布于马鲁古群岛，数量极少，尾羽极长。蓝极乐鸟和蓝眼极乐鸟是天生的舞蹈家，舞蹈婀娜多姿。王极乐鸟爱唱歌，也爱舞蹈，往往成双成对迎风飞翔，所以又叫风鸟；它们爱情专注，一旦失去伴侣就孤独终生。

中国福建、江西交界处的武夷山自然保护区有一种叉尾太阳鸟，是中国最小的一种鸟，比蜂鸟略大。外形与极乐鸟相似，但不与极乐鸟同科。

蜂鸟

在中南美洲森林中，生活着世界上最小的鸟——蜂鸟，由于体小如蜜蜂，在飞行中发出蜜蜂般的嗡嗡声而得名。经鸟类学家鉴定并命名的蜂鸟科有 330 多种。其中美国西部的巨蜂鸟最大，体长约 20 厘米，重约 20 克；特立尼达和多巴哥的

蜂鸟

缨冠蜂鸟体长6厘米多，体重不到2克；古巴的一种蜂鸟体长约5.79厘米，而喙和尾约占4.06厘米，身体只有1.73厘米，体重只有1克多。蜂鸟的蛋也是世界最小的鸟蛋，只有绿豆粒般大小。

蜂鸟小巧玲珑，长相也漂亮，眼睛大而有神，嘴巴尖长，有些蜂鸟还有长长的尾巴。雄鸟羽毛五颜六色，非常鲜艳；雌鸟颜色稍淡些。蜂鸟飞行技巧高超，翅膀每秒可扇动50次~75次，可像直升机一样悬浮在空中，停留在花朵旁，用针状的长嘴吮吸花蜜；可倒退飞行，时速能达50千米。有一种红胸蜂鸟，每年两次横跨墨西哥湾，可一刻不停地飞行800千米。

蜂鸟是辛勤的劳动者，几乎不停息地飞行、觅食。每天要拜访1000朵花，吃相当于自身重量一半的花蜜。特立尼达和多巴哥共和国认为蜂鸟是善良、勤劳的象征，定其为国鸟。

几维鸟

在新西兰不仅国徽上有几维鸟的图案，而且在钱币、邮票，以至商店牌号上，到处可见几维鸟图案。新西兰人把它视为民族的象征，定其为国鸟。它因“几维—几维”的叫声而得名，又名鹬鸵。它没有尾巴，翅膀退化，只留有翅骨的痕迹，因而又叫无翼鸟。

几维鸟满身长满蓬松细密的羽毛，活像一个毛绒球。因为不会飞，只得把巢筑在树干下部，或在地上筑巢。眼睛很小，视力极差，有时大白天奔跑还会撞到障碍物上。但听觉、嗅觉很发达，鼻孔长在喙部最前端，这在鸟类中是独一无二的，可准确找到地面下15厘米~30厘米土中的小虫。嘴巴尖而细长，休息时可以支撑在地上，好像第三条腿。栖息在森林和灌木丛中，白天躲在树洞和岩洞里，夜间觅食。主要吃蚯蚓、昆虫、蜥蜴、鼠类、浆果、叶子等，还会从海中捕鱼。双腿短粗有力，跑起来时速可达10多千米。

几维鸟

几维鸟繁殖缓慢，雌鸟一两年会下一次蛋，每次一两枚，经过70多天，雏鸟出壳，大约4

年后成熟。它个头和家鸡差不多，但蛋却有500克左右，相当于自身重量的1/4或1/3，是鸟类中占身体重量“最大”的。

中国重点保护野生动物（鸟类，一级）

动物名称	地理分布
短尾信天翁	繁殖于澎湖列岛及台湾附近岛屿，迁徙及越冬季节见于中国东部沿海
白腹军舰鸟	主要分布于西沙群岛一带
白鹳	东北、西北和东南沿海
黑鹳	东北、华北、西南和东南沿海
朱鹮	陕西洋县
中华秋沙鸭	繁殖于内蒙古、黑龙江、吉林等地，在长江流域以南越冬
金雕	东北、华北、西北、西南等地
白肩雕	吉林、辽宁、河北、北京、陕西、甘肃、新疆、华东、华中、广东、广西、福建等地
玉带海雕	内蒙古、黑龙江、吉林、河北、山西、甘肃、青海、新疆、西藏、江苏、浙江、四川等地
白尾海雕	内蒙古、东北、甘肃、宁夏、青海、江苏、浙江、安徽、山东、湖北、四川、广东、福建、台湾等地
虎头海雕	辽宁、河北、山西
拟兀鹫	云南
胡兀鹫	内蒙古、辽宁、河北、山西、甘肃、宁夏、青海、新疆、西藏、湖北、四川、广东、福建、台湾等地
细嘴松鸡	主要分布于黑龙江最北部地区
斑尾榛鸡	甘肃、青海、四川的局部山区
雉鹑	西北、西南等地
四川山鹧鸪	四川部分地区
海南鹧鸪	海南
黑头角雉	主要分布于西藏
红胸角雉	主要分布于西藏

动物名称	地理分布
细嘴松鸡	主要分布于黑龙江最北部地区
灰腹角雉	主要分布于西藏和云南
黄腹角雉	浙江南部、江西、福建、广东北部、广西等地
绿尾虹雉	青海、甘肃、四川
白尾梢虹雉	西藏东南部及云南西北部和西部等地
棕尾虹雉	西藏南部和东南部
褐马鸡	山西吕梁山脉和河北西北部山地
蓝鹇	台湾
黑颈长尾雉	主要分布于云南、广西等地
白颈长尾雉	安徽、浙江、福建、江西和广东等地
黑长尾雉	台湾
孔雀雉	海南、云南
绿孔雀	云南
黑颈鹤	繁殖区仅在青海、西藏和四川北部，越冬地在贵州、云南、四川南部和西藏东南部
白头鹤	长江下游、沿海各省及东北、西北各地
丹顶鹤	东北、华东、华北
白鹤	长江下游
赤颈鹤	云南西双版纳等地区
小鸨	新疆天山附近和四川等地
波斑鸨	新疆西北部
铜翅水雉	云南
遗鸥	内蒙古、甘肃

马

马属于哺乳纲奇蹄目马科马属，有 7 个种，分为马、驼和斑马三大类。大约 5000 万年始新世早期的始马是马类的祖先，个头和狐狸差不多，四肢细小，前足四趾，后足三趾。后来个头越来越大，四肢渐长，以适于在硬地上奔跑。历经中马、草原古马、上新马等阶段，大约 250 万年上新世末期和更新世初期的真马，是现代马的直系祖先。公元前 3500 年，中亚草原开始驯化马。距

马

今4000年~5000年的中国龙山文化遗址，发现了家马的遗骨。马勇敢坚毅，忠心耿耿，机智灵巧，是人类的忠实朋友。马可供人骑乘，也可以用来拉车、犁地、驮货。在冷兵器时代，战马是骑兵的“无言的战友”。马为社会进步立下了“汗马功劳”。

马的嗅觉很强。它的鼻子很长，鼻腔很大，前部是呼吸区，为了防止异物进入呼吸道，它经常打响鼻，保证呼吸畅通。马的嗅觉灵敏，不仅能嗅出饲料、水质的好坏，而且可以辨别方向、寻找道路。草原上的马，甚至能够通过大气中微量的水汽，找到数里之外的水源。马的听力很发达，它的耳朵能够随意转动，能够感觉各种信号，如各种各样不同的音量、音色、音调等。它的内耳中有一种特别的曲折感受器，如指南针一样，可以辨别运动的方向和周围环境物体的远近。所以马对路途有惊人的识别和记忆的本领，能够从遥远的地方返回阔别数年的故乡。

野马

野马原产于中国新疆准噶尔盆地玛纳斯河流域和蒙古国的干旱荒漠草原地带，又叫准噶尔野马或蒙古野马。野马体型不大，有两种色型：深巧克力色和浅棕黄色。1878年俄国人普热瓦尔斯基在新疆探险，得到野马标本，定名为普氏野马。德、英、法、荷探险家先后闯入猎捕，被捕获的野马辗转到世界各地动物园和马戏团里。20世纪上半叶，野马在地球上生存6000万年之后，先后在中国和蒙古消失了。20世纪初，西方探险家捕获的28匹野马经过8代~9代人工驯化，其后裔尚存不足1000匹。它们已经变温顺，早已没有了老祖宗的彪悍野性了。

蒙古野马

1985年起，中国先后从国外进了18匹野马，并在它的故乡准噶尔盆地建立了占地600公顷的野马繁殖研究中心。现在中心已有近近200匹。2001年8月28日，27匹野马被放归到卡拉麦里自然保护区，让它们脱离人的干预，去觅食、繁殖、去竞争、生存，经过逐渐野化，达到恢复野生种群的目的。然而，由于自然条件大恶劣，它们难以适应，不久就出现死亡和严重虚脱，不得不让它们重新回栏。目前各国进行了 100 多项动物放归试验，失败的占 80%以上。

牛

牛是人类的伙伴和朋友。人们很早就驯养牛，用来耕地、运输。牛奶、牛肉为我们提供高级蛋白质，牛皮还可以制革。“横眉冷对千夫指，俯首甘为孺子牛。”自古以来，中国人就把牛作为吃苦耐劳的象征，将勤勤恳恳工作、默默无闻奉献的人喻为“老黄牛”。在印度，人们把牛奉为神，它可以大摇大摆地在大街小巷任意行走，汽车也得绕道而行。西班牙认为牛是威武的象征，盛行斗牛。美国经常举行骑牛比赛，在乱跑乱蹦、暴跳如雷的牛背上，看谁骑的时间最长。

我们常看到牛休息的时候并没有吃草，却津津有味地咀嚼，还嚼得满口冒白沫。牛是反刍动物，它有四个胃。吃草时它先粗略地把草吞入瘤胃，再进入网胃，休息时又呕回口腔，重新细嚼，混上唾液，然后咽入瓣胃、皱胃，完成整个消化过程。

牛

牛的种类很多，牛科动物 45 属 110 种，包括羚羊、山羊、绵羊等。我们平时所说的牛是新野牛和家牛。世界上个头最大的牛是产于中国云南、东南亚和印度的野牛。雄野牛肩高可达 2 米，体重超过 1000 千克，可以达到 1500 千克。它的四条腿是白色的，有人叫它“白袜子”。被我国列为一级保护动物。家牛有奶牛、水牛和黄牛。青藏高原有披着一身厚厚长毛的牦牛。

羊

羊是人类最早驯养的动物之一，大约 9500 年前，西亚约旦的杰里科地区就将野山羊驯化为家山羊了。中国新石器时代仰韶、龙山文化遗址中发掘出羊骨。《诗经·小雅·无羊》中有“谁谓之无羊？三百维群”之句。《周礼·夏官》记载，掌管牧羊及祭祀的官职叫“羊人”。

羊属于哺乳纲偶蹄目牛科草食反刍动物，种类很多，如绵羊、山羊、黄羊、青羊、盘羊、岩羊、羚羊等等，我们平时说的羊指山羊属和绵羊属的家畜。山羊头长，颈短，颌下有须，角呈三棱形或镰刀状，性格活泼，温顺，合群性强，善于登高。中国著名品种有中卫山羊等。家养山羊主要用于产肉、乳和毛皮。羊奶中的蛋白质、脂肪、乳糖、矿物质含量高于牛奶，板皮是制革原料，山羊绒则是毛纺织工业的重要原料。绵羊因毛绵密卷曲而得名，皮制成裘，御寒力强；肉质鲜美，无膻味。体形较大而丰满，四肢强健，善行走。尾有脂尾、肥尾、短尾之分。公羊有螺旋状的大角，母羊角细小或无角。中国著名品种有新疆细毛羊、蒙古羊、滩羊、湖羊等。

绵 羊

在中国民间，羊象征吉祥美好。古器物铭文“吉祥”，也作“吉羊”。“羊”与“阳”谐音，阳指阳光。新春祝语“三阳开泰”，其吉祥图是三只可爱的羊，象征春回大地，万物滋长。

猪

猪给我们的印象往往是又笨又脏，常被骂为“蠢猪”、“脏猪”。其实是对它的误解。猪的智力不在狗之下，甚至比狗还强。科学家做了一系列的实验，跳舞、拉车、开门等动作，猪只要看一次人的示范动作就能学会，而狗则要近 10 次才会。它的嗅觉也很灵敏，经过训练能找到隐藏的毒品，还能找到埋在地下的地雷呢。它也讲究卫生，天热时爱洗澡，不随地大小便，拉屎撒尿总是在远离吃饭睡觉的地方。只是人们将它关在狭小的猪圈里它没办法才弄得脏兮兮的。现在，国外有人把一种小体型的“迷你猪”当宠物养。

猪

考古发现，早在一万多年前，人类就开始驯化、饲养野猪了。甲骨文中“家”字就表示房子里养有猪，可见 3000 多年前养猪是很普遍的。

野猪

除了大洋洲外，世界各地都有野猪。东南亚和非洲的野猪也叫疣猪。美洲的野猪尾巴已退化了，叫西貒。广泛分布于欧亚两洲的野猪是猪的原种、家猪的祖先。

疣猪

野猪不同于家猪的是：头长、嘴长、四肢长，跑得快；皮厚，毛粗硬，皮毛有凝固的油脂；犬齿发达，雄野猪有两个尖锐的獠牙，最长有 25 厘米以上；两耳挺立，而家猪多贴伏。野猪贪吃，食性极杂，无论是生的熟的、荤的素的、活的死的，统统来者不拒。成群野猪来到庄稼地，吃饱了还打滚，祸害庄稼一大片。如果光临番薯地，连拱带刨又打滚，把地全给毁了，难怪山区农民对它们恨之入骨。野猪嗅觉、听觉灵敏，行动敏捷，受伤或保护幼崽时，则凶猛异常，敢和老虎、豹子拼命。

野驴

野驴和野马同属马科，外貌相似，个头也差不多，分布地区交叉重叠。它们之间有细小差别：野驴耳朵长，尾巴上部细而少毛，背纹明显，四肢与身体同色，蹄子窄而高；野马耳短，尾巴蓬松，四肢较黑，背纹不明显，蹄子宽。弄清了这些，你就不致于“指驴为马”了。

野驴

世界上有两种野驴，一种产于非洲，一种产于亚洲。亚洲野驴是家驴的祖先，中国有两个亚种。蒙古野驴生活在新疆、青海、甘肃、宁夏和内蒙古一带和蒙古国。身体细小，毛色土黄，耳朵、尾巴比较短。它们三五成群栖息于荒漠草原。西藏野驴又叫藏野驴，个头稍大，有白斑，从肩到尾有一黑褐色纵纹。分布于青藏高原，从柴达木盆地到帕米尔高原东部，从昆仑山脉到喜马拉雅山脉都有它们活动的踪迹，印度也有少量分布。以阿尔金山自然保护区最多，达 4.5 万头。一般几十上百头一群，最多可达 500 头以上。

野驴无固定栖息地，迁徙性强，听觉、视觉、嗅觉都很灵敏。脾气倔强，好胜心强，善于奔跑，它们喜欢同汽车赛跑，常抢在吉普车前停下来，然后扬扬得意地回头张望。

斑马

斑马那身黑白相间的条纹外衣，给人留下深刻印象。那并不是为了美化自己，而是同种之间相互识别的标记和保护自己的伪装。在阳光和月光照耀下，黑白条纹反射光线不同，起着模糊和分散形体轮廓的作用，一眼望去，很难把它和周围环境分辨开来。现存的斑马有草原斑马、山斑马和细纹斑马三种，而条纹不明显的拟斑马和白氏斑马目标明显，易于暴露，易被敌害捕食或猎人射杀，已于20世纪初期灭绝。可见斑马的保护色是长期适应环境和自然选择的结果。

斑 马

斑马是马的近亲，栖息于非洲草原、山地和疏林地带，主要分布在非洲南部，吃青草和嫩叶。性情温和，喜欢群居，少则10多匹，多则数百上千匹。除同类成群外，还和羚羊、角马、长颈鹿、鸵鸟等结盟共处，互相照应。斑马的听觉、嗅觉和视觉都十分灵敏，警惕性很高，但御敌能力较差。一群斑马通常由一匹身强体壮、富有经验的雄斑马为首领，一旦发现敌情，立刻嘶鸣报警。有时首领率群体与狮子、豹、鬣狗进行搏斗。但大多以失败而告终，它们毕竟不是猛兽的对手。

羚羊

羚羊是个大家族，种类繁多，分布于非洲和亚洲。个头最大的是生活在非洲中部和南部的大羚羊，肩高1.7米~1.8米，体长2.2米~3.3米，体重一般为600千克，最大的可达1000千克，比水牛还要大。当地人训练它们，能够拉车、耕田。阿拉伯直角羚体态健壮，双角直立头顶，好似两把利剑，体重可达200千克。由于大规模的捕杀已经濒临灭亡。栖息在非洲中部高山密林里的紫羚羊，花面孔，高鼻子，白嘴唇，头顶两只粗大的角向内弯曲，两只大耳朵横在脸的两边；身披紫褐色或者赤栗色的毛，身上有十几条白色的细条纹，前腿有三道宽宽的白纹，后腿内侧及四个蹄子上面也是白色，从颈部到臀部有一条深色凸起，可以与斑马比美。

瞪羚羊

中国青藏高原、俄罗斯远东区、朝鲜半岛等地生活着一种斑羚，能在悬崖峭壁上行走自如，但在平地上行动迟缓。藏原羚是中国特有的动物，分布于西藏、青海、四川西北部和甘肃南部，数量已大量减少。高鼻羚羊耐干旱，可以3天~5天不喝水，曾广泛分布于欧洲和亚洲北部，今天在俄罗斯卡尔梅克地区、哈萨克斯坦草原和半干旱地区以及蒙古有少量分布。也曾生存于中国新疆准噶尔盆地、内蒙古西部、甘肃北部地区，被列为国家一级保护动物，但是近几年调查中未找到一只，可能已在中国灭绝了。

藏羚羊

青藏高原北部的昆仑山、可可西里山和唐古拉山等高大山脉，平均海拔5000米以上，环境条件极为严酷，气候寒冷，空气中含氧量不足平原地区的50%，属于藏北无人区，却是高原特有野生珍稀动物的伊甸园。千百万年来，可爱的藏羚羊就在这里栖息繁衍。

藏羚羊有"高原精灵"之称。成年藏羚羊体长135厘米，肩高约80厘米，体重45千克~65千克。雄性有两只长而笔直的角，乌黑发亮；雌性无角。藏羚羊四肢强健匀称，除脸颊、胯部外，全身覆盖淡褐色厚密的绒毛。它们历经几百万年的演化，适应了高寒缺氧的高原气候，在令人生畏的"生命禁区"建立了快乐家园。它的心脏比其他羚羊大得多，血液红血球含量高。前肢与躯干连接处有两个凹洞，在快速奔跑时能够通过空气，鼓动肺部，调节极度缺氧中的呼吸。每逢春季交配季节，成千上万只藏羚羊就开始长途跋涉，到几百里外水草丰美的羌塘高原交配繁殖。完成传宗接代的使命后，公羊匆匆返回原栖息地。秋天，母羊和羔羊组成的长阵才浩浩荡荡返回故土，与"家人"团聚。

藏羚羊的栖息环境和生活习性独特，所以人工圈养不可行。

20世纪初，藏羚羊种群有数百万之众，但2002年残存的只有6.5万~7.25万只。它们不是死于严寒缺氧，不是丧命于野狼之口，而是倒在盗猎者的罪恶枪口之下。国外出售一种叫"沙图什"的高级披肩，每条售价1万~4万美元。沙图什是克什米尔方言，意为"羊绒之王"，就是由藏羚羊绒制成的。一条重100克的沙图什就包含着3只~4只藏羚羊的生命。在巨额利润的驱使下，每年都有成千上万只藏羚羊丧生。

藏羚羊是国家一类保护动物，是《国际野生濒危动植物贸易公约》中严禁贸易的物种。在国内外有关组织机构和有识之上努力下，偷猎者活动非法贸易有所扼制。

骆驼

骆 驼

一望无际的沙漠中行进着一支队伍。听到那悦耳的驼铃声，就知道那是由“沙漠之舟”组成的驼队。骆驼是大型草食反刍动物，有双峰驼和单峰驼两种。双峰驼产于亚洲寒冷沙漠地区，主要在我国内蒙古、新疆、甘肃、宁夏、青海等省区和蒙古人民共和国。单峰驼又称阿拉伯驼，产于阿拉伯和非洲热沙漠地区。沙漠地区干旱少雨，植被稀少，气候恶劣，但骆驼却应付自如。长期艰苦生活造就了它们的特殊构造。长毛和短绒既御寒，又隔热；双重眼睑可单独启闭，又长又密的睫毛，可防风沙侵入和烈日直射；鼻孔开裂，鼻腔黏膜能保湿保温；牙齿锋利，可采食骆驼刺等带刺的植物；蹄大如盘，下有厚厚的肉垫，既不会陷入流沙，又不怕酷暑严寒。特别是高高隆起的驼峰，可贮存 40 千克~50 千克脂肪，即使多天不吃食物也行走如常。一次能喝很多水，迅速分散到周身备用，并随气温变化而调节体温。在 50℃高温、失水达体重 25%的情况下，骆驼还可以在沙漠中行走多日。

野骆驼分布于中国新疆东部、青海西北部、甘肃河西走廊以北地区，以及蒙古国西南部。与家骆驼相比，野骆驼头小、颈长、腿长、耳小、尾短，驼峰是圆锥状。毛稀，皮肤浅棕黄色，不像家骆驼有深黄、棕褐和全白色的。它们生存的自然条件极其恶劣，干旱缺水，植物稀少，以沙漠地区独有的植物骆驼刺、红柳、梭梭等为主要食物。

麋鹿

麋 鹿

古代称麋，是中国特产的大型鹿种，俗称“四不像”：即角似鹿非鹿，颈似驼非驼，蹄似牛非牛，尾似驴非驴。其实它就是一种鹿。据考证，新石器时代西起汾河谷地，东至海滨，北自辽河流域，南达海南岛，到处奔跑着成群的麋鹿。麋鹿在商末周初时极为繁盛，秦汉时期已减少，清朝初期在江苏北部还残存少量野生麋鹿。

19 世纪中期，北京城里南海子（今南苑）皇家狩猎围场里，曾豢养 120 头麋鹿。1865 年，法国传教士买通守卫人员，弄走了两张鹿皮和两个鹿头，运到巴黎，经鉴定为一个新属新种。此后 10 多年间，英、德、比利时等国驻清使节和教会人士通过各种手段，把数十头麋鹿运到各自国家，中国麋鹿从此名扬四海。但国内唯一种群却连遭厄运：1894 年永定河大水，冲破南海子围场围墙，一些逃散麋鹿被饥民吃掉了，1900 年八国联军侵入，残存麋鹿或被杀，或被运走，仅存的一对后来也死掉了，从此麋鹿在故乡绝迹。而流落他乡的“海外游子”在各国动物园中只剩下 18 头，英国贝福特公爵重金全部买下，让它们在他的私人庄园——乌邦寺过上了半野生生活。1948 年发展到 255 头，后来超过了 700 头。

1956 年~1986 年，伦敦动物学会和乌邦寺继承人塔维斯托克侯爵，先后向我国赠送 40 多头麋鹿，重新放养在南海子围场旧址。后来繁殖到 800 多头，并且分出一群，放养到湖北石首天鹅洲自然保护区。1987 年，伦敦动物园又赠送我国 39 头，放养到江苏大丰自然保护区，逐步重建野生种群。历经近百年的艰辛历程，麋鹿终于回归故乡。

麋鹿体长 2 米，肩高 1.1 米~1.3 米，体重 170~250 千克。雄性小鹿两岁时长角分叉，6 岁时发育完全。雌鹿无角。尾巴比其他鹿种长得多。幼鹿身上有白斑，约半岁后即脱去，6 岁时性成熟。如今麋鹿遍及世界各地 20 多个国家，已摆脱了濒危境地。国际自然和自然资源保护同盟已将它从濒危动物红皮书中划去。

梅花鹿

梅花鹿有端庄清秀的面庞、机灵纯真的眼睛，举止轻盈，神态安详，是十分美丽的动物。梅花鹿得名于红棕色身体上形似朵朵梅花的白色斑点。不过那只是它的夏装，到了冬天换上棕色的“外衣”，就没有“梅花”了。

梅花鹿属于偶蹄目鹿科，在 16 属 40 种鹿类中个头居中，比毛冠鹿、水鹿、坡鹿大些，但比驯鹿、白唇鹿、马鹿要小。肩高 80 厘米~110 厘米，重 80 千克~100 千克。原产亚洲东部，在中国东北、华北、华中、华南到处都曾有其踪迹。如今，野生种群中在川北、甘南、皖南和江西少数地区还残存一些，数量仅有几百头。近年来在东北等地发展人工养殖。为保护这些可爱的生灵，梅

梅花鹿

花鹿已被列为国家一级保护动物。

梅花鹿栖息于山上灌木丛中，从不进密林。以青草、嫩枝、树叶、山芋等为食，喜欢吃蒲公英、桔梗、葛藤等凉性中草药，因此药用价值极高。梅花鹿全身是宝，鹿肉是美味，皮可制革，鹿胎、鹿鞭、鹿筋、鹿血，特别是鹿茸，都是名贵药材。梅花鹿活动范围在方圆 15 千米之内，恋家性强。性情温和，善游泳，能跳跃，还是音乐爱好者。一听牧人芦笛声，就扬起耳朵，静心欣赏，有时猎人就用笛声诱骗它进入圈套。

长颈鹿

在非洲干旱的草原地带，生活着世界上最高的动物——长颈鹿，它主要分布于埃塞俄比亚、苏丹、肯尼亚、坦桑尼亚、赞比亚等国家。成年长颈鹿体重 1 吨多，身高 5 米~6 米，光脖子就有 2 米长，和其他哺乳动物一样，有 7 个颈椎。长颈鹿血压高达 350 毫米汞柱，为什么不会中风、头晕呢？原来它的脑动脉分布大量的小血管，血液从众多的小血管流向高高在上的脑部，所以平安无事。

长颈鹿有大大的眼睛，长长的睫毛，视野宽广。有两只角，如果留意观察会发现，它眼后和耳后还各有一对小角，雄长颈鹿额中央还有第七只角，是性别的标志。全身布满大块耀眼的斑纹，有的整齐，有的零乱，也有的呈星状，表示它们属于不同的亚种。它前腿有 2 米长，喝水时不得不使劲叉开两腿，才能低下脖子够着水面。它的舌头伸出 20 多厘米，用坚韧的上唇拖住树枝、树叶，然后用舌头飞快地卷入口中。平常最爱吃阿拉伯橡胶树、金合欢、刺槐等树的叶和嫩枝，一天大约要吃掉 45 千克食物。长颈鹿胆小善良，与世无争，喜欢群居，遇到敌害立即飞奔而去，时速可达 50 千米~60 千米。不得已时也会用头撞、用脚踢，有人看到过一只长颈鹿踢死过一头雄狮。

长颈鹿

长颈鹿祖籍亚洲，两千多万年至二三百万年前，长颈鹿的祖先曾生活在亚洲、非洲和欧洲各地，不过脖子和腿没有那么长，个头和小鹿差不多。在严酷的生存环境中，长颈和长腿的优势越来越明显。如今主要活动范围在非洲东部，但只有生活在野生动物保护区的才安全。今天我们可以看到成群的长颈鹿在中国一些野生动物园里悠闲地漫步，那都是非洲友好国家送给我们的。

犀牛

犀 牛

论个头和体重，犀牛仅次于大象，身长可达 4 米~5 米，肩高 1 米多，重 3000 千克~4000 千克，是陆生动物的亚军。虽说有点像牛，名字也有“牛”字，却与牛没有任何关系，倒和马沾点亲戚。它身躯粗壮，脖子短粗，厚厚的皮肤可达 2.5 厘米，是动物中最坚韧的皮。腰、肩部形成褶皱，还有细短的尾巴。最特别的是长在鼻梁正中的角，锋利无比，依仗着力大无穷、甲坚角利而横行无敌。早在人类出现之前的第三纪，犀牛就遍布各大洲。

目前世界上现存五种犀牛，它们是非洲的白犀牛、黑犀牛及亚洲的印度犀牛、爪哇犀牛和苏门答腊犀牛。白犀牛是最大的双角犀牛，身长 5 米，肩高近 2 米。前角 60 厘米~100 厘米，后角 40 多厘米，性情温和，行动迟钝。黑犀牛个头稍小，喜欢独往独来，行动敏捷，暴躁粗野，狮子都不愿招惹它，大象也让它三分，但与犀牛鸟和睦相处，是和谐共生的典型事例。印度犀牛又叫大独角犀，分布在印度、孟加拉和尼泊尔，粗壮坚硬的独角长 40 厘米~60 厘米。爪哇犀牛又叫小独角犀，分布于印度尼西亚、马来西亚和缅甸等国的热带密林中。苏门答腊犀牛分布于印度尼西亚、苏门答腊和加里曼丹等地，个子最小，雌雄都有双角。犀牛独自生活或结成小群体，素食，视力极差。由于人类的捕杀，数量急剧减少，所有种类犀牛都被列为珍稀、濒危动物。20 世纪 70 年代，全世界野生犀牛还有 50 万头，今天已不足万头了。

河马

河马也许是世界上最丑的动物了。它身体肥厚笨重，活像个大木桶，四肢短粗，皮下脂肪厚达 5 厘米。长着一个硕大无比的头颅，鼻孔朝天，眼睛和小耳朵长在头顶上。张开的大嘴能高过头顶，开张到 90 度，是陆地动物第一大嘴巴。血盆大口中露出刺刀一样的尖牙，令人望而生畏。它主要食物是水草，一天要吃 30 千克~40 千克，甚至 100 千克，爱吃甘蔗、野菜等。体长 3 米~4 米，肩高 1.5 米，重达 3 吨~4 吨，与大象、犀牛并称三大重量级食草动物。

河马是由几千万年前的石炭兽演化而来的，曾广泛分布于非洲、欧洲和亚洲南部，中国云南曾发现它们的化石。而今河马仅生存于非洲赤道附近的河流、湖泊、沼泽等水草丰美的地方。虽是陆生哺乳动物，却每天平均 18 个小时待在水中，进食、休息甚至分娩、哺乳都在水中进行。喜欢群居生活，雌河马和幼河马占据河流、湖泊中心位置，雄河马在外围，各有各的地盘。谁若违反了“家规”就要遭到群体的一致谴责。

繁殖季节，雄河马之间的决斗惊心动魄：两方对着吼叫，吼声高的为胜者，不分胜负时则进入拉屎大战，将粪便用尾巴甩向对方，最后用身体冲撞，用牙撕咬，直到一方倒地认输才罢休。雌河马怀孕期 8 个月，只产一崽。幼河马一出世就有 40 千克重，在水中待 10 多天后，才随妈妈到岸上活动。

河 马

兔

几乎世界各地都有兔子的踪影。兔子是机警的小动物，在动画片中，它常常是善良、机灵、狡黠的形象。兔分为野兔和家兔。它的耳朵又大又长，而且能灵活转动，听觉特别灵敏，嗅觉不亚于警犬。野兔打洞做窝，除了“前门”之外，还有几条隧道通向各个“后门”，前门被堵，马上从后门溜走，这就是“狡兔三窟”。

兔子前腿短后腿长，后腿强健有力，善于奔跑，一跃几米，时速可达 50 千米~60 千米。它逃跑时，总是边跑边回头看，审时度势，采取不同战术：或者兜圈子，或者突然停止，改变方向，摆脱敌害。家兔由于长期人工饲养，奔跑能力已经很差。兔子的嘴巴是有名的三瓣嘴，上唇分裂成两半，使门齿容易露出。门齿好像凿子，

兔

臼齿恰如石磨，便于吃青草、树叶等。我们经常可以看到兔子吃自己的粪便。仔细观察，原来它吃的不是颗粒状的硬粪，而是糊状的软粪。这种粪便中有25%的蛋白质，还蕴藏着大量的细菌，可在肠胃中帮助消化。可见兔子吞食这种粪便，不但可以得到更多的蛋白质，还可以提高消化和吸收功能。兔子有惊人的繁殖率，一对种兔一年可以繁殖50只以上。因为兔子有两个子宫，怀孕期只有30天左右。

在澳大利亚和新西兰，原来没有兔子，殖民者引进兔子后，由于天敌少，野兔迅猛发展，威胁到牧业生产。澳大利亚政府又是下毒药，又是调动军队捕杀，都收效甚微。只好用铁丝网围住牧场，严防死守，把兔子拒之门外。

鼠

人类对老鼠真是讨厌极了，可以说是恨之入骨。它偷吃粮食，传染疾病，毁坏衣物，坏事做尽。据统计，一只老鼠在粮仓里，一年可以吃掉12千克粮食，排泄2万多粒鼠粪，糟蹋粮食40千克。全世界每年被老鼠糟蹋的粮食约3500万吨，可供1000万人吃20年。它能传染20多种疾病，1347年，由于老鼠传播的鼠疫，造成欧洲2500万人死亡。

鼠

老鼠适应能力极强，几乎什么都吃；繁殖能力特别强，任何地方都有它，它大概是地球上生命力最强的哺乳动物了。1945年，日本广岛被美国的原子弹夷为平地，鸟兽绝迹，唯有老鼠少受害。“老鼠过街，人人喊打”，人们想尽了各种办法消灭老鼠：夹子夹，笼子关，养猫抓，最厉害的一招就是下毒药。但是，道高一尺，魔高一丈，直至今日，不见老鼠减少多少，老鼠依然不屈不挠地和人类共同生活在一起。看来，人类对于老鼠，还要世世代代地斗下去。

人类也在研究利用老鼠。鼠肉可食，营养价值超过牛肉，可惜世界上吃鼠肉的人太少了。鼠皮、鼠毛可制裘、制药。国外还将田鼠训练成警鼠，在海关检查毒品、火药等违禁物品，还有人用它来扫除地雷。

松鼠

松鼠是老鼠的亲戚，头脸相似，门齿发达，也要咬东西磨牙。常见的松鼠有长吻松鼠、巨松鼠和红腹松鼠等。

松鼠是树栖动物，大大的眼睛，有一条蓬松的大尾巴。它的尾巴作用可大了：在树上爬行跳跃如履平地，尾巴起平衡作用；休息时尾巴放下，使身体安安稳稳伏在树上；睡觉时尾巴盖在身上，好像一床毛巾被。它用树枝、树皮和苔藓等在树杈上搭一个厚厚的窝，不怕风吹雨打。松鼠喜欢吃松子、榛子、栗子、蘑菇以及果子等，它还会为冬天储备粮食。松鼠平时孤独、呆板，白天各自活动，晚上独自睡觉，谁也不管谁，只有在繁殖季节才成双成对。雌松鼠在临产前十几天就把“丈夫”赶出家门，甚至驱逐出境，独自担负起抚养子女的重任。为安全起见，它还建设一个预备房子，遇到危险，妈妈就背起子女搬家避难。

松鼠

水獭

水獭善于捕鱼，也爱吃鱼，即使是吃得饱饱的，还要不停地抓，捕鱼成了它们的嗜好。水獭身体细长，大大的尾巴又瘦又平，是一个出色的舵；强健有力的四肢趾间有蹼，犹如四只漂亮的浆。它那一身闪闪发亮咖啡色的毛又短又密，入水后就紧贴在身上，大大减少了阻力，飞快前进。它的耳朵和鼻孔在水中能自行关闭，能潜水半个小时，也能一口气潜游到 500 米开外。水獭喜欢在水流缓慢、清澈透明、植物稀少而鱼很多的江河、湖泊、池塘捕鱼抓蟹。它的洞穴就在岸边的树下，有几个出口，其中一个在水下，以便于直接潜入水中。一个水獭也有好几个家，一夜迁移多次。如果在水中找不到食物，它能步行几百米甚至几千米，捕食老鼠、偷吃鸡鸭。

水獭喜欢独来独往，雌雄兽只有繁殖期才在一起。水獭每胎产崽儿 1 只~4 只，两个月后，妈妈教幼崽儿游泳、捕食。经过 1 周~2 周的训练，小水獭就离开妈妈独立生活了。年轻的水獭常常进入空窝中，等到主人一家返回时，这只水獭往往成为人家的“新媳妇”，或者“上门女婿”了。

水獭

水獭的皮毛是优质皮革，肉是珍贵美味，肝脏可以入药。由于长期的滥捕滥杀，现在野生数量已经不多了。国家将它列为二类保护动物。

河狸

在兽类中，种类和数量首屈一指的是啮齿动物，但被中国列为一级保护动物的只有河狸。河狸又叫海狸、河狸鼠，体长 70 厘米~110 厘米，重 11 千克~30 千克，身体肥胖，体毛细密光亮。前肢有利爪，善于挖洞，后肢有蹼，适于游水。尾巴大而宽，无毛有鳞，在游泳时起舵的作用。

河 狸

河狸是杰出的建筑工程师，它把家安在林区河边，在河岸上挖掘出大而深的洞，上边是卧室，靠近水的部分是餐厅。如果水位上升，就用树干、树枝建成高出水面二三米的小岛。几条隧道连接各处，出入口在水下，防止敌害侵入领地。河狸还会修筑堤坝，将树枝插入河底，作为木桩。用锋利的牙齿咬断直径 20 厘米~30 厘米的树干，拖到工地，压在上面，再用石块稳定坝顶。最后以细枝、芦苇等混以胶泥堵塞缝隙，使大坝不渗水、漏水。堤坝可长达数十米，还挖有几十厘米宽的小运河，方便出入和取食。还有贮藏食物的习性，以备冬天取用。

河狸只有两种，美洲河狸分布于加拿大和美国；另一种就叫河狸，分布于亚洲和欧洲，中国仅产于新疆北部。河狸尾根部有两个腺囊，能分泌河狸香，是珍贵的香料。河狸毛皮是高级裘皮原料。由于遭到不法分子大肆猎杀，使得野生种已濒临灭绝。如今在新疆青河县境内布尔根河流域建立了河狸保护区，保护大约 100 只~200 只河狸。

狗

狗是人类古老的朋友。它忠诚、勇敢等优秀的品质许多人都比不上。在石器时代，人类就驯化狗，作为自己的帮手。狗的种类很多，有 120 种以上。最大的体重 130 千克，最小的不到 1.5 千克。最凶猛的是藏獒，连熊、豹子也敢较量一番。最温顺的宠物犬，任你抚摩。人们驯养狗，用来看家、牧羊、打猎、找矿、救护、拉雪橇、为盲人带路，利用警犬追捕逃犯、检查毒品等违禁物品。

狗的这些本领主要靠它发达的嗅觉。它的鼻子几乎占了整个脸的 2/3，鼻子尖不长毛，始终都是潮潮的，上面布满了灵敏的嗅觉细胞。鼻腔内壁有许多皱褶，上面一层是布满嗅觉细胞的群膜，面积竟达 150 平方厘米，高度发达的嗅觉细胞

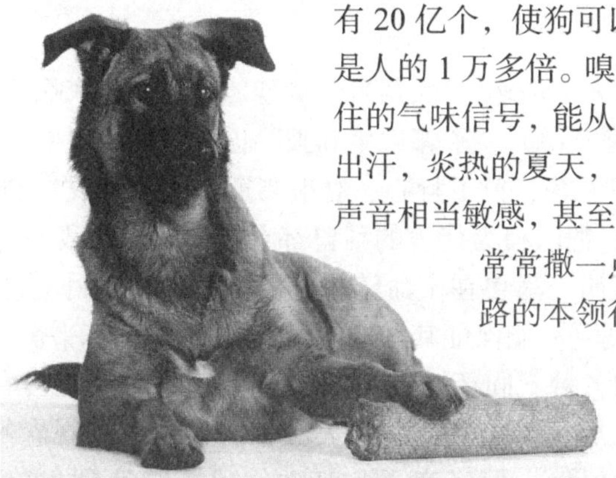

狗

有20亿个，使狗可以嗅出200多万种不同的气味，嗅觉是人的1万多倍。嗅过之后传给大脑牢记，以后就根据记住的气味信号，能从成千上万种气味中分辨出来。狗不会出汗，炎热的夏天，只好伸出长长的舌头散热降温。狗对声音相当敏感，甚至能够听见人听不见的声音。狗外出时常常撒一点尿，给自己留下气味路标，所以记路的本领很强。狗区别同类也是靠气味。如果把母狗的尿涂在小老虎身上，它就会把小虎当成自己的孩子喂养。

狗会传染狂犬病，人被狂犬咬伤后，经过一段潜伏期，会发病死亡。狂犬病目前还无法治愈，所以养狗要及时给它打预防针。如果被狗抓伤、咬伤，马上用肥皂反复清洗，及时到医院打狂犬疫苗。

猫

猫是捕捉老鼠的能手，全靠它得天独厚的生理结构。猫体态轻盈，肌肉发达，反映灵敏，动作协调，平衡能力特别强。即使从高楼上掉下来，也能够迅速调整姿态四脚着地，平安无事。所以传说猫有九条命。

猫的爪子锋利，收缩自如。脚趾、脚掌下都有很软的肉垫，行动起来悄声无息。它的眼睛瞳孔可以随着光线的强弱而及时调整大小，能够利用极其微弱的光在黑暗中行动。它的胡子是行动的尺子，可以测量老鼠洞穴的大小，决定自己是否能够进去。猫喜欢独来独往，除了繁殖季节，很少集群。

它白天睡大觉，还爱打呼噜，晚上觅食、活动。它很爱清洁，拉屎撒尿都有固定的“厕所”，每次要先刨一个“茅坑”，方便过后还要掩埋好。有空就伸出舌头梳擦，“洗脸、擦身”忙个不停，把自己打扮得干干净净的。其实，它并不是为了好看，而是为了获得皮毛中的维生素D。

猫

狼

在人们心目中，食肉兽类中狼的名声最坏。“大灰狼”贪婪凶残，早已家喻户晓；“披着羊皮的粮”，狡诈伪善，妇孺皆知；“东郭先生和狼”告诫我们，不要怜悯像狼这样的恶人。狼心狗肺、狼狈为奸、狼子野心、豺狼当道……不胜枚举的成语更使狼声名狼藉。千百年来，人们把以狼为代表的猛兽都看成最凶恶的敌人。

然而，大自然有其规律，事实证明，猛兽在生命链中有不可替代的作用。它们首先消灭的是非食肉类中的病兽和弱兽，能保证其种群健康发展，维护生态平衡。

狼广泛分布于亚欧大陆和北美洲各种不同环境中。生长迅速，三岁时性成熟。社会性很强，常常几十天甚至几百天共同觅食和对付强大敌害。狼“家族观念”重，幼狼被人捕获后，亲狼会舍命相救。但当亲子和其他幼狼同时遇到危险时，老狼往往先救援其他幼狼而非亲子，一面向相反的方向拼命奔跑。这种“舍己救人”的行为是为了保存种群的优势。一些生态工作者长期接触狼，甚至长时间和狼群生活在一起，认为狼是一种可爱的动物。

狼群

狐狸

狐狸身体细长，四肢很短，面孔窄，嘴巴尖，拖着一条大尾巴，似乎总是带着一脸坏笑，以狡猾而闻名。狐狸机警多疑，每次出动，总是先窥测动静。喜欢穴居，却懒得挖洞。狡兔有“三窟”，老谋深算的狐狸事先摸清情况，能十拿九稳地捉住兔子吃掉，霸占兔子的家；或者趁獾不在家，溜进去拉屎撒尿，天天骚扰，讲究清洁的獾被迫弃家另造，狐狸则扬扬得意地据为己有。捕食时更是诡计多端，几只狐狸假装打架，或者做出装疯卖傻的动作，诱使其他小动物看热闹，突然出其不意地抓住猎物。还会消悄潜入水中，用枯草、树枝盖在头上，只露出鼻子和眼睛，慢慢移动，突然袭击野鸭等水禽。遇到猛兽追赶，想往左边逃，却把尾巴往右甩，

从而迷惑强敌；或者从尾巴根部放出一股臭气，熏得强敌无法追击。狐狸行踪诡秘，会跟踪下陷阱和捕猎器的猎人并撒泡尿作出记号，告诉同伴，千万别到那儿去。真被抓住了就装死，乘人不备，溜之大吉。狐狸食性杂，主要吃鼠类、鸟类、兔、鱼、虾，也以水果、蛋、蜂蜜等调剂胃口，常跑到村子里偷吃鸡、鸭。喜欢独来独往，繁殖季节雌雄狐狸才同居，共同抚养儿女。狐狸又称赤狐、草狐，遍布欧亚大陆和北美，皮毛有很高的经济价值。

狐 狸

大熊猫

大熊猫又称大猫熊，它外形像熊，头圆、耳小、尾巴短、四肢粗壮。头部和体毛以白色为主，但四肢、两耳是黑色的，还有两个黑眼圈，好像戴了副墨镜，肥胖可爱，憨态可掬，是中国的国宝。它曾作为友好使者，“出使”许多国家和地区，不管到了哪里都享受明星级待遇，深受各国和各地人民特别是小朋友的宠爱。世界野生动物基金会就是以它的形象作为标志，会徽和会旗都是大熊猫的图案。

大熊猫是动物界的“活化石”。已经发现的化石证明，大约 200 多万年前第四纪更新纪初期，它们曾广泛分布于中国南方各地。后来由于冰川期的来临，气候越来越冷，许多植物被冻死。当时许多大型动物，如剑齿虎、剑齿象、猛犸象、巨貘等因缺乏食物，不能适应环境变化而灭绝。大熊猫退缩到高山深谷才得以生存、繁衍下来。目前仅分布于川西、陕南、甘南少数地区，总面积不足 3 万平方千米，栖息于海拔 1500 米~3500 米高山密林。它们原来是肉食动物，后来渐渐适应环境，改为吃素了。大熊猫以竹叶和竹笋为主食，有时也吃玉米秆、小麦、甘蔗、豆类等植物。不得已时也吃竹鼠、小鹿等小动物。

大熊猫

许多人担心大熊猫会灭绝，这不是杞人忧天。由于人类的活动，大熊猫栖息地零星分散，互相孤立，使得它们寻求配偶的机会很少，繁殖又不易。幼崽儿生下来只有 10 厘米长，重 100 克，六七月后才能艰难行走，四五年才能脱离母亲独立生活，成活率极低。食物单一也常带来威胁，1975 年~1976 年冬，川西北、甘南竹子因开花而大批死亡，竟饿死大熊猫 138 只。据估计，目前野生大熊猫不到 1000 只。建立大熊猫自然保护区，解决其栖息地分割状态，提高繁殖率，降低死亡率，已成为当务之急。2002 年 3 月 12 日，世界自然基金会和陕西省林业厅签署一项协议，在秦岭四个相互隔离的大熊猫栖息地，建立四条“婚姻走廊”，投资 115 万元，建立野生大熊猫的完整乐园。

小熊猫

小熊猫又叫小猫熊，和大熊猫虽然只有一字之差，却没有血缘关系，它属于浣熊科，与美洲几种浣熊是近亲而大熊猫独立成科。说起来大熊猫的名字还是从小熊猫那里借来的呢。1825 年，人们发现了小熊猫，给它起名“熊猫”。1869 年又发现了大熊猫，它们长相、体态相似，都喜欢吃竹子，就把它们分别叫做“小熊猫”和“大熊猫”。

小熊猫

小熊猫外形像猫，全身棕红，一条又粗又长的尾巴上有 9 个红黄相间的环纹。头圆脸宽，眼睛上面各有一块弧形白斑，白腮帮、白胡子，配上中间的黑鼻尖，活像京剧脸谱中的二花脸。小熊猫生活于中国云南、四川、西藏等地海拔 3000 米以下的森林、竹丛中，在印度、尼泊尔、不丹、缅甸等国也有少量分布。以竹叶、竹笋、野果和小动物为食。性情温和，孤独，耐寒怕热，自卫能力差。在地面上行动迟缓，却是爬树高手。春天交配繁殖，雌兽怀孕 2 个多月后产崽，每胎 2 只~3 只。幼崽出生时只有 6 厘米长，体重 100 克。小熊猫爱清洁，易驯养，是惹人喜爱的观赏动物。

浣熊

浣熊产于中北美洲，从加拿大南部、美国到巴拿马都有它们的踪迹。嘴巴又细又尖，脸部像狐狸；身体和四肢细长，外形像鼬；粗大的尾巴上有明显的黑白相间的环段，像中国的小熊猫；两眼周围有些像大熊猫，有宽宽的黑带，好像戴了一副墨镜。因此在北美它有个绰号叫“戴面具的小强盗”。虽然名叫浣熊却不是熊，和小熊猫是近亲，同属浣熊科。

浣 熊

浣熊体长 65 厘米~90 厘米，重 7 千克~13 千克。食性很杂，水果、蔬菜、五谷杂粮、鱼、虾、鸟、蛙、鼠、蛇等统统都吃。甚至还大摇大摆地进入市区，拧开门把手，闯进居民家中，打开冰箱，美餐一顿。主人发觉了，也不赶走它们，还拿出东西给它们吃。见主人拿出奶瓶，就自动排队依次喝牛奶。浣熊不管吃什么都先在水中洗一下。是特别讲卫生吗？后来发现它不会区分清水浊水，既使是泥水，它也要洗。原来它自古以来都在水中捕食，已养成了习性。浣熊的拉丁名字就是“洗物者”的意思。

浣熊是树栖动物，自己不筑巢，而是夺取其他动物的巢穴和树洞。白天睡大觉，晚上到水中觅食。善游泳，虽然不会像水獭、水貂那样游水捕鱼，但会在浅水区用四肢弄成水坑，把鱼赶进去，然后捕食。它们常常联合作战，几只爬上树把鬣蜥等动物轰下地来，其他的守在地上堵截抓捕。有时在果园里一起摇动果树，然后分享落在地上的成熟果子。浣熊不冬眠，反而在冬季交配。雌浣熊怀孕 65 天~70 天产崽，每胎 3 只~6 只。除了哺育自己的子女外，还会照料失去父母的“孤儿”。遇到敌害时挺身而出，勇敢搏斗，以保护子女的安全。

黄鼬

黄鼬就是黄鼠狼，是捕鼠能手，一只成年兽一年可消灭 300 只~400 只田鼠。它也吃麻雀、蝗虫等，偶尔也吃鸡和鱼。不过，黄鼬是嗜杀性肉食动物，钻进鼠洞或鸡窝，就大开杀戒，把所有的田鼠或鸡一个不留地全咬死。这样做并非为填饱肚子，而是出于本性。调查表明，凡是黄鼬活动频繁的地方，鼠害就少。

黄 鼬

它们白天在洞穴睡觉，晚上四处觅食。嗅觉极灵敏，行动快捷，机警狡猾，喜欢在村落附近的河谷、山林、田野活动。遇到敌害或用前肢横在鼻前，并掩住颈上白斑，匍匐爬行、隐蔽；或从肛门放出恶臭气，把对方熏得头昏脑胀，它乘机逃之夭夭。黄鼬的主要天敌是鹰和猫头鹰。夏秋季繁殖，每胎 5 只~8 只，幼兽 10 个月发育成熟。

目前不少地方已进行人工饲养，以弥补野生的不足。

鼬科动物有 70 多种。美洲还有黄鼬的同宗兄弟臭鼬，能放出一种奇臭无比的液体。一遇紧急情况就前肢倒立，肛门瞄准对方，射出液雾，可飞溅 4 米。液雾进入对方眼睛，一个小时内睁不开眼。最珍贵、稀少的北美黑足鼬，敢和毒蛇搏斗，1986 年只残存 18 只，被列为世界 10 种濒临灭绝的动物之一。经过多年人工饲养，后来增加到 450 只。

貂

在 70 多种鼬科动物中，有 7 种貂。其中紫貂名声不亚于俗称黄鼠狼的黄鼬。它出没于中国东北大森林里，与人参、鹿茸并称“东北三宝”，以珍贵毛皮而闻名。紫貂又名林貂、黑貂，外形类似于黄鼬，腰细、身长、尾粗，周身绒毛柔软、乌光透亮。体长 30 厘米~40 厘米，重约 1 千克。行动敏捷，活泼好动。穴居在针叶林中的江边、湖畔，善爬树，会潜水。以野鼠、野兔、鱼、蛙、小鸟、昆虫为食物。性情残暴，常夜间偷袭猎物。紫貂是林区鼠类的天敌，是益兽，又是名贵的毛皮兽。貂皮绒毛细密而有光泽，柔滑而有弹性，在国际毛皮市场上有“软黄金”之称。现在野生数量稀少，各地都进行人工饲养，以满足国内外市场需求。

紫 貂

欧洲、北美有一种水貂，黑褐色，毛皮浓密、柔软而且防水。不善于在陆地上行走，主要在水中捕食鱼虾。1958 年，中国从苏联引进一些彩貂，颜色有蓝、黄、白和咖啡色。经过人工养殖和杂交试验，又培育出粉红色、银蓝等彩貂。还有一种黄喉貂，又名青鼬，个体最大，能捕食山羊、小鹿、麂等中型动物。

獴

眼镜蛇具有神经性毒素，是世界上最毒的蛇之一。每年都有数万人受害，如抢救不及时，会造成死亡。其中眼镜王蛇毒性更强，常主动攻击人和动物。但每一个物种都有一种天敌专门对付它，獴就是眼镜蛇的天敌。

獴体长 60 厘米~80 厘米，其中尾巴几乎占了一半。生性凶残，种类很多，广泛分布于非洲和亚洲南部，主要捕食鸟类、鼠类、蛙类、鱼、虾和毒蛇。在中国，主要产于南方各省的丘陵、平原和山区，有食蟹獴和红颊獴两种。獴见到眼镜蛇就主动发起进攻，眼镜蛇逃避不及，只得应战。獴非常灵活，闪挪腾跳，眼镜蛇张惶失措，拼命招架。獴抓住时机，准确地咬住蛇头或颈部，使对手无法反咬，直到把眼镜蛇头骨咬碎或者颈部咬断，然后大口吞食战利品。

獴

虎

老虎性机警，善游水，动作敏捷，听觉、嗅觉敏锐。白天躲起来睡大觉，夜晚出来觅食。常常静伏、潜行，长啸一声，突袭猎物。威风凛凛，凶猛无比，是自然界生物链中顶级一环，被誉为“百兽之王”。俗话说，“一山不容二虎”，老虎独往独来，从不合群，一只成年雄虎领地可达30万~40万公顷。

老虎是猫科大型食肉动物。只产于亚洲，主要生活在南亚、东南亚、中国、朝鲜和俄罗斯东部，现有东北虎、华南虎、孟加拉虎、苏门答腊虎、东南亚虎五个亚种。20世纪亚洲有10万只之多，如今只剩下5000只~7000只。1980以前，巴厘虎、里海虎和爪哇虎三个亚种已相继灭绝。中国有三个亚种。东北虎又叫西伯利亚虎、乌苏里虎，体型最大，最大的体长4米多，重384千克。毛长色淡，分布在黑龙江、吉林和俄罗斯远东区、朝鲜北部。华南虎是中国特产，又叫中国虎，个头较小，毛色深红，曾广泛分布于华东、华中、华南及陕西、晋南各地。1949年尚存4000余只，目前各地动物园有56只，野生的仅在浙江、福建、湖南、江西和湖北等地发现其踪迹，估计不到20只。孟加拉虎毛短、尾细，颜色、个头介于东北虎和华南虎之间，分布于云南西双版纳、西藏东南部和印度、孟加拉、尼泊尔，数量占老虎总数2/3左右。

虎

由于自然环境的破坏、人类的滥捕乱杀，老虎失去了家园，濒于灭绝边缘。华南虎更被列为全球极度濒危的10大物种之首。20世纪90年代，中国兴建东北虎林园，并启动“中国华南虎拯救工程”，实行放虎归山、保护老虎的重大行动。

豹

豹是猫科动物中速度最快、捕食凶猛的野兽。善于跳跃、爬树，昼伏夜行，行动谨慎。狮子、老虎捕食时，总是先埋伏好，等猎物走近才杀出。豹却主动出击，快如闪电。大型食草动物可能“虎口余生”、“狮口脱险”，但一旦被豹盯住，几乎无生还的可能。豹分布于亚洲和非洲。生活在非洲东部的猎豹，是奔跑速度最快的一种。至于美洲豹又叫美洲虎，其实非豹非虎，而是与豹、虎、狮同科的另一种猛兽。

豹

中国有金钱豹、云豹和雪豹三种。金钱豹俗称豹子，由于身上有黄色的黑环，形如古代钱币而得名。身长1.2米~1.5米，体重50千克~75千克，有三个亚种：东北豹比东北虎还少，野生的不足100只，已被国际自然资源保护同盟定为一级濒危动物；华北豹为中国特有；还有栖息南方的华南豹，分布较广，数量也多。云豹个头最小，体重15千克~30千克，毛色焦黄带灰，身上黑纹如云块，栖息于中国南方和东南亚热带、亚热带丛林中。雪豹略小于金钱豹，毛厚实、细软，尾巴粗大、蓬松、浑身雪白或灰白色，有不规则的黑斑和环形纹，很像植物叶子，故又称艾叶豹。雪豹习惯于生活在2500米~5000米高山严寒地区，主要产于西藏、青海、新疆、甘肃、内蒙古、四川等省区。

中国原来豹子数量很多，也曾伤害牲畜，被视为害兽。随着数量骤减，20世纪70年代末、1981年和1983年，所有豹种从国家三级保护动物升格为二级、一级保护动物。

狮子

在猫科动物中，狮子是唯一没有斑纹的。雄狮有烈焰般的鬣毛，八面威风，昂起傲慢而高贵的头，大吼一声，令其他动物胆颤心惊。雄狮从鼻子到尾尖有3

米多，肩高 1 米，重 190 千克，最重的有 260 千克。雌狮无鬣毛，个头较小，体重一般不超过 115 千克。曾广泛分布于南欧和中亚地区，也曾出没于北美洲。现在主要生活于非洲草原，在印度也有少量分布。

狮子合群，是唯一过群居生活的猫科动物。或一雄数雌携带幼狮，约 5 只~15 只的家族群，共同生活；或 30 只左右的家族群，其中 1 只~2 只雄狮统领雌狮和幼狮，活动领地约 100 平方千米。主要捕食羚羊、角马、斑马、野猪等，偶尔也袭击鸵鸟、长颈鹿、野牛和幼河马。雄狮很懒，一天中约有 20 个小时睡大觉。据动物学家实地考察，狮群中 90%的捕食任务由雌狮承担。狮子奔跑起来时速可达 85 千米，但耐力不足，全力奔跑 200 多米就慢了下来，不得不放弃猎物。因此潜伏起来，伺机近距离出击和联合作战、协力合围是捕食的主要方法。

在狮群中，成年雌狮几乎同时发情、同时产崽儿，每胎 1 只~6 只，但幼狮死亡率高达 80%，主要死因是饥饿、被成年狮子杀死和被抛弃或驱逐出群。流浪的雄狮中少数幸运儿在艰苦环境中锻炼得身强力壮，往往重回狮群，通过激烈搏斗，取代老雄狮而成为新首领。狮子虽号称凶猛，但并非所有兽类都害怕它。在非洲草原上，狮子不敢招惹大象和犀牛。

雄 狮

熊

熊属于大型食肉动物，尽管今天它们大多数已经吃起素来，甚至有的以植物为主食。人们常用笨拙形容它，叫它大笨熊，因为它身体肥胖，四肢短粗，看起来憨态十足，笨头笨脑。其实它并不笨，会游泳、爬树，奔跑起来也不慢，还能直立行走。经过驯化，有的还会走钢丝、滑滑梯、踩球、骑自行车。世界上有棕熊、黑熊、马熊、马来熊、美洲熊（灰熊）、北极熊（白熊）和懒熊 7 种，我国产有前 4 种。

棕熊又叫人熊、哈熊，体重可达 500 千克以上。北美阿拉斯加棕熊最重的可达 700 千克~800 千克，是熊类中的庞然大物。中国的棕熊栖息于黑龙江、吉林、新疆、西藏、青海等地高山森林中，以青草水果、昆虫、鼠类为主食，饥饿时也吃鹿、山羊、野猪、鸟蛋和腐肉。每年 10、11 月到次年 3、4 月在岩洞或大树洞里冬眠。据动物专家说，棕熊暴躁凶残，最难驯服。

黑熊又叫狗熊、黑瞎子，体重 180 千克~250 千克，分布于亚洲各地，中国东

棕 熊

北最多，华北、华南、西南各省区也有。体毛长而黑，耳朵小而圆，胸前有 V 形白斑带。视觉差，嗅觉和听觉较灵敏，喜欢独往独来。每年 9 月~11 月开始纵情吃喝，以植物为主食，也吃昆虫、鱼虾和鸟类，为冬眠储备能量。接着在半年冬眠期内睡大觉。有趣的是冬眠期内母亲还要产崽儿，哺育后代。黑熊容易驯化，会表演许多节目。

马熊个头较小，脸长，金黄色的头部，黑耳朵，上身深褐色和棕黄色相间，腹部淡褐色，胸部和喉部白色，体毛特别长。生活在中国西北和西南地区。马来熊小巧玲珑，身长 1.2 米，体重只有 40 千克~45 千克，体毛很短，漆黑光亮，胸前有新月形白斑，嘴巴灰黄色，善爬树，特别爱吃蜂蜜。栖息于云南南部热带森林中，怕冷，但不冬眠。

北极熊

在北极地区北冰洋周围浮冰和岛屿上，还有相邻的及亚欧大陆和北美北部沿岸，栖息着世界上最大的肉食猛兽——北极熊。它体长 2 米多，重约 500 千克。据记载，最大的体长 2.7 米，重 900 千克。北极熊又叫白熊，其实它的皮肤黝黑，之所以看着通体雪白，是由于它的每根毛发都是中空透明的管子，可以反射冰雪的颜色。体毛长而密，而且不沾水，爬上岸一抖身子，水就全掉了。足掌大而有力，门齿和犬齿发达，食量大得惊人。性情凶猛，捕食所有闯入它领地里的动物，有“北极冰上霸主”之称。

北极熊

北极熊体态肥硕，臀部和背部脂肪厚达 8 厘米~10 厘米，能抗住 −55℃、甚至 −70℃的严寒。善于游泳、潜水，能长途游 480 多千米。在水中捕食海豹、鱼类，在陆地上追逐北极狐，袭击幼海象，常常潜近浮冰，以迅雷不及掩耳之势扑向在冰块上睡觉的海豹，一掌能把海豹打扁。食物短缺时，也寻食鸟蛋、海草。有时闯进当地人家里，把食物吃个精光，饮料喝完，呼呼大睡一觉，然后摇摇晃晃地离开。

北极熊春季交配，11月~12月产崽儿，每胎1只~3只。幼熊出生时只有老鼠般大小，4年成熟，寿命约30年。当食物丰盛时不冬眠。目前北极熊不足2万只，为此，美国、加拿大、俄罗斯、挪威和丹麦五国签署了保护北极熊的国际公约，规定除因纽特人为了生活可有限猎取外，严禁其他人捕猎。

象

象是陆地上最大的动物，现存亚洲象和非洲象两种。亚洲象又称印度象，主要栖息于印度、斯里兰卡、泰国、缅甸、老挝、越南、柬埔寨、马来西亚、印度尼西亚和中国云南省等地。非洲象广泛分布于非洲大陆。它们很容易辨认。非洲象高大，肩高3米~3.5米，最高4米，重量5000千克，最重可达9000千克以上。耳朵也大，皮肤较黑，脊背中间凹陷，鼻中有两个突起。雌雄象都有粗长的象牙，雄象牙一般长2.5米~3米，最长的可达3.47米，雌象牙约1米。四只大脚前四趾，后三趾。亚洲象体型稍小，肩高2.5米~3米，最高可达3.2米，重3500千克~4000千克。耳朵较小，皮肤色泽较浅，脊背平直，鼻尖只有一个突起。雌象无象牙，雄象牙细短而轻。四脚为前五趾，后四趾。

象的长鼻子可以说神通广大，不仅能呼吸，有灵敏的嗅觉功能，能拔起大树、搬运重物，也能拣起小小的一根针。它的鼻子甩来甩去，驱赶蚊蝇，探索道路；还吸水注入口中解渴，炎热时吸水浇身，来个舒适的淋浴。象食量很大，树叶、树皮、水果、野菜是主要食谱，一次可以吃掉200千克~300千克食物。

非洲象喜过群居生活，小群20头~40头，大群多达100头~200头，首领是一头身强力壮的雌象，行进时在前面开路，雄象在后边压阵。老象和幼象总能受到照顾，它们不会放弃生病、受伤的同伴。亚洲象性情温和，聪明好学。经过训练，不但会搬运货物，表演各种各样的节目，如跳舞、摇铃、吹口琴等，还会像保姆一样照看孩子。大象平均寿命60岁~70岁，有的还超过了100

象

岁，是哺乳动物中的长寿冠军。

鸭嘴兽

在澳大利亚东南部和塔斯马尼亚岛上，生活着一种奇特的水陆两栖动物。它嘴像鸭子，没有牙齿，脚上有趾和蹼，像鸟类；体温低，并且会变温，像爬行类；有泄殖腔，卵生，更像鸟类和爬行类。1794年，英国科学家第一次看到它的标本时，认为是有人把几种动物拼凑起来的恶作剧。1836年，达尔文亲眼看到时，惊叹道这是一种“不可思议的动物”。经过约100年的争论后，确定它为哺乳动物，取名为鸭嘴兽。

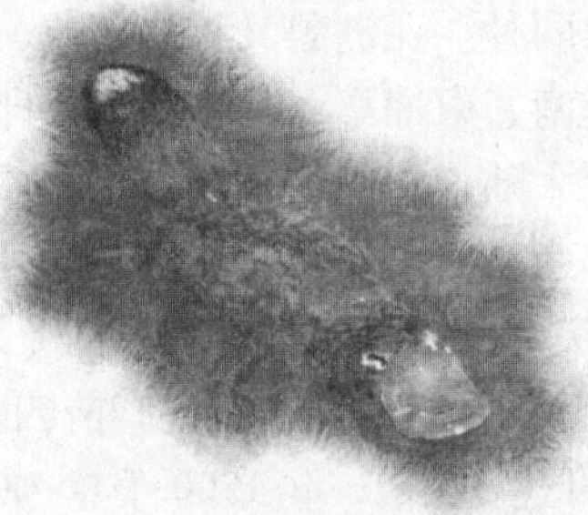

鸭嘴兽

鸭嘴兽是现存哺乳动物中最古老、最原始的种类，属于哺乳纲单孔目鸭嘴兽科，全世界仅此一科一属一种。除了上述外貌特征外，鸭嘴兽眼睛小，没有耳朵，只有耳孔。身体肥扁，四肢短而强健，尾巴宽扁，周身布满稠密的毛。和鸡一样，只有一个泄殖孔。后腿上有一根中空的毒趾，能分泌毒液，攻击敌害。它生殖方式与众不同：既下蛋，又哺乳。雌兽没有乳房和乳头，在腹部有一片乳孔区，像出汗一样分泌乳汁。幼崽儿出生时只有3厘米长，趴在妈妈的肚皮上舔食乳汁。

鸭嘴兽一般体长40厘米~50厘米。善于游泳，把家安在河流、湖泊岸边，洞穴长达10米~20米，有水、陆两个洞口。白天睡觉，晚上觅食，吃蚯蚓、蛙类和各种昆虫，消化功能特别强，一天能吃下相当于自己体重的食物。大部分时间在水中度过，甚至连婚礼也在水中进行。鸭嘴兽在生物进化上有重要研究价值，是哺乳类起源于爬行类的证据，和大熊猫一样，是动物界的“活化石”。

袋鼠

有袋类动物是古老的低等哺乳动物，据化石考证，有袋类出现于2500万年前。全世界有250种，在澳大利亚有170种，几乎占该国哺乳动物种数的一半。其中最有代表性的是大袋鼠。澳大利亚国徽上就绘有一只大袋鼠。现存的50多种袋鼠中，大袋鼠身长1.3米~2米，尾长1米~1.2米，体重75千克~90千克；最小的鼠袋鼠身长仅5厘米，体重只有4克。

大袋鼠形体像老鼠，但与老鼠没有丝毫亲缘关系，生活在草原和沙漠地区，以树皮、嫩枝、叶子和青草为食。性情和善、温顺，从不主动伤害其他动物。平时前肢很少着地，后肢强壮，蹬力很大，粗大的尾巴在奔跑时起平衡作用，休息时与前肢共同支撑身体。常常成群结队跳跃式快速奔跑，可跳过 2 米~3 米高的障碍物，7 米~8 米宽的小河也能一跃而过，最快时速可达 60 千米。

袋鼠

大袋鼠每年 1 月~2 月夏季时交配，约 5 周后分娩。雌袋鼠一胎一崽，双胞胎极少。幼崽出生时长 2 厘米~2.5 厘米，重 0.6 克~1 克，浑身无毛，也看不见东西。200 天后才能爬出育儿袋，外出活动，但一有危险便立即钻进育儿袋中。能够独立活动时，袋鼠妈妈就不许它再进育儿袋。这时，第二个孩子也要降生了。大袋鼠繁殖力极强，据估计目前可能多达 2000 万只。它们成群闯进牧场、农庄，破坏牧草、庄稼，甚至窜入市区，横冲直撞，酿成交通事故。大袋鼠是澳大利亚的标志，原是国家保护动物。在争议声中，澳大利亚政府不得不采取限额屠杀的措施，并提倡国民吃袋鼠肉。

树袋熊

树袋熊是澳大利亚特产的珍奇小动物，又叫“考拉”、玩具熊、无尾熊、保姆熊等。外貌酷似熊，却与熊毫无瓜葛，倒是袋鼠的近亲。大大的眼睛，大大的耳朵，身披浓密的灰褐色或银灰色绒毛，与众不同的是没有尾巴。鼻子好像贴上一块黑色的毛皮，显得滑稽、可笑。身长 50 厘米~80 厘米，体重 10 千克~15 千克。它性情温顺、憨厚可爱，似乎总是面带笑容；一旦被激怒，会发出婴儿似的哭声，像是十分委屈的样子。树袋熊爪子尖利，善于爬树，白天把身体缩成一团在树上睡大觉，夜间沿着树干爬上爬下，寻找桉树叶子吃。树袋熊可以说是最挑食的动物了，只吃几种桉树的叶子，一只成年树袋熊一天能吃1千克左右。桉树叶含有丰富的纤维素和桉树脑等芳香物质，汁水很多，所以它平时很少喝水，当地人叫它“克瓦勒”，意为“不喝水”。不过在动物园里喂养的树袋熊也喝水、牛奶、果汁等。树袋熊浑身散发着桉树油的清香，桉树油有杀虫作用，因此它们的肚子里没有寄生虫。

树袋熊

每年 11 月至次年 2 月，树袋熊开始繁殖。雌兽怀孕 23 天~30 天后，幼崽儿出生每胎一只，双胞胎极少。幼崽只有 2 厘米~2.5 厘米长，重 5.5 克，在妈妈的育儿袋里吮吸乳汁。8 个月~9 个月后离开育儿袋，趴在妈妈背上，由妈妈带着到处游玩。如果不听话，妈妈还会轻轻地打它的屁股。

树袋熊因皮毛有较高经济价值，曾遭到大肆捕杀。1798 年首次被发现时，曾有数百万只之多。澳大利亚野生动物保护法规定，对其禁止捕杀和出口。现在树袋熊已得到有效保护，并且成为该国旅游形象大使。

刺猬

刺猬是常见的小哺乳动物，全世界有 16 种。它全身长满硬刺，大约有 6000 多根，南欧的褐胸刺猬刺最多，有 1.6 万根，号称多刺刺猬。当遇到敌害时，刺猬就头朝腹部蜷缩成一团，包住头和四肢，全身硬刺像钢针一样竖立起来，好似古代打仗用的“铁蒺藜”，使敌害无从下手。但是，柔软的下腹部是它的致命弱点，狐狸和黄鼠狼能够破它的“铁蒺藜阵”。黄鼠狼在蜷缩的刺猬腹部找到一点缝隙，放个臭屁，顷刻刺猬就全身瘫软，舒展开身体。狐狸能用它的尖嘴插入刺猬的腹面，然后挑起它抛向空中，反复摔打，刺猬被摔得头晕眼花，于是便失去了抵抗能力。

刺猬每年 4 月开始繁殖生育，一年一胎。刚出生的幼崽背上的毛稀疏柔软，几天后就变成硬刺。刺猬冬眠 5 个月，来年春天，才出来活动。它喜欢安静，怕热，怕光，胆小，白天藏在洞穴里，黄昏后才出来觅食。它嗅觉灵敏，主要吃昆虫、蠕虫，也吃幼鸟、鸟蛋、蛙、蛇、蜥蜴等。刺猬见到毒蛇，马上竖起全身的刺，从背后猛扑上去，咬住其脑袋，用脚掌拍打它的脊背，一口一口吃掉。

刺 猬

蝙蝠

蝙蝠是能够像鸟一样在天上飞行的哺乳动物。全世界共有 960 种蝙蝠，它们食性五花八门，方法多种多样。在蝙蝠家族中，大约 70%的种类是食虫的食虫蝠，像家蝠、菊头蝠等，体型小，主要吃昆虫，如蛾、苍蝇、蚊子等等。它们食量很大，一个夜晚一只蝙蝠可以吃掉相当自身体重 1/3 的昆虫。拉丁美洲有一种吸血蝙蝠，专门吸食鸟畜甚至人的血液，它用锋利的牙齿咬破猎物皮肤和血管舔吃血液，贪得无厌。热带亚热带地区有食果蝠，如狐蝠、果蝠、犬蝠等，体型较大，主要以果实为食，对果园有害，但粪便是上等肥料。热带有的蝙蝠主要以花蜜为食物，美洲大陆的热带亚热带地区还有吃鱼的兔唇蝠和钓鱼蝠。狐蝠是蝙蝠中的“巨人”，体长可达 30 厘米，两翅伸展可达 1.5 米。翼展最大的是新几内亚和俾斯麦群岛的俾斯麦飞狐，超过 1.83 米。

蝙 蝠

蝙蝠之所以能飞，是因为它长长的指骨末端到后肢以及尾之间，都长有薄而柔软的翼膜。休息时用指尖的爪子抓住树枝、屋檐、石头等，倒挂而睡。它喜欢集群栖息，昼伏夜出，每到黄昏就开始觅食活动，夏天的傍晚比较常见。蝙蝠也冬眠，但在冬眠期有时还排泄和进食。蝙蝠每年秋天交配，幼体在母体内发育，春末夏初出生。

蝙蝠被称为“活雷达”，主要是它身上有奇特的超声波装置。它的鼻孔周围有很复杂的褶皱，喉内产生的高频超声波，能从这些地方连续不断地发出，碰到障碍物或者食物时，就反射回来，然后由耳朵接收。它根据回声，判别方向，辨别食物、敌害或者障碍物，进行有效的回避或追捕。几十万只蝙蝠同住在一个山洞里，飞进飞出也不会碰撞。

穿山甲

穿山甲长约 0.5 米~1 米，头很小，与身躯、四肢、尾巴不成比例。小眼、小嘴、小耳朵，身披覆瓦状角质鳞片，好像鲤鱼鳞，因此又称鲮鲤。它没有牙齿，舌头细长，喜欢吃白蚁，一只成兽的胃可容纳 500 克白蚁，人称“消灭白蚁的冠军”。也吃蚂蚁、蜜蜂、胡蜂等昆虫的幼虫。栖息于山地、丘陵的杂树林、草丛地带分布在亚洲南部和非洲，在中国分布在长江下游南方各地。

穿山甲挖穴而居，夏天住“夏宫”，白天用泥土堵住洞口睡大觉，夜晚出来觅食。冬天住“冬宫”，距地表深度 2 米~5 米，通道弯弯曲曲 10 多米，一般通向几个白蚁窝，这是它越冬的“粮仓”，

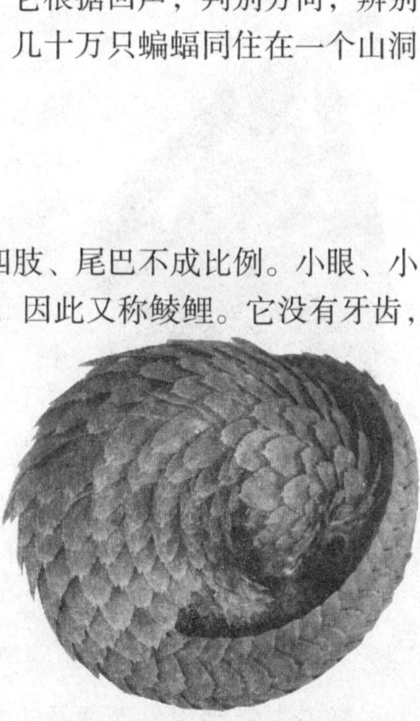
穿山甲

最下层是铺垫茅草的"卧室"。穿山甲善挖洞，前肢挖洞，后肢刨土，速度很快。会游泳，能爬树，胆子很小，遇到敌害就嘶嘶怪叫，把身体缩成一团，就是狡猾的狐狸和凶猛的虎、豹也对它无可奈何。

穿山甲鳞片是重要药材，《本草纲目》记载："鳞可治恶疮、疯疟，通经、利乳"，加之有人喜欢食用，长期以来招致人们大量捕杀，数量锐减。穿山甲是白蚁的天敌，是珍贵的益兽，应加保护。

犰狳、树懒、食蚁兽

中南美洲特产的珍奇动物中，犰狳、树懒、食蚁兽以长相古怪而称为"三奇"。犰狳之名来自西班牙语，意为"披甲戴盔"。它体长 1.5 米，四肢粗短，身体前后段各有一整块的骨质鳞片，非常坚硬。腰部鳞片分为几褶，连着肌肉，可自由伸缩。生活在沙漠、草原和森林里，有 20 多种。根据褶的多少分为三褶犰狳、六褶犰狳和九褶犰狳等。除了腹部外，四肢和尾部也有鳞片，头部鳞片好像是戴着钢盔，整个活像一辆装甲车。遇到强敌就将身子缩成一团，美洲虎也无可奈何。食物以根、茎、果实和昆虫为主，最爱吃白蚁和蚂蚁，一顿可吃几万只。

树懒生活在热带森林中，栖息在树上，常见的是三趾树懒和两趾树懒。灰褐色，体长 40 厘米~80 厘米，头小而圆，耳极小，并隐于毛中，毛粗而长。走动、进食、睡眠时都用强有力的趾钩住树枝。动作慢得出奇，平均每分钟只爬 1.8 米~2.4 米。它嗜睡如命，一生中 80%的时间用来打盹、睡大觉，以至于体毛上共生着地衣和藻类，这倒成了天然的保护色。树懒趾和爪都呈钩状，在地面上无法站立。如果掉在地上就性命难保，就是逃走也是慢吞吞的。

树 懒

食蚁兽头小、嘴小、四肢粗壮，没有牙齿，舌头细长，有 30 厘米~60 厘米长，拖着一条 1 米多长的蓬松的大尾巴。前爪锋利，用来挖掘蚁巢。用带黏液的长舌舔吃蚂蚁和白蚁，一天能吃下 3 万只。栖息于草原、沼泽地区，昼伏夜行，睡觉时把大尾巴盖在身上，一觉醒来就过了大半天。

猕猴

随着一阵哨声，四面八方数不清的猴子从石头缝中、树丛中跑了过来。原来这是河南济源五龙口猕猴保护区的猕猴开饭了。在四川峨眉山，拦住游客要东西

吃的猴子，是猕猴；在马戏团里，表演翻跟斗、走钢丝的猴子，也是猕猴，

猕 猴

猕猴是个大家族，主要分布在亚洲东部、南部，栖息于热带和亚热带雨林，以及温带针阔叶混交林。全世界共有 13 种，中国有台湾猴、豚尾猴、熊猴、短尾猴、藏酋猴和猕猴六种。台湾猴是中国特产动物，仅产于中国台湾，尾巴特别长，栖息于海拔 3000 米的高山密林中。豚尾猴生活于云南西双版纳，尾短、毛稀是其特点。熊猴生活在广西、云南海拔 1000 米~2000 米高山密林，尾短，毛粗，最大体重 15 千克。这三种猕猴数量极少，都属于中国一级保护动物。藏酋猴又叫大青猴、四川猴，身材魁梧，尾巴很短，还有满脸落腮胡子，最大者体重达 33.5 千克。短尾猴个头较小、红脸，分布在广东、广西、福建等地。猕猴分布最广泛，中国大部分省、区都有它们的足迹。这三种猕猴相对数量较多，均被列为国家二级保护动物。

猕猴结群生活，常常十几只或几十只一起活动，以植物的花、果、叶、芽和昆虫、鸟蛋为食。每年冬季发情期，都要展开一声“猴王争霸战”，胜者荣登猴王宝座，受到群猴拥戴；败者往往被逐出猴群，沦落为形影相吊的孤猴；也有的遁逃他方，另立门户。猕猴是用途最广泛的实验动物，在航空航天、医药保健、计划生育、生态平衡等方面都为人类做出不少贡献。

金丝猴

在中国四川、甘肃、陕西、湖北等地海拔 1500 米~3500 米的高山密林里，生活着一种可爱的动物。它们长着天蓝色的小脸，鼻孔朝天，长长的尾巴几乎等身，特别是一身金色的柔软长毛长 0.1 米左右，雄性肩背部的可达 0.5 米~0.8 米长，随风飘扬，仿佛身披一件金色斗蓬，耀眼夺目，因而获得金丝猴的美名。而分布在贵州的灰褐色黔金丝猴和分布在云南的黑褐色滇金丝猴，根本没有“金丝”，但更难发现和寻找，因而也更加珍贵。这三种金丝猴都是中国特有的珍稀动物，都被列为国家一级保护动物。

黔金丝猴

金丝猴群栖生活，小群不足 10 只，中

群 30 只~50 只，大群可达 300 只~600 只。每群都有一只最强壮的雄猴担任猴王。如果豹子、猞猁、鹰、雕等天敌逼近，猴王就发出警告，率领猴群躲藏起来。过一段时间，负责侦察的猴子先折断树枝，听听反应，再向树下拉屎撒尿。真的平安无事了，群猴才出来，继续觅食、玩耍、打闹。猴群有非常强烈的“团队精神”，行进途中，年轻力壮的担任前锋、后卫，老猴和带有幼崽儿的母猴居中。遇到危险时，母猴会舍命救助小猴。如果猴妈妈不在身边，其他猴子也会挺身而出。如果哪个成员受伤，别的猴子都来抢救，即使被人打死或被野兽咬死，也会拼命抢走尸体。金丝猴有非凡的攀爬、跳跃本领，特别擅长“荡秋天”。借助树枝的反弹力，一跃就是十几米，时速可达 40 千米~50 千米。金丝猴是树栖动物，偶尔到地面饮水、觅食，但会很快回到树上。它们主要吃嫩枝、幼芽、树叶和野果，有时也吃小鸟、鸟蛋和昆虫。

人类是金丝猴的最大威胁。乱砍滥伐森林和违法偷猎，破坏了金丝猴的栖息地，造成金丝猴数量锐减。如今黔金丝猴仅有 300 只~500 只，分布在梵净山一带，面临灭绝境地。让我们行动起来，保护森林环境，让可爱的金丝猴继续生存、繁衍下去。

狒狒

在众多猴科动物中，个体最大的当数狒狒。其中一种山都狒狒体长超过 1 米，重达 40 余千克。狒狒头大、尾细、耳小、吻长，身体和四肢粗壮，面部和耳朵上生有短毛，毛色为黄、黄褐或褐色，力气很大而且勇猛。它们过着群体生活，每个群体少则十几只、几十只，多则二三百只，包括若干个相当稳定的“家庭”，群体由健壮的雄狒狒率领。幼狒狒长大后，即使已独立生活，仍与“家人”保持密切来往。主要分布在非洲和亚洲阿拉伯半岛。主要在地面活动，晚上在大树上或岩洞中休息。主要食物是各种植物，也吃蚂蚁、昆虫、小鸟、野兔等。有时成群闯入果园、农田、盗食瓜果、谷物。

狒 狒

狒狒的智力仅次于类人猿，会使用工具，也有合作精神。一只狒狒想吃笼子外的食物，但够不着，它会拿钩子把食物钩过来享用。狒狒群中还有“托儿所”，狒狒妈妈出外觅食时就把孩子交给老狒狒统一看管。一旦遇到狮、豹等敌害，许多年轻力壮的雄狒狒敢于英勇搏斗，周围的狒狒则一起大声吼叫，并向敌害投掷石块。它们还会同斑马、羚羊结成联盟，共同对敌。非洲一些地区的农民训练狒狒看管羊群，它们认真负责、忠于职守不亚于牧羊犬。

长臂猿

长臂猿

长臂猿身长不过 1 米，体重只有十几千克。在地上能用双足行走，迈开两条极短的后腿，就像初学走路的婴儿，摇摇晃晃。但是利用平伸可达 1.8 米的双臂，能在树木间自由地“飞来飞去”，有在空中捕捉飞鸟的绝技。长臂猿是四种类人猿（大猩猩、黑猩猩、猩猩和长臂猿）中最小的一种，是人类的近亲之一。目前全世界只有九种，分布于中国华南地区和东南亚密林。中国有四种，即黑长臂猿、白掌长臂猿、白眉长臂猿和白颊长臂猿。它们是非常珍贵的稀有动物，只在云南和海南尚存为数极少的群体。

长臂猿喜欢群居，但并不杂居，而是过着比较严格的“一夫一妻”制生活，一对长臂猿带着几只未成年的子女，在森林中占有一块固定地盘，享受着“家庭”的“天伦之乐”。子女成熟后就要离“家”独自谋生，另组“家庭”。长臂猿常常高声啼叫，既是取乐方式，也是群体内联络的信号，还是表明自己领地的警戒。20 世纪 50 年代，栖息于海南岛的黑长臂猿有 2000 多只，80 年代减少到几十只，90 年代中期仅剩下 15 只了。其他三位难兄难弟处境同样不妙。长臂猿是残存于中国唯一的类人猿，由于森林的破坏，它们活动地盘日益缩小，当年一些长臂猿的栖息地，已经听不到那嘹亮的猿啼声，更觅不到它们的踪影了。

猩猩

在奥地利维也纳动物园里，一只名叫“依尼娅”的雌性猩猩佳作迭出。它的 4 幅画曾在著名的画廊展出，还有 22 幅高价出售，画风颇似抽象派风格。许多国家新闻媒体争相报道，它成了名扬全球的“大明星”。美国密歇根州一个农庄主教会一只 11 岁的猩猩“赛多”开拖拉机，成了熟练的拖拉机手。

猩猩是灵长目猩猩科猩猩属的唯一种，生活在亚洲苏门答腊、加里曼丹热带雨林中。身披红褐色长毛，前额和吻部突出，小眼睛、小鼻子、小耳朵，但嘴巴

猩猩

很大，犬齿发达。身高、体重介于大猩猩和黑猩猩之间，雄性身高 1.6 米，体重 70 千克~80 千克；雌性 40 千克~45 千克。身体矮胖，臂长腿短，走起路来左右手摇摆，蹒跚而行。它力气很大，敢和鳄鱼、大蟒搏斗，除了老虎外，它们在当地没有什么天敌。不过，老虎轻易也不惹它们。

猩猩性情较孤僻，社会性比黑猩猩、大猩猩差，绝大多数时间单独活动。主要生活在树上，很少下地。它们的窝一般离地 8 米~12 米，最高可达 20 米。上有顶，下有底，可以挡风遮雨。猩猩吃果实、鸟蛋、蔬菜和植物嫩枝叶。食物不足时，也吃树皮、昆虫。猩猩是人类的近亲，由于人类对它们栖息环境的严重破坏，已经到了濒临灭绝的境地。

黑猩猩

黑猩猩是最接近人类的动物。人与黑猩猩的 DNA 差异仅为 1.9%，人与大猩猩的差异是 2.1%，而黑猩猩与大猩猩的差异却是 2.4%。也就是说，黑猩猩和人类之间的亲缘关系，竟然比黑猩猩和大猩猩的亲缘关系还要近！就脑容量来说，黑猩猩脑重量为体重的 0.7%，仅次于人（2.1%）和海豚（1.7%）。

黑猩猩在进化、生理、形态结构以及行为上，都高于其他灵长类。它会用树枝伸进洞里钓蚂蚁，如果树枝不理想，还会用前肢和牙齿进行加工，这实际上是使用和制造工具的雏形。如果生病或受了伤，还会识别并采集草药，自我治疗。

黑猩猩

黑猩猩生活在非洲赤道雨林，个头比大猩猩和猩猩小。除了脸部外，全身披着黑毛，头比较圆，眉骨高，眼窝深，小鼻子，嘴唇又长又薄，还有一对惹人喜欢的招风耳。臂比腿长，起立时可垂到膝盖以下。黑猩猩过着小群的“家庭”生活，全体成员和睦相处，作为“家长”的雄猩猩负责群体安全。它们除了吃植物、昆虫、小鸟、蜥蜴外，还常常联手围猎羚羊、野猪等较大动物，有时也成群结队盗食当地居民的香蕉、瓜果等。

黑猩猩的模仿、学习能力很强。有的经过训练，学会了演奏乐器。苏联有一支由 10 只黑猩猩组成的乐队，能用提琴、吉他、钢管、锣、鼓演奏一些爵士乐，是世界上独一无二的动物乐队。在社会行为上，黑猩猩还知道“投桃报李”、打抱不平，甚至撒谎欺骗。对黑猩猩的研究，有助于了解人类早期社会状态。

大猩猩

在美国早期电影里，曾把大猩猩称为大力金刚，被描绘成性情凶猛、残忍的怪物。后来科学家深入考察后发现，它们虽然模样吓人，却温柔、胆小。大声吼叫，捶打胸膛，又蹦又跳，那只是做出姿态，吓唬对方。只有在遭到攻击，面临危险时，它才凶狠地搏斗以保护自己和幼崽儿。美国一只叫“库库”的 13 岁雌性大猩猩在帕特森博士诱导下，会用 500 多种手势表示特定意思，并能识别 500 多个哑语。它爱听博士给它讲的“三个小猫咪”的故事，还和小猫建立了亲密的友谊。

大猩猩生活在非洲热带雨林里，是灵长类最大的动物。雄性大猩猩站立时可达 1.88 米，体重超过 270 千克。人工饲养的大猩猩最高近 2 米，体重 304 千克。它头大肩宽，两臂粗长，展开可达 3 米以上。大猩猩眉脊高，凹眼窝，鼻子大而扁平，嘴巴宽大而前凸。力大无穷，非洲的狮子见了它也会退避三舍。

大猩猩喜欢群居，小群 5 只~15 只，大群可达 40 只。群体实行“一夫多妻”制，最强壮的雄性大猩猩是群体首领。它们食量惊人，每天觅食 6 小时~8 小时，主要食物是野菜、野果和植物嫩芽。

大猩猩

鲸

鲸，往往被人们称为鲸鱼。其实，它不属于鱼类，而属于哺乳类动物，因为它是胎生，又用肺呼吸，只不过生活在海洋中，样子很像一条大鱼。鲸很可能是原生活在陆地上的动物，后来才进入大海中生活，前肢和尾形成了鳍，而后肢已经退化，鼻孔则长在头的上部，以便在水面上呼吸。鲸是世界现存的最大的动物，体长可达几十米。

鲸

鲸目动物分为齿鲸和须鲸两大类。长有锐利牙齿的齿鲸有 80 多种。其中抹香鲸头部巨大，占体重的 1/3，重 60 吨~100 吨，能潜入 2200 米以下的深海长达 1 小时，是名副其实的潜水冠军。抹香鲸是大王乌贼的世代仇敌，一见面就要厮杀一场，抹香鲸胜多负少。虎鲸也叫逆戟鲸、恶鲸、杀手鲸，凶猛贪吃，巨大的三角形背鳍是进攻性武器。它是横行四方的海上霸王，曾在一头 6.4 米长的虎鲸背胃里发现 27 只海豚和海豹的残骸。独角鲸也叫一角鲸，生活在北极水域，有一只左旋螺纹的长牙，从上唇下伸出，长两米多，它因其怪模样被称为传说中的神兽——独角兽。白鲸性情温顺，酷爱旅游，常常离群独自外出，还会发出几百种不同的声音，被誉为“海上金丝雀”、“语言大师”。

须鲸有 10 多种。除了蓝鲸之外，还有灰鲸、露脊鲸、座头鲸等。灰鲸是大旅行家，迁徙距离长达一两万千米。露脊鲸又叫瘤头鲸，头部有几块角质瘤。虽然嘴巴近 4 米宽，但喉咙只有 6 厘米~7 厘米，只能吃磷虾、甲壳类小动物，一次达 3~4 吨。由于它们游得太慢，逃生时时速也只有 5 海里，是捕猎者捕杀的对象，所以也叫易捕鲸。加之繁殖力极低，已被列为稀有物种。座头鲸也叫弓背鲸、驼背鲸。鳍状狭长窄薄，像鸟的翅膀，所以又叫大翼鲸，喜欢跳跃翻腾，是优秀的“杂技演员”；叫声悦耳，是海洋世界的杰出“歌星”。

鲸的肉可以食用，脂肪可以制成油，用在工业和医药上。一些国家曾大肆捕猎鲸，造成鲸的减少。所以鲸是受到保护的，应有限制的捕猎。

中国国家重点保护野生动物（灵长目）

保护级别	动物名称	地理分布
一	蜂猴	云南、广西南部
一	倭蜂猴	云南西南部
二	短尾猴	广东、广西、福建等地
一	熊猴	广西、云南西部
二	猕猴	西藏、青海、甘肃、四川、云南、贵州、广西、湖南、河南、河北、山西、广东、浙江、福建、海南等地

一	豚尾猴	云南南部
二	藏酋猴	陕西南部、甘肃南部、四川、湖北、湖南、广西、云南东北部、江西、浙江、福建等地
一	黑叶猴	广西、贵州
一	白头叶猴	广西西南部
一	菲氏叶猴	云南西南部
一	长尾叶猴	西藏西南部
一	戴帽叶猴	云南西南部高黎贡山
一	白臀叶猴	海南
一	金丝猴	四川、甘肃、陕西、湖北
一	滇金丝猴	云南、四川、西藏交界地区
一	黔金丝猴	贵州东北部梵净山
一	黑长臂猿	云南、海南
一	白掌长臂猿	云南西南部
一	白眉长臂猿	云南西部
一	白颊长臂猿	云南南部

蓝鲸

全世界有 79 种鲸，分为须鲸和齿鲸两大类。其中须鲸有 10 种，中国有蓝鲸、座头鲸、灰鲸、黑露脊鲸、长须鲸、小须鲸、大须鲸和长褶沟大须鲸 8 种。蓝鲸呈灰蓝色，有白色斑点，体型像一把剃刀，所以又叫剃刀鲸，是世界上最大的哺乳动物。已发现的最大一头蓝鲸长 34 米，体重 180 吨，它的舌头有 3 吨多，肺 1 吨多，心脏也有半吨重。血液循环量 8 吨，有的血管比人的胳膊还粗。从头上方出水孔喷出的水柱高达 10 米，同时还发出火车鸣笛般的巨大响声。当它以时速 28 千米游动时，可产生 1700 匹马力的功率，

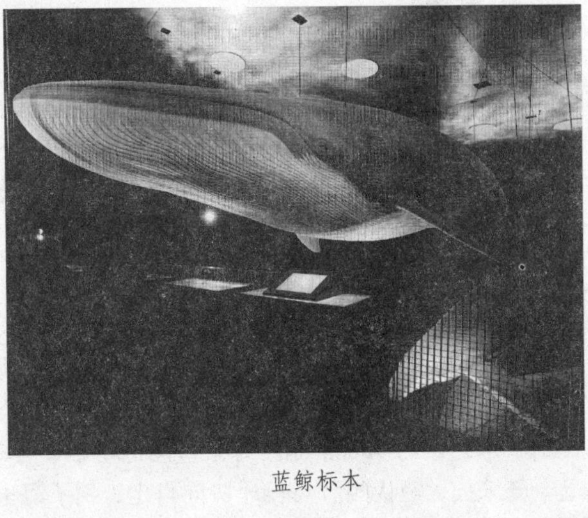

蓝鲸标本

相当于一台中型火车头的拉力。

蓝鲸以磷虾、水母、硅藻和小鱼为食，主要是磷虾。巨口一张，鱼虾和海水一起涌入，大嘴一闭，海水从板状须缝里排出，滤下的鱼、虾吞而食之。一餐吃1吨，一天就是4吨~5吨食物。蓝鲸也是长得最快的动物。一个受精卵只有1毫克重，怀胎一年后出生的小鲸就有6米~7米长，重6吨~7吨。出生24小时后，幼鲸体重就增加100千克。7个月后断奶，幼鲸重达23吨~29吨，长16米~18米。而生长最慢的北大西洋深海蛤，100岁时身长只有0.79厘米。

蓝鲸分布于世界各大海洋，是海洋中高级哺乳动物。但因其巨大的经济价值而遭到人类野蛮捕杀。20世纪50年代，蓝鲸大约有30万头，而今剩下的可能只有2000头了。中国已将它列为国家二级保护动物。

海狮

海狮是水陆两栖的哺乳动物，肥胖粗笨，四肢变为鳍状，外形一点也不像狮子。只因它们吼声如狮，有的种类雄海狮颈部有长长的毛，因而得名。海狮善于游泳和潜水，平时活跃在水中，产崽儿、哺乳、换毛、休息时到陆地或者冰块上。海狮有与众不同的胡子，不但有触觉，还是它们身体声呐系统的感受器，能够收集、监听来自目标的回声。海狮奉行一夫多妻制，在繁殖季节，海岸上海狮密密麻麻，吵吵闹闹，厮打争斗，比盛夏的海滨浴场都热闹。全世界共有14种海狮，可以分成两类：一类个头较大，身披粗毛；另一类个头较小，身上既有粗毛，也有厚厚的绒毛，如海狗。

海 狮

中国海域仅有北海狮和海狗两种，都是国家二级保护动物。北海狮个头很大，雄狮体长3.5米，重1000千克多；雌兽长2.5米，重300千克。海狗是优秀的潜水员，一头45千克的海狗，在5分钟内，可以上下来回潜行300多米。

海象

海象身体肥胖粗壮，像只大圆桶，头较小，眼突出，没有尾巴。雄海象体长可达3.7米，重1300千克~1500千克，一对犬齿长75厘米~96厘米；雌海象稍小，长约3米，重约900千克。海象过两栖生活，分布在北极沿海浅水水域。在陆地上十分笨拙，鳍状四肢与长牙协同行走；到了海里还算灵活，可潜入60米深处取食。食性很杂，主要吃瓣鳃类软体动物，也捕食虾、蟹、乌贼、蠕虫，有时也吃水生植物，胃中可容纳 55 千克食物。喜欢大群聚居，有时可多达数千上万头。一生大部分时间在冰块和陆地上睡大觉。

海 象

交配期间，雄海象用长牙和脖子进行你死我活的较量，失败者被驱逐出境，胜利者在海滩建立领地，占有众多雌海象。繁殖率很低，雌海象每两年多才产一头幼海象。幼海象出生时长 1 米~1.2 米，重 40 千克~50 千克。主要天敌是虎鲸和北极熊。在水中遇到成群的虎鲸时，能勇敢地搏斗，混战的结果往往是伤亡远远超过虎鲸。北极熊主要偷袭小海象，不敢和成年海象对阵。其实对它们威胁最大的是人类。17 世纪时，地球上有海象数百万头。一些国家不遵守 1972 年制定的国际海洋哺乳动物保护条约，竞相捕猎，再加上它们生存环境遭到污染，迄今已不足 7 万头。

海豚

古希腊历史学家希罗多德曾记述了一个动人的故事。音乐家阿里昂在航海途中，遭遇了一群图财害命的水手。他乞求演奏最后一曲，然后纵身投海。在这生命攸关之际，一群海豚被优美动听的音乐所吸引，驮着他，一直把他送到岸边。近年来，有关海豚与人友好相处、以及救人的报道屡见不鲜。

海豚性情温顺，喜欢群居。虽生活在海洋中，但不是鱼，而是齿鲸类哺乳动物。分布于太平洋、大西洋和印度洋热带近海域。全世界有 30 多种，中国有宽吻海豚、中华白海豚、真海豚、条纹原海豚、花斑原海豚、长吻海豚等 11 种，遍布各个海区，以黄海、渤海为数最多。海豚体长 1.2 米~4.2 米，体重 25 千克~225 千克，也有人发现长达 8 米~9 米的大海豚。体形呈流线型，正头顶有一个专供呼吸的通气孔。

海 豚

海豚会发出各种各样的声音，甚至会吹口哨、学鸭子“嘎嘎”叫，是除了人类之外掌握语言最多的动物。海豚有两个大脑，可以轮番休息，终日搏击风浪，不知疲倦。脑重和人差不多，占体重的1.7%，仅次于人类的2.1%，比黑猩猩的0.7%高得多。脑部沟回很多，学习能力很强，有“海洋中的智能动物”之称。海豚不仅会表演各种节目，经过训练，还能深入海底打捞深水炸弹，充当救生员的信使和潜水员的保镖。鲨鱼是凶猛的海上霸王，唯有海豚敢于向它发动攻击。往往出现这样的情景：一群海豚包围一只鲨鱼，奋不顾身地用头部猛烈撞击，鲨鱼要想活命，只有掉头逃跑。

海豹

海豹属哺乳纲海豹科动物。体长约1.5米，背部为黄灰色，缀有暗褐色的斑点。尾很短，前后肢均呈鳍状，以适应水中生活，但其后肢不能曲向前方。

海豹生活在温带和寒带的沿海，多数在北半球。大部分的时间，海豹都是栖息于海中，它能够潜在水中5分钟~8分钟。只有在产仔、哺乳、换毛和交配时才会生活在陆地和冰块上。海豹的主要食物是鱼类，有时也吃甲壳类动物和贝类动物。

海豹虽是海兽，但不像鲸和海牛那样终生在水中，而是水陆两栖生活。有潜水冠军北欧海豹，还有食蟹海豹、威德尔海豹、罗斯海豹、竖琴海豹等。在中国分布的有斑海豹和髯海豹两种，都被列为国家二级保护动物。斑海豹分布于太平洋西北部的楚科奇海、白令海、鄂霍茨克海、日本海和中国的渤海、黄海、东海。斑海豹身体浑圆，像个纺锤，背部灰黄色或苍灰色，有许多杂乱的斑点，腹部黄色。体长不足2米，是一种小型海豹，最大的雄海豹也只有150千克。小海豹生下来有5千克左右，浑身雪白，一个月后体毛变成淡灰色。髯海豹在中国主要分布在东海。体长2米以上，重约400千克。灰褐色或棕灰色，无斑点。背部色深，腹部色淡。额部高而圆，吻部生有粗硬的直毛，所以又叫胡子海豹。小群体生活，很机警，在冰上活动或睡觉时，一有“风吹草动”，就跳到海里逃生。

海　豹

白鳍豚

世界上有5种淡水豚，包括中国独有的白鳍豚。可爱的白鳍豚分布于长江中下游干流及洞庭湖、鄱阳湖、洪湖地区。古籍《尔雅》、《本草纲目》等都对其形态、习性、分布等有详细描述。蒲松龄在《聊斋志异》中，叙述了美丽善良的白秋练与慕生相爱的动人故事，白秋练就是白鳍豚的化身。

白鳍豚

白鳍豚身体呈流线型，皮肤有弹性，能够消除游泳时产生的涡流。扁平的尾鳍是效率极高的推进器，三角形背鳍和胸鳍能保持平衡、控制方向。高速行进，时速可达80千米左右。成年豚身长2米~2.5米，重200多千克。背部浅蓝灰色，腹部洁白，长长的吻，高高的额头，大脑发达，既聪明又漂亮。由于长期生活在浑浊的淡水中，视听器官已经退化。所幸的是它的上呼吸道有3对功能奇特的气囊，可发出多种声音进行回声定位，是远远超过现代化声呐设备的活雷达。可以识别目标，寻找食物，联系伙伴，逃避敌害。

白鳍豚喜欢群居，常三五成群觅食、嬉戏。雌豚两年一孕，多是一胎一子，繁殖力非常低。因此极其稀少，20世纪80年代估计有300多只，也有专家认为不足100只。1986年被世界自然保护联盟物种生存委员会列为世界最濒危的动物之一。2006年，来自中国、美国、英国等6个国家的科学家，在长江进行考察监测，没有发现1只，可能已经灭绝。

白鳍豚的祖先原在陆地上生活，由于环境剧烈变化，4500多万年前迁居水中，比大熊猫还古老，是“动物界的活化石”，被誉为“长江里的大熊猫”。由于长江流域的开发造成生态环境变化，使白鳍豚的繁衍生息场所遭到破坏。1990年中国开始了对白鳍豚的迁地保护。

肉眼看不见的微生物

细菌

细菌是微生物家族中的重要成员，现已发现大约4000多种。多年来，人们一直认为细菌给人类带来疾病和死亡，是凶恶的敌人。其实细菌不等于病菌，细菌中的绝大多数对人体无害而有益，在保护人类身体健康上起重要作用。

现已查明，在人体皮肤、口、鼻、咽喉、消化道、泌尿生殖的黏膜表面，密密

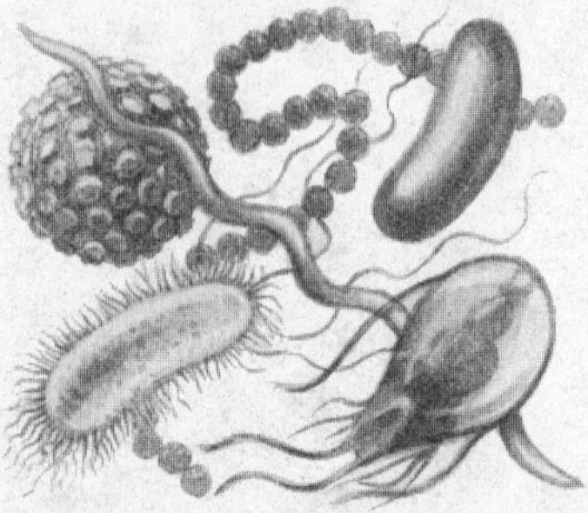
细 菌

麻麻布满了细菌，婴儿出生后 2~4 小时内，细菌就浩浩荡荡进入婴儿体内。这是细菌和人类在漫长的共同进化过程中形成的“双赢”结果。

细菌是单细胞的，有细胞壁和细胞膜，细胞膜内有细胞质。多数有细胞核，但比高等动植物细胞简单得多，称原核细胞。同类细菌聚集在一起称菌群或菌落。细菌按形状大体分为三种：球菌、杆菌、螺旋菌。细菌借助风力、水流，或附着在尘埃或动植物体上漂流四方，有的细菌还有鞭毛，通过摆动可以自行运动，如霍乱弧菌一小时能“飞奔”18 厘米。

除少数能引起发痢疾、霍乱、伤寒、结核、白喉等疾病的细菌是病菌之外，绝大多数在人体内的细菌有助于营养物质的消化和吸收，能提供多种维生素和微量元素以保证人体生长、发育的需要，参与人体内防癌、抗衰老工作，抵御有害病菌、病毒侵袭，是人体健康的得力卫士，是人类的朋友。

病毒

“病毒”一词来自于拉丁文“维路斯”，原意指“一切能引起传染病的物质”。当然，一些细菌也能引起某些传染病。自从发明显微镜后，人们看到了细菌、螺旋体等。但直到 1892 年，俄国微生物学家伊万诺夫斯基才第一次看到了比细菌更小的滤过性病毒，简称“病毒”。1935 年，美国生物化学家斯坦利成为世界上第一个分离并提纯了病毒——烟草花叶病毒的人。

病毒是一类没有细胞结构，却有遗传、复制等生命特征的微生物。病毒主要由核酸和蛋白质构成。核酸位于病毒内部，构成病毒的核心部分；蛋白质构成病毒的衣壳，包围在核酸的外层。病毒形状多样，有杆状、线状、球状、蝌蚪状、方形等等，普通病毒比细菌小得多，只有细菌的 1000 分之一。病毒的繁殖过程只能在其特定宿主的活细胞中进行，寄生在人和其他动物身上的病毒，称动物病毒，如天花病毒、麻疹病毒、狂犬病毒、爱滋病毒、口蹄疫病毒等；寄生在植物体上的病毒叫植物病毒；寄生在昆虫体上的叫昆虫病毒；还有一类寄生在细菌体内，叫噬菌体。后来发现了比典型病毒更小的微生物，有的仅有核酸，叫类病毒；有的仅有蛋白质，叫朊病毒。

烟草花叶病毒

病毒是人类的大敌，由病毒引发的疾病很多，如天花、麻疹、肝炎、乙型脑炎、狂犬病等。

类病毒

类病毒是独立存在于寄生生物体内的一种具有侵染性的小分子核酸，和病毒一样，是非细胞形态的有生命物质，在寄生细胞里核酸分子自我复制而繁殖。不同于病毒的是，病毒主要由核酸和蛋白质组成，类病毒只有一种小分子核糖核酸。类病毒被发现于1967年，美国微生物学家第纳尔第一次分离出马铃薯纺锤块茎类病毒。1978年，德国科学家森格尔揭开了它的结构：由359个核苷酸组成，在自然状态下呈棒状，体积极小，直径50纳米，分子量比最小的莴苣花叶病毒还小，只有其1/38。现在已发现多种类病毒。

类病毒是最简单的生命，是比单细胞微生物更简单的生命形式。对类病毒的研究，使人们对生命世界的认识层次深入一大步。

真菌

真菌是与人们生活十分密切，却被人了解甚少的一类微生物。在人们的生产和生活等活动中都有它们存在。例如，你吃的馒头，日常生活中必备的酱、醋、酒，味道鲜美、营养丰富的食用菌和具有健身医病、延年益寿功能的灵芝、冬虫夏草等名贵中草药，还有半个世纪来不知挽救了多少人生命，曾经身价高过黄金的青霉素等等，都少不了真菌。粮食、水果、衣物的霉变，动植物的许多疾病，也是由真菌造成的。

真菌是一类非绿色、无叶绿体、进行异养的真核生物，也有人把它独立划为真菌界。绝大部分真菌为单细胞或由菌丝组成，菌丝为单细胞或多细胞分枝的丝状体，它已经有了真核细胞，能产生孢子，进行有性和无性繁殖。真菌中的一些种类如蘑菇、灵芝、竹荪、松茸等是微生物中的巨人，虽然有的像植物，但它们的细胞里没有叶绿体，这是它们与植物的重要区别。按照生存方式，真菌分为腐生、寄生和共生三大类。腐生真菌和细菌等共同承担腐烂、分解动植物残体的任务，在发酵工业、化工工业、抗生素医药生产等方面起重要作用，但也会造成粮食、木材、衣物等的腐烂变质。寄生真菌中能引起植物病害的至少有三万多种，能引起动物病害的也很多。一株植物上往往有数十种寄生真菌，白僵菌等可寄生

蘑菇是真菌中的巨人

在几百种昆虫体上。腐生和寄生真菌在自然界也起着极其重要的生态平衡作用，真菌与动植物共生现象极为普遍，自然界中 97%的植物都有与真菌共生的现象，许多植物若没有菌根就不能正常生长、发育，甚至其种子没有真菌菌丝的感染，就不能发芽；真菌与动物共生的典型例子，是鸡枞菌与白蚁的共生关系，研究发现，白蚁巢一旦被破坏，白蚁弃巢而去，巢内的鸡枞菌将减少，被炭角菌取代。

真菌是微生物中最大的家族，已知有 25 万多种，有的真菌学家估计，也可能多达 150 万种。真菌广布于自然界，高山、深海、荒原、土壤、森林、极地……到处都有它们生活的踪迹。真菌和细菌等共同分解有机物质，对自然界物质的循环和绿色植物营养等起着重要作用。

放线菌

20 世纪中叶以来，人们陆续研制出了许多抗生素，如链霉素、红霉素等，它们成了人类战胜疾病的强有力武器，而产生抗生素的主角就是放线菌。放线菌同细菌一样，也是单细胞的原核生物，菌体大都是由分枝状的菌丝构成。菌丝分为伸入到培养基内部的基内菌丝和伸展在空气中的气生菌丝，大多数放线菌都是靠基内菌丝吸收营养物质，进行腐生生活的。

放线菌生长到一定阶段，一部分气生菌丝便分化成孢子丝。孢子丝的形状有螺旋形的，有波浪形的，有杆形的。而孢子丝上的成串孢子有的像球，有的像卵，等成熟之后就会随空气飘散，在适宜的条件下，萌生成新的放线菌。放线菌大量存在于土壤中，它们中的大多数属腐生菌，分解有机物，把有机物转化成有利于植物生长的营养物质。在自然界的物质循环中，放线菌有不可忽视的作用。

支原体、衣原体、立克次体

支原体是一类只有细胞膜，没有细胞核的微生物。它的个体比较小，形状多样，可以是球形、长形、分枝状，还可以是螺旋形状，生活方式是寄生或腐生。支原体也被称为“类菌质体”，可以引起人类和动物胸膜肺炎。

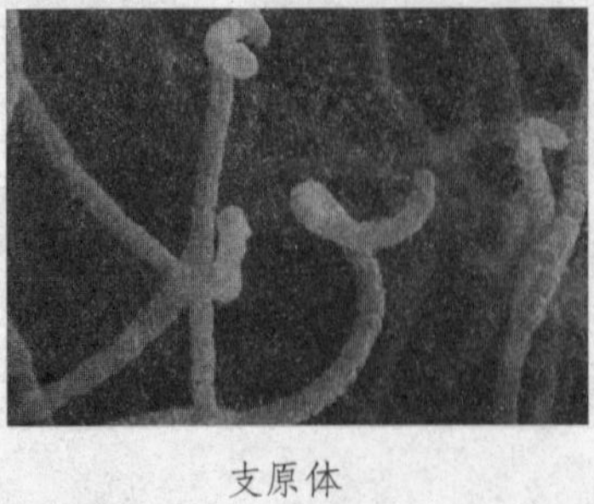

支原体

衣原体是一类比立克次体稍小，比病毒稍大的微生物。呈球状、锥状或链状，不能独立生活，寄生于人等哺乳动物以及鸟类细胞内。可以引起人类沙眼、性病等。

立克次体的个体大小介于细菌和病毒之间，呈多种形状，细胞结构与细菌相似，不能在培养基上生长，只能寄生于其他细胞内。在自然界里通常寄生在啮齿动物体内，而以节肢动物如虱、蚤、蜱、螨等为传播媒介，给人和其他脊椎动物带来疾病，例如历史上曾经广为流行的斑疹伤寒。立克次体这类微生物是由巴西学者利马首先分离出来并命名的，用来纪念和他一起从事斑疹伤寒研究工作而牺牲的美国医生立克次和捷克医生普尔瓦茨克。

自养型微生物和异养型微生物

自养型微生物在满足自己生命需要方面具有非凡的“特异功能”，它能够利用无机物如二氧化碳、水和其他矿物质元素，合成为能满足自己需要的复杂有机物，所以这类微生物又叫做无机营养型微生物。例如：光和细菌、硫细菌、铁细菌等。

异养型微生物恰与自养型微生物相反，它只能利用现成的有机物，满足自身的需要。例如：啤酒酵母、链霉菌、枯草杆菌、黑曲菌、小麦黑穗病菌等。

微生物营养

在科学研究和生产实践中，只有了解微生物必需的营养物质，才能培养某一种微生物。通过对多种微生物细胞化学组成的分析，证明其由碳、氢、氧、氮、磷、硫等元素组成，而其中碳、氢、氧、氮占细胞组成的90%以上。它们来自外界环境提供的碳源、氮源、生长因子、无机盐和水这五大营养要素物质。

糖类是最常用的碳源，其中葡萄糖是首选。碳源是微生物需要量最大的元素，主要用于构成微生物的细胞质和一些代谢产物，有些碳源还是异养型微生物的主要能源物质。

氮源是微生物主要用来合成蛋白质、核酸以及一些代谢产物的营养物质。用作氮源的营养物质很丰富，例如分子态氮、氨、铵盐、尿素、硝酸盐、蛋白胨和牛肉膏等。

在具备充足的碳源、氮源、无机盐和水等适宜条件下，还需要在其中补充一些微量的有机物，如多种维生素、氨基酸和碱基等，才能保证微生物正常生长。这些在微生物生命过程中不可缺少的微量有机物就是生长因子，这些生长因子一般是酶和核酸的组成成分，往往是微生物本身无法合成或合成能力有限的营养物质。

根瘤菌

空气中氮气所占的体积份额约为4/5。这么多的氮，按理说各种农作物应当取之不尽、用之不竭了。可事实上人们还要不断地给植物补充氮肥，它们才会很好地生长，才能获得高产。这是为什么呢？根本原因是由氮的化学性质造成的。大部分植物都不能直接吸收、利用空气中的分子状态的氮。自然界里的各种事物真是奇妙，它们之间是一种相互联系、相互制约、和谐发展的关系。在形形色色的微生物中，有一类叫做固氮菌的却善于从空气中摄取氮，把氮气转化成植物能够吸收的氮肥，满足植物的需要。自然界中有两类固氮微生物：一类是共生的，主要是根瘤菌；另一类是自生的。

说根瘤菌是共生的，是因为根瘤菌广泛生存在土壤里，一般并无固氮能力。当环境中有相应的豆科植物生长时，它侵入豆科植物根部，在那里不断繁殖，促使一些薄壁细胞分裂，进而使细胞逐渐膨大，形成一个个“瘤子”，为根瘤菌提供更适宜的活动场所。有了这个条件，它才能够固氮。根瘤菌与豆科植物是共生互利关系，一方面豆科植物进行光合作用制造营养物质，一部分供自身生长需要，另一部分则供给根瘤菌；另一方面，根瘤菌则通过生物固氮作用，把氮素营养供给豆科植物生长需要。可以说一个根瘤就是一座小小的“氮肥厂”。据科学家分析，固氮菌每年就从空气中固定氮肥 1.5 亿吨，比人类每年生产的氮肥总量多 10 倍。

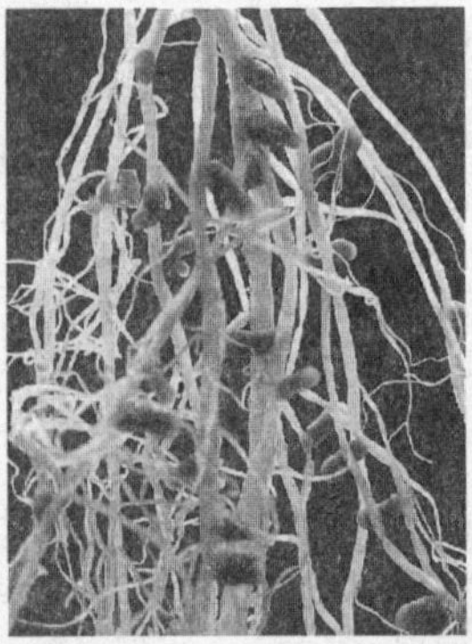

共生在大豆根部的根瘤菌

20 世界 80 年代初期，科学工作者发现了固氮菌的固氮基因，它们制约着固氮菌的固氮功能。科学家正尝试把这种基因转移到小麦、水稻等粮食作物体内，使这些农作物能够自行固氮，满足自身的氮素营养需要。

苏云金杆菌

据统计，人类使用农药与农作物害虫斗争，目前可挽回约占农业总产量的 15% 的损失。但是长期滥施农药，不仅使害虫的耐药性大大增强，也使环境中的有毒物质大量累积，危及人类自身，破坏了生态环境，形成了公害。如何做到人类和自然界的和谐发展，这是全人类共同面临的重大课题。

运用微生物防治农作物害虫，有对害虫杀伤力强，作用迅速，传播快，维持时间长，成本低，对人、畜、环境安全等优点。苏云金杆菌就是目前使用最广泛的生物杀虫剂。它长得像根棍棒，生长到一定阶段时一端形成一个卵圆形的芽孢，另一端伴随着生成一粒近似于正方体的结晶体——伴孢晶体。这种晶体对上百种鳞翅目昆虫具

被苏云金杆菌杀死的农作物害虫

有很强的毒杀作用。害虫咬食农作物时，苏云金杆菌被带入体内，在其体内大量繁殖，造成败血症，同时产生伴孢晶体，最终杀死害虫。

苏云金杆菌是 1911 年由德国人贝尔耐在地名为苏云金的一家面粉厂里发现的。现在，人们可以在工厂里大规模地生产苏云金杆菌，喷洒到植物表面，起到杀灭害虫的作用。

酵母菌

酵母菌属于真菌，是呈球形或卵形的单细胞微生物。绝大多数的酵母菌以出芽的方式进行无性繁殖。酵母菌在自然界分布广泛，在各种水果和蔬菜上最多。

酵母菌和人类有密切的关系。种类很多，作为重要的发酵微生物，可以分解糖类和碳水化合物，生成酒精和二氧化碳。面包酵母使馒头变得松软香甜，酒精酵母可生产工业酒精，葡萄酒酵母可生产葡萄酒，还有炼油厂用来提高汽油品质的石油脱蜡酵母等等。酵母体中还含有丰富的蛋白质、维生素、矿物质和核酸等，在医疗、食用和动物饲料方面有很好的发展前景。

曲霉

可食用的曲霉菌加工而成的臭豆腐

记载孔子及其学生言行的《论语》中，有“不得其酱，不食”的话。由此可知，早在两千多年以前，酱一类的调味品就已经成为我国人民饮食中的佐味品了。有据可查，造醋、酿酒、制腐乳等食品也都有上千年的历史，说明中华民族早已十分熟悉运用曲霉的技术了。

曲霉属于多细胞真菌，菌丝有隔膜，能产生孢子，进行有性和无性繁殖。不同曲霉的菌落往往显示不同颜色，黄曲霉、红曲霉、黑曲霉等就是由菌落的颜色而得名的。曲霉产生的酶，把蛋白质等复杂有机物分解成多种氨基酸。一些氨基酸具有鲜味，经过曲霉发酵的食品味道鲜美，富于营养，易于吸收。曲霉在现代工业中不仅用于酿造和食品加工方面，而且用来生产酶制剂、有机酸以及在畜牧业中加工糖化饲料。

但是曲霉之中也有一些会给人类健康带来危害的，发霉的花生或黄豆会使家禽和牲畜中毒，甚至可能诱发人类癌症。1960 年的夏天，英国曾报导其国内数量众多的火鸡无故死亡，原来是因为做饲料的花生饼发了霉，由一种黄曲霉产生的毒素造成。

益生菌

在我们每个健康人的皮肤上、口腔里、胃肠道、呼吸道等里生活着难以计数的微生物，而胃肠道里面的微生物种群最多。一个成年人胃肠道里的微生物全部集中起来，足有一千克重，太令人惊奇了！微生物家族中使人生病的并不是很多。正相反，许多微生物对人类健康都有积极作用，微生物学家把它们称做益生菌。这些微生物与我们友好相处，它们靠我们体内的营养生活，同时也给我们帮助。有些帮助人体消化那些靠胃和肠不能完全消化的东西；有些分解某些有毒的物质，以防人中毒；有些还能产生多种维生素，以保证人体健康；还有一些微生物能消灭那些从外面侵入的会引起疾病的微生物等等。什么时候体内的这些微生物的某些成员减少了，我们还会生病呢！

我国科学工作者考察过著名的长寿之乡广西巴马县，发现那里 90 岁以上老人肠道中双歧杆菌比其他地区老年人多得多。在国外也有类似的考察结果。实验证明，人类肠道的双歧杆菌和衰老有关系。20 世纪 80 年代以来，市场上出现了许多用活细菌制成的保健品和药品，统称为生态制剂。

病原体

病原体是能引起疾病的微生物和寄生虫的统称。是由法国科学家巴斯德提出的。微生物病原体包括细菌（如炭疽病杆菌）、支原体（如肺炎支原体）、病毒（如非典型肺炎冠状病毒）、立克次体（如引起斑疹伤寒的普氏立克次体）、真菌（如黄癣病的霉菌），寄生虫病原体包括原虫（如疟原虫）、蠕虫（如蛔虫）等。

流感病毒

每当气温骤变时，常会有不少人鼻子不通、喉咙发痒、咳嗽、头痛、浑身不舒服。医生说，这是得了感冒。感冒分为普通感冒和流行性感冒。普通感冒有明显的自身因素；流行性感冒简称流感，病原是流行性感冒病毒，简称流感病毒。

禽流感主要发生在鸡、鸭等禽类，也传染给人类。上图为患了禽流感的鸡。

流感是最常见的传染病之一，老人和儿童是常发病群体。有些人甚至一年多次，反复感冒，不仅影响生活、学习和工作，也在一定程度上影响身体健康。尤其需要警惕的是它能引起肺炎、中耳炎等并发症，还能造成其他疾病的加重，如心脏病、癌症等。所以说感冒不是“小病”，应予以足够的重视。在科学技术空前发展的今天，人类还没有降服它的良方，原因是感冒病种类众多，感冒病毒在自然条件下变异十分活跃，每一两年就出现新种。人们已经获有的免疫力面对新变异的感冒病毒时往往无济于事，这给预防和治疗带来诸多困难。人们对事物的认识，总在不断扩展、不断深化、不断向前推进。只有尚未认识的事物，没有不可认识的事物。感冒病毒的生命过程必然有它自己的规律性，所以它也是可以认识的，也必将被人类所战胜。

天花病毒

天花是一种历史久远的烈性传染病，由天花病毒引起。传染对象不分男女老幼，只要感染了天花，就可能全身出现点状脓疱，有幸活下来的，也会留下难看的满脸麻坑，甚至眼瞎耳聋。天花病毒在世界各地一旦流行会造成亿万人的死亡，即使帝王也不能幸免。中国清代的顺治帝死于天花；18 世纪的欧洲有俄国皇帝彼得二世等五个君主被天花夺走生命。天花还会毁灭一个国家，古秘鲁帝国就因天花流行而灭亡。

古代人与天花病毒的斗争，最早的记载在中国。北宋真宗（908 年~1022 年）时，中国人就发明了在人的鼻孔里种植人痘预防天花的方法。至清代时传到国外，俄皇叶卡特琳娜二世下令在国内大力推广，并率先带头接种中国的人痘疫苗。

人痘可以预防天花，但并不完善，仍不能避免死亡和麻子的出现。完善和发明预防天花的方法——种牛痘的是英国医生爱德华·琴纳。他通过对牛痘疫苗长期系统的实验，于 1798 年发表了他的关于牛痘疫苗的著作，对人类预防传染病提出了人工免疫的可能性。时至 1979 年，在世界范围内扑灭了天花。人类终于摆脱了这个恶魔的威胁。天花病毒对人类造成的伤害，也从此绝迹。

肝炎病毒

我们身体内部的器官中，肝脏是最大的消化腺和非常重要的“化工厂”，人体必需的许多重要营养物质，都离不开这个工厂的生产。肝还有解毒功能。人体中产生的一些有毒物质，如营养物质代谢后的一些产物，大肠中的一些残渣在细菌的腐败作用下产生的有毒物质，还有些药物的有毒成分，大都能被肝分解转化成无毒物质。肝脏中的有些细胞，还能吞噬血液中的细菌和有害物质，起到保护身体的作用。而侵入人体的肝炎病毒，是专以人的肝脏为攻击对象的，它是引发甲型、乙型和其他类型肝炎的主要作祟者。

1987 年底到 1988 年上半年，中国上海地区甲肝大流行。经查实，就是因为食用了携带有甲肝病毒的毛蚶。甲肝病毒常随不干净的食物“混”入人的肚子里，得以侵害肝脏，危及生命。甲型肝炎病发病突然，传染面广。但确诊后容易医治痊愈，而且大部分成年人或得过甲型肝炎的人，都会产生抵抗甲肝病毒的抗体而具有免疫力。虽然人们在日常生活中要大量接触各种物品，很容易“病”从口入，但是甲肝病毒在100℃下超过5分钟就不能生存，所以经常沸煮碗筷，是杜绝甲型肝炎的有效方法。

更令人们关注的是乙肝病毒。这是一种有很强生命力的病毒，能在对一般生命来说十分不利的条件下存活，在高温、干燥和紫外线照射下也能存活较长时间。这就对乙肝的预防提出很严格的要求，使乙肝病人的治疗增加了难度。事实上，乙肝病往往不能顺利痊愈，而且慢性乙型肝炎还有转化为肝癌的可能。现代医学还没有找到治疗乙型肝炎的特效药，主要还是针对它的传播途径进行有效的预防，如对公用餐饮器具的消毒制度，分餐制的推行，献血者不能携带乙型病毒，医疗中使用一次性注射器等。

其他类型肝炎与甲型肝炎和乙型肝炎病毒无关，输血和注射是主要传染途径。

狂犬病毒

许多动物可以和人类友好相处。它们的驯服、对人的依赖和善解人意，深得人们的宠爱，为不少家庭和人群带来了欢乐。但是当人们与动物嬉戏时，偶然会被它们咬伤或抓伤。有些病菌、病毒就可能传染到人体内，在适当机会发作，使人患上各种疾病。狂犬病就是其中典型疾病之一。

狂犬病是由狂犬病毒引起的。许多宠物如猫、狗、狐狸等动物都可能是狂犬病毒的携带者。患了狂犬病的动物唾液中有病毒，人一旦被咬伤就可能患病。狂犬病毒随着血液到达脑部，并在脑部繁殖，造成脑部发炎，还会感染到唾液腺，使人的唾液中带有狂犬病毒，这也会通过相似途径传染给其他人。

通常狂犬病毒在人体内的潜伏期约两个月，有的可达两年，甚至长达10年以上，快的在10天左右就会发病。发病症状首先是全身不适，并伴随有恐惧感，怕水、怕风，出现兴奋等症状，因喉头痉挛而不敢饮水，所以又称之为“恐水病”。之后呈现极度的神经兴奋，狂躁不安，丧失意识，最后全面麻痹而死亡。

宠物饲养过程中，一定要讲究卫生，加强管理，发现它们生病要及时治疗，若确诊狂犬病应立即处死。对宠物应定期注射狂犬疫苗。被宠物咬伤应及时到医院请医生处理，并注射狂犬疫苗。

埃博拉病毒

人类在同传染病的斗争中，常常处于被动的局面、尴尬的地步。当一些传统的、典型的传染病得到有效控制时，一些新的、非典型的传染病却不断冒出来。

近30年来，埃博拉、爱滋病、疯牛病、莱姆病、登革热、非典型肺炎等等，就显示出“非典型”的威力，令人类措手不及。

埃博拉是非洲扎伊尔北部的一条小河。1976年，沿河两岸55个村庄318人突然发病，其中280人死亡。病毒侵入人体经过潜伏期后，迅速扩散。感染者体内各个器官被分解坏死，坏死组织从口中呕吐而出，终至死亡。濒死者痛苦不堪，面容恐怖。埃博拉病毒因此而得名，人人闻之丧胆。1979年，埃博拉再次光临苏丹、加蓬、利比里亚、科特迪瓦，死者无数；2000年，埃博拉恶魔又现身于乌干达……截至2000年底，全世界证实死于这种可怕病毒的人数已经超过了1万人。埃博拉病毒已成为人类的新杀手。

研究表明，埃博拉病毒寄生于一些动物身上，而这些动物本身却依然健康无恙。人感染病毒后通常有2天~21天潜伏期，只要能找到病毒的寄生载体，并发现其得以抵抗病毒感染的原因，就有可能发现预防措施。科学家费尽心机，多方探索，至今也搞不清埃博拉病毒来自何方，也不知它何时再肆虐人间。

艾滋病毒

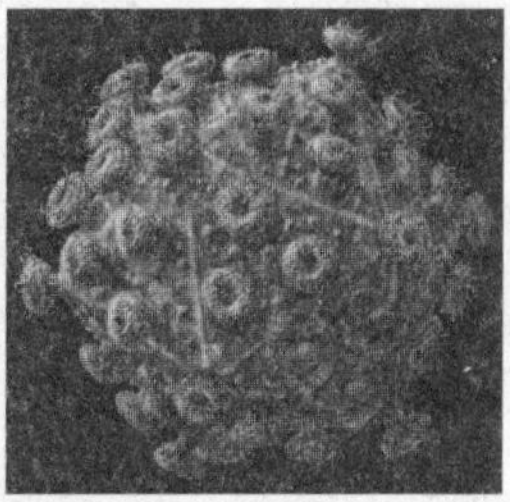

艾滋病毒

令人闻之色变的“当代瘟疫”——艾滋病，是一种由艾滋病病毒侵入人体后，破坏人体免疫功能，使人体发生多种不可治愈的感染和肿瘤，最后导致被感染者死亡的一种传染病。自1981年首例病例在美国确诊，至2001年的20年间，全世界已有6480万个艾滋病病毒感染者和艾滋病患者，其中2480万人被夺去生命。目前全世界艾滋病的流行趋势还在继续，每天新增感染者约1.4万例。艾滋病严重地威胁人类的生存。

世界上的任何事物都有其内在的规律性。艾滋病病毒同样也有它一定的传播途径。它的传播主要通过与患者性接触、输入被艾滋病病毒污染的血浆和血液制品，或与艾滋病患者共用未经消毒的注射器、针头等。被艾滋病病毒感染后，病毒可以在人体中潜伏数年而不发作，受病毒感染的孕妇会通过血液的传染途径，祸及下一代。人体的免疫系统是抗御各种外来细菌、病毒和有害物质侵袭的长城，可以保卫机体的健康。艾滋病毒的主要危害就是摧毁人体的免疫系统，造成疾病在人体内长驱直入，最终导致患者死亡。

艾滋病是可以预防的。首先要提倡科学、文明、健康的生活方式，并在青少年中加强精神文明建设，形成正确的世界观和人生价值观；同时医疗卫生防疫部门要加强血液管理，坚持实行一人一针一管的注射制度。

全书索引

《新世纪少年百科知识博览》

万状生物